高等职业教育"互联网+"创新型系列教材
安 徽 省 质 量 工 程 一 流 教 材
安徽省"十四五"职业教育规划教材

# 工业互联网技术与应用

主　编　邓春红　潘　涛　何帮喜
副主编　刘　迪　阚延魁　邵　瑛　黄重春
参　编　赵　磊　李　菲　孙　宇　查　宇　王永录
　　　　马运强　边　强　韦孟伟

机械工业出版社

本书主要涵盖工业互联网、电动机拖动技术的应用、气动控制技术的应用、传感器的部署与应用、PLC 的应用与开发、工业互联网中的数据库服务、工业互联网中的 Web 开发、Docker 容器技术及应用、AI 部署与云平台搭建等内容。

本书采用项目式模块化教学法，每个项目模块包含若干知识点和一个训练项目，将理论知识与实践内容相融合，充分体现以学生能力提升为本位的教学理念，具备较强的实用性和实战性。

本书可作为高职院校工业互联网技术及其相关专业的教材，也可作为工业互联网爱好者的自学用书和专业技术人员的培训用书。

为方便教学，本书有电子课件、素材、源代码、课后作业答案、模拟试卷及答案等教学资源，凡选用本书作为授课教材的老师，均可通过电话（010-88379564）或 QQ（2314073523）咨询。

## 图书在版编目（CIP）数据

工业互联网技术与应用 / 邓春红，潘涛，何帮喜主编 . —北京：机械工业出版社，2022.9

高等职业教育"互联网+"创新型系列教材
ISBN 978-7-111-71819-2

Ⅰ. ①工… Ⅱ. ①邓… ②潘… ③何… Ⅲ. ①互联网络 – 应用 – 工业发展 – 高等职业教育 – 教材 Ⅳ. ① F403-39

中国版本图书馆 CIP 数据核字（2022）第 192489 号

机械工业出版社（北京市百万庄大街 22 号　邮政编码 100037）
策划编辑：曲世海　　　　　责任编辑：曲世海　杨晓花
责任校对：薄萌钰　王　延　封面设计：马精明
责任印制：单爱军
北京虎彩文化传播有限公司印刷
2023 年 12 月第 1 版第 1 次印刷
184mm×260mm・14.5 印张・359 千字
标准书号：ISBN 978-7-111-71819-2
定价：49.00 元

电话服务　　　　　　　　　网络服务
客服电话：010-88361066　　机　工　官　网：www.cmpbook.com
　　　　　010-88379833　　机　工　官　博：weibo.com/cmp1952
　　　　　010-68326294　　金　书　网：www.golden-book.com
封底无防伪标均为盗版　　　机工教育服务网：www.cmpedu.com

# 前　言

随着新一代信息技术与制造业的深度融合，工业互联网技术逐渐成为工业领域关注的热点，是各国抢占国际制造业竞争制高点的首要选择和重要途径。工业互联网是一个基于互联网将工业系统中的机器设备与人相连接的系统平台，主要包括全面互联的智能设备、互联网、工业云平台、工业数据采集、通信与分析、人工智能模式处理。工业互联网的基础是互联网，前提是工业云平台，关键是工业数据的采集，核心是工业数据的分析，结果是人工智能算法的实现。

本书详细阐述了工业互联网基础理论知识，系统展示了工业互联网框架及关键技术的应用。为了达到更好的教学效果，加深对工业互联网的理解，团队在广泛调研和充分论证后自主研发了可供读者实践的工业互联网实训教学平台，其主要功能在于对坚果的智能筛选。本书涉及的工业互联网关键技术均可在平台上调试和运行，从而加强了读者对工业互联网知识的理解，提升了读者的综合实践能力。团队还建设了配套的教学资源库，网址：https://www.icve.com.cn/portal_new//courseinfo/courseinfo.html?courseid=z8xyacivwp5f8hlv8eiaza。

本书由安徽机电职业技术学院牵头，与上海电子信息职业技术学院、民银国际控股集团有限公司、易往数字科技（北京）有限公司、芜湖希又智能科技有限公司校企师资团队共同编写。邓春红、潘涛、何帮喜（企业）担任主编，刘迪、阚延魁（企业）、邵瑛、黄重春担任副主编。参与本书编写的还有赵磊、李菲、孙宇、查宇、王永录、马运强、边强（企业）、韦孟伟（企业）。其中，项目1由邓春红编写，项目6由潘涛编写，项目9由何帮喜编写，项目2由阚延魁、边强编写，项目3由邵瑛、赵磊编写，项目4由李菲、潘涛编写，项目5由韦孟伟、马运强编写，项目7由黄重春、孙宇编写，项目8由刘迪、查宇、王永录编写。

工业互联网横跨工业控制、通信、计算机等多个学科领域，要将这些技术深度应用到企业生产项目中，需要长期的理论积累和实践沉淀。由于编者水平有限，书中难免有疏漏和不妥之处，恳请同行专家和广大读者批评指正。

编　者

# 目 录

前言
项目1　认识工业互联网 …………………… 1
　学习目标 ………………………………… 1
　岗位能力素养 …………………………… 1
　项目情景 ………………………………… 1
　知识储备 ………………………………… 1
　　1.1　初识工业互联网 ………………… 1
　　　1.1.1　工业互联网的起源 ………… 1
　　　1.1.2　工业互联网的定义 ………… 2
　　　1.1.3　工业互联网的发展现状 …… 3
　　　1.1.4　工业互联网带来的变革 …… 6
　　　1.1.5　工业互联网的前景与挑战 … 6
　　　拓展提升 …………………………… 7
　　1.2　工业互联网技术解密 …………… 7
　　　1.2.1　工业4.0与工业互联网 ……… 7
　　　1.2.2　工业互联网的体系架构 …… 8
　　　1.2.3　工业互联网的关键技术 …… 8
　　　拓展提升 …………………………… 10
　项目训练 ………………………………… 12
　　项目实施 ……………………………… 12
　　项目验收 ……………………………… 23
　项目小结 ………………………………… 24
　课后作业 ………………………………… 24
项目2　电动机拖动技术的应用 …………… 25
　学习目标 ………………………………… 25
　岗位能力素养 …………………………… 25
　项目情景 ………………………………… 25
　知识储备 ………………………………… 25
　　2.1　认识直流电动机 ………………… 25
　　　2.1.1　电动机概述 ………………… 25
　　　2.1.2　直流电动机 ………………… 26

　　　拓展提升 …………………………… 29
　　2.2　步进电动机 ……………………… 31
　　　2.2.1　步进电动机的工作原理 …… 31
　　　2.2.2　步进电动机的基本结构 …… 31
　　　2.2.3　步进电动机的控制方式 …… 32
　　　拓展提升 …………………………… 32
　项目训练 ………………………………… 34
　　项目实施 ……………………………… 34
　　项目验收 ……………………………… 44
　项目小结 ………………………………… 44
　课后作业 ………………………………… 44
项目3　气动控制技术的应用 ……………… 45
　学习目标 ………………………………… 45
　岗位能力素养 …………………………… 45
　项目情景 ………………………………… 45
　知识储备 ………………………………… 45
　　3.1　认识气动控制技术 ……………… 45
　　　3.1.1　气动控制技术 ……………… 45
　　　3.1.2　气动系统在新领域中的应用 … 47
　　　拓展提升 …………………………… 48
　　3.2　气压传动系统的组成 …………… 51
　　　3.2.1　气压发生装置 ……………… 51
　　　3.2.2　气压控制装置 ……………… 56
　　　3.2.3　气压执行装置 ……………… 58
　　　拓展提升 …………………………… 61
　项目训练 ………………………………… 64
　　项目实施 ……………………………… 64
　　项目验收 ……………………………… 68
　项目小结 ………………………………… 68
　课后作业 ………………………………… 69

# 目录

**项目 4　传感器的部署与应用** ············ 70
　学习目标 ·········································· 70
　岗位能力素养 ···································· 70
　项目情景 ·········································· 70
　知识储备 ·········································· 70
　　4.1　认识传感器 ······························ 70
　　　4.1.1　传感器技术简介 ················ 70
　　　4.1.2　传感器的基本特性 ············· 71
　　　4.1.3　传感器在工业互联网中的
　　　　　　应用 ···································· 74
　　　4.1.4　传感器技术的发展 ············· 74
　　　拓展提升 ······································ 75
　　4.2　常见传感器 ······························ 75
　　　4.2.1　光电式传感器 ··················· 76
　　　4.2.2　电容式传感器 ··················· 77
　　　4.2.3　磁性传感器 ······················ 77
　　　4.2.4　光纤传感器 ······················ 78
　　　拓展提升 ······································ 79
　项目训练 ·········································· 82
　　项目实施 ········································ 82
　　项目验收 ········································ 88
　项目小结 ·········································· 88
　课后作业 ·········································· 88

**项目 5　PLC 的应用与开发** ············· 89
　学习目标 ·········································· 89
　岗位能力素养 ···································· 89
　项目情景 ·········································· 89
　知识储备 ·········································· 89
　　5.1　数控车床主轴电动机的 PLC
　　　　控制实例 ··································· 89
　　　5.1.1　Ｙ－△起动电路 ················· 89
　　　5.1.2　SCL 程序设计 ··················· 90
　　　拓展提升 ······································ 91
　　5.2　双速电动机的控制 ···················· 93
　　　5.2.1　双速电动机控制电路 ········· 93
　　　5.2.2　双速电动机控制分析 ········· 94
　　　拓展提升 ······································ 94
　项目训练 ·········································· 96
　　项目实施 ········································ 96
　　　训练一：送料分拣控制系统 ·········· 96
　　　训练二：称重与包装系统 ············ 104
　　　训练三：码垛系统 ····················· 116
　　项目验收 ······································ 125
　项目小结 ······································· 125
　课后作业 ······································· 125

**项目 6　工业互联网中的数据库服务** ··· 127
　学习目标 ······································· 127
　岗位能力素养 ································· 127
　项目情景 ······································· 127
　知识储备 ······································· 127
　　6.1　认识 MongoDB 数据库 ············ 127
　　　6.1.1　MongoDB 数据库 ············ 127
　　　6.1.2　MongoDB 在工业互联网中
　　　　　　的作用 ·························· 129
　　　拓展提升 ··································· 129
　　6.2　MongoDB 数据库的应用 ········· 131
　　　6.2.1　MongoDB 的数据类型 ····· 131
　　　6.2.2　MongoDB 的基本操作 ····· 131
　　　拓展提升 ··································· 136
　项目训练 ······································· 137
　　项目实施 ····································· 137
　　项目验收 ····································· 143
　项目小结 ······································· 143
　课后作业 ······································· 143

**项目 7　工业互联网中的 Web 开发** ··· 144
　学习目标 ······································· 144
　岗位能力素养 ································· 144
　项目情景 ······································· 144
　知识储备 ······································· 144
　　7.1　Web 前端框架基础 ·················· 144
　　　7.1.1　认识 React ······················ 144
　　　7.1.2　React 基础知识 ··············· 145
　　　7.1.3　antd ······························ 147
　　　7.1.4　RESTful API ··················· 148
　　　拓展提升 ································· 148
　　7.2　React 事件处理 ····················· 151
　　　7.2.1　事件处理 ······················· 151
　　　7.2.2　向事件处理程序传递参数 ··· 153

V

7.2.3　React 表单与事件 …………… 154
　　拓展提升 ………………………… 156
　项目训练 …………………………… 159
　　项目实施 ………………………… 159
　　项目验收 ………………………… 178
　项目小结 …………………………… 178
　课后作业 …………………………… 178

**项目 8　Docker 容器技术及应用** ……… 179
　学习目标 …………………………… 179
　岗位能力素养 ……………………… 179
　项目情景 …………………………… 179
　知识储备 …………………………… 179
　8.1　了解 Docker 技术的相关概念 …… 179
　　8.1.1　认识 Docker 技术 ………… 179
　　8.1.2　Docker 的特点 …………… 181
　　8.1.3　关于 Docker 的三个基本概念… 181
　　拓展提升 ………………………… 182
　8.2　Docker 镜像的操作方法 ………… 185
　　8.2.1　镜像服务加速器 …………… 185
　　8.2.2　镜像的基本操作 …………… 186
　　拓展提升 ………………………… 189
　8.3　Docker 容器的操作方法 ………… 191
　　拓展提升 ………………………… 195
　8.4　Docker 中网络的连接使用 ……… 197
　　8.4.1　外部访问容器 ……………… 197
　　8.4.2　容器的互联 ………………… 198
　　拓展提升 ………………………… 199

　项目训练 …………………………… 200
　　项目实施 ………………………… 200
　　项目验收 ………………………… 205
　项目小结 …………………………… 206
　课后作业 …………………………… 206

**项目 9　AI 部署与云平台搭建** ………… 207
　学习目标 …………………………… 207
　岗位能力素养 ……………………… 207
　项目情景 …………………………… 207
　知识储备 …………………………… 207
　9.1　TensorFlow 的安装 ……………… 207
　　9.1.1　人工智能的应用实例 ……… 207
　　9.1.2　认识 TensorFlow …………… 208
　　9.1.3　TensorFlow 的下载与安装 … 209
　　拓展提升 ………………………… 213
　9.2　编写 TensorFlow 程序 …………… 216
　　拓展提升 ………………………… 216
　9.3　TensorFlow Serving 的安装 ……… 216
　　9.3.1　TensorFlow Serving 简介 …… 216
　　9.3.2　TensorFlow Serving 的安装 … 217
　　拓展提升 ………………………… 217
　项目训练 …………………………… 218
　　项目实施 ………………………… 219
　　项目验收 ………………………… 224
　项目小结 …………………………… 225
　课后作业 …………………………… 225

**参考文献** …………………………………… 226

# 项目 1

# 认识工业互联网

▶ **学习目标**

1）了解工业互联网的发展现状。
2）理解工业互联网的定义和特性。
3）认识工业互联网与工业 4.0 之间的关联。
4）掌握工业互联网的服务模型和关键技术。
5）熟练部署工业互联网运行所需的系统环境。

▶ **岗位能力素养**

1）具备设计工业互联网体系架构的综合能力。
2）具备安装与配置 CentOS 操作系统的能力。

▶ **项目情景**

2017 年 11 月,我国发布了工业互联网的顶层设计——《关于深化"互联网 + 先进制造业"发展工业互联网的指导意见》,指出工业互联网通过系统构建网络、平台、安全三大功能体系,打造人、机、物全面互联的新型网络基础设施,形成智能化发展的新兴业态和应用模式,是推进制造强国和网络强国建设的重要基础,是全面建成小康社会和建设社会主义现代化强国的有力支撑。中央全面深化改革委员会第十四次会议审议通过《关于深化新一代信息技术与制造业融合发展的指导意见》,强调要加快推进新一代信息技术和制造业融合发展,加快工业互联网创新发展,提升制造业数字化、网络化、智能化发展水平。庞大的市场规模和相关政策的扶持,使得工业互联网发展迅速,前景可观。

▶ **知识储备**

## 1.1 初识工业互联网

### 1.1.1 工业互联网的起源

早在 2012 年,美国通用电气(General Electric,GE)公司期望能够转型为软件行业的巨头,基于自身的"软件梦"提出了工业互联网的概念。2014 年 3 月,由 GE 主导,包括 AT&T、IBM、Intel、思科等主要代表公司发起、成立了工业互联网联盟(Industrial Internet Consortium,IIC)。然而在此之前,AT&T、IBM、Intel、思科与部分 IT 公司均已提出了各自的物联网概念,如 AT&T 倡导的"M2M",IBM 推出的"智慧地球",思科打造的"IoE

"Internet of Everything)"等。虽然，各公司对物联网的理解不同，但都有着相同的愿景，即希望实现各产业整体的数字化转型，而不仅仅像工业 4.0 那样实现制造业的信息化和智能化。

在对工业互联网的概念形成统一的认识之前，各领域对其均有各自的解释，主要有三种：M2M、IoT 和 CPS。

（1）M2M（Machine To Machine）

M2M 的概念最初是由通信行业提出，主要指不具备信息化能力的机械设备通过移动通信网络（无线网络）与其他设备或信息系统（IT 系统）进行通信。

通信行业一般认为：计算机网络不仅能满足人与人之间的通信需求，还可以在物与物（Machine To Machine）之间进行通信连接，构成更高效的应用。因此，M2M 的概念又拓展到了人与机器（Man To Machine）或机器与人的概念，可总结为：M2M 主要是指人、设备、信息系统三者之间的信息互通和互联。

（2）IoT（Internet of Things）

IoT 的字面翻译为物体组成的因特网，准确的翻译应该为物联网。物联网又称传感网，其实就是互联网从人向物的拓展。IT 行业认为，IoT 的概念最早可以追溯到 1990 年施乐公司的网络可乐贩售机（Networked Coke Machine）。如今，互联网企业在实现了人与人的社交互联后，寄希望于物与物之间的通信。

从概念来说，IoT 强调的是通过互联网技术实现物与物之间的互通互联。IoT 理念的基础支撑为互联网的全球化、互操作性、社交性等。当各种智能硬件拥有"网络身份"，即可通过互联网衍生出很多应用产品，如共享智能产品（共享单车、共享雨伞等）、信息服务（定位服务、电子支付、大数据分析）、可穿戴产品等。因此，IT 行业认为，IoT 不仅基于互联网，更是互联网的延伸和发展方向。

（3）CPS（Cyber Physical System）

CPS 的概念最先由美国国家科学基金会（NSF）的 Helen Gill 于 2006 年提出，并将其列为重点研究项目。然而，CPS 更侧重于研究工业、制造业中嵌入式、自动化的信息系统，一度被理解为嵌入式物联网。CPS 强调的是物理与信息世界之间的循环过程。

CPS 是各类信息技术——传感器、嵌入式计算、云计算、网络通信、软件等的深度融合，实现 3C（计算—Computer、通信—Communication 和控制—Control）的高度协同和自治。

CPS、M2M 与 IoT 相比，M2M、IoT 更注重工程技术，而 CPS 偏重科学研究。

通过以上分析可知，工业互联网的本质和核心是将各种设备、生产线、工厂、供应商、产品和客户紧密地连接融合，延伸产业链条，形成跨设备、跨系统、跨厂区、跨地区的互联互通，以提高效率、加速制造服务体系智能化，从而推动制造业融通发展，使工业经济各种要素资源能够高效共享，实现制造业和服务业之间的跨越发展。

## 1.1.2　工业互联网的定义

工业互联网通常指通过互联网将全球工业系统中的智能物体、工业互联网平台与人相连接的系统，通过工业系统中智能物体的全面互联获取数据，通过对工业数据的分析赋予机器智能，改善智能物体的设计、制造与使用，提高工业生产力。

工业互联网包括 5 部分：① 全面互联的工业系统中大量的智能物体；② 互联网；③ 具

有知识的工作人员；④ 工业数据的分析工具；⑤ 工业互联网平台。智能物体是指具有通信能力，可以连接到互联网的物理世界中的物体，包括网络摄像机、计算机、智能手机等。智能物体通常具有的特征为：① 通信能力，可以连接到互联网；② 可获取关于自身、其他物体或环境的感知数据并能将其传送到工业互联网平台；③ 唯一标识。

工业互联网的优势不仅是产品质量和生产效率的提升，更是通过大量工业技术原理、行业知识、基础工艺、模型工具规则化、软件化、模块化，并封装为可重复使用的微服务组件，便于开发者可以面向特定工业场景开发不同的工业 App，进而构建基于工业互联网平台的产业生态。

### 1.1.3 工业互联网的发展现状

**1. 发达国家在工业互联网上的战略布局**

一般来说，工业互联网发展的主力军是企业，企业通过制造、IT 等技术和手段积极参与工业互联网建设。在全球新工业革命变局中，美国、德国、日本等工业强国纷纷布局工业互联网，使得工业重新焕发强大的竞争力。通过新一代信息技术促进生产力和生产关系革新，抢占产业竞争制高点。国际工业互联网发展情况如图 1-1 所示。

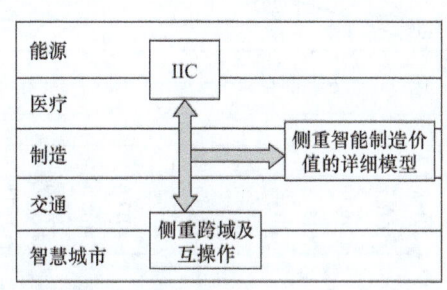

图 1-1 国际工业互联网发展情况

美国工业互联网联盟由 AT&T、思科、GE、IBM 和 Intel 这 5 家企业发起，目前已有 210 多家成员单位，支持边缘网关、工业互联网平台等 26 个测试床。与此同时，行业组织围绕工业互联网通力合作，汇聚成员单位的优势资源，推进产学研用协同创新，使得成员之间的成果转化和对接更加高效，对工业互联网发展产生了重要推动。

德国工业 4.0 平台相继问世，它是由德国机械设备制造业联合会、德国电气和电子制造商协会等联合发起，各组织协会负责技术和理念推广，研究机构负责技术开发、标准制定和人才培养，为大众、西门子、博世等大型制造企业提供技术与解决方案，中小企业则以联合方式参与创新研发并分享创新成果。

同样，日本工业价值链促进会在工业互联网、制造业的发展浪潮中应运而生，FANUC、DMG、MORI、三菱等行业领先的公司均相继推出关于工业互联网的开放平台。日本经济产业省确定了今后将在 5 个重点领域寻求发展，分别为无人驾驶移动性服务、生产制造和机器人、生物与素材、工厂基础设施安保和智能生活。

### 2. 我国工业互联网平台的发展现状

我国于 2016 年成立了工业互联网产业联盟（AII），主要目的是为"中国制造 2025"和"互联网+"融合发展提供一定的支撑。工业互联网产业联盟由工业和信息化部提供业务指导，中国信息通信研究院为联盟理事长单位，包括航天科工、中国电信、华为等 10 家副理事长单位，以及潍柴动力、中国移动、中国电科集团等 42 家理事单位，并成立了上海和广州分联盟，正式会员单位 426 家，均由我国信息通信企业、工业企业、投融资机构、高校及科研院所、安全企业、各类协会等组成，具体占比如图 1-2 所示。

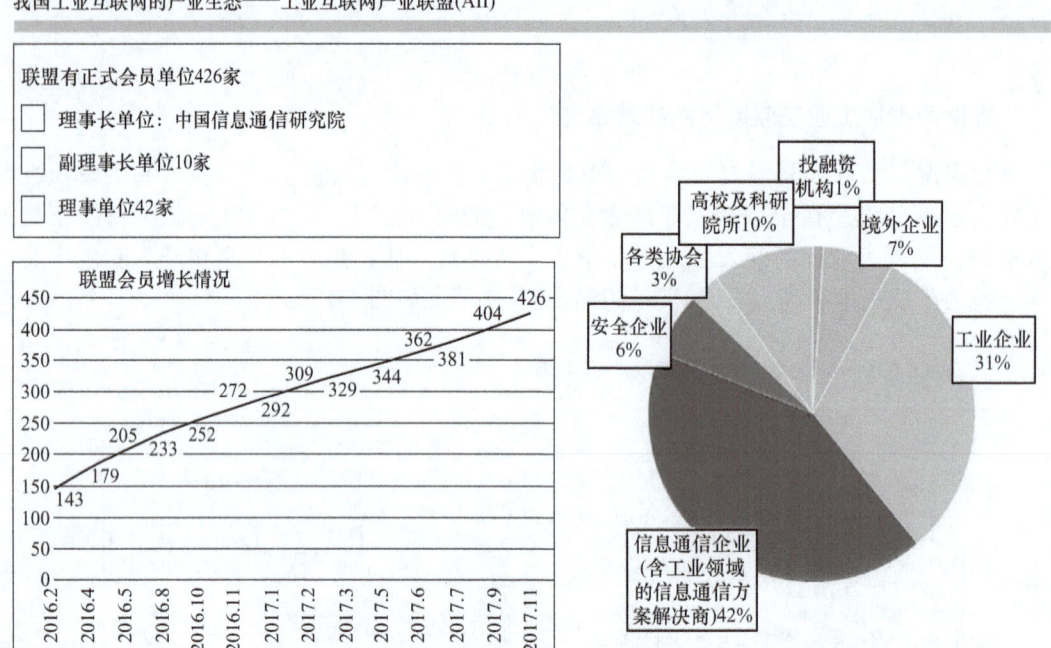

图 1-2　我国工业互联网的产业态势

目前，AII 组织架构可分为 9 个水平方向工作组和 9 个特设组，其中垂直领域特设组包括轻工家电、电子信息、工程机械等领域，如图 1-3 所示。该组织架构能较好地把工业互联网架构和相关技术与特定的垂直领域相结合，如人工智能、边缘计算、神经网络等。

AII 专门对工业互联网的概念进行了权威的阐述，工业互联网包括机器、物品、计算机与人，以先进算法深度整合信息网络、大数据、机器学习等各领域的技术应用与机械装置，使机器更具有智能性，可高效完成具有复杂物理结构的机械在网络中的传感装置和功能软件的集成。AII 应用案例如图 1-4 所示。

工业互联网的应用重点和发展已逐步呈现出较为显著的行业特征。电力、电子等行业的信息化和工业化融合水平较高，制造技术、信息技术、管理技术和知识积累较为成熟，工业互联网平台推广程度更高，升级改造难度也更小。

项目 1　认识工业互联网

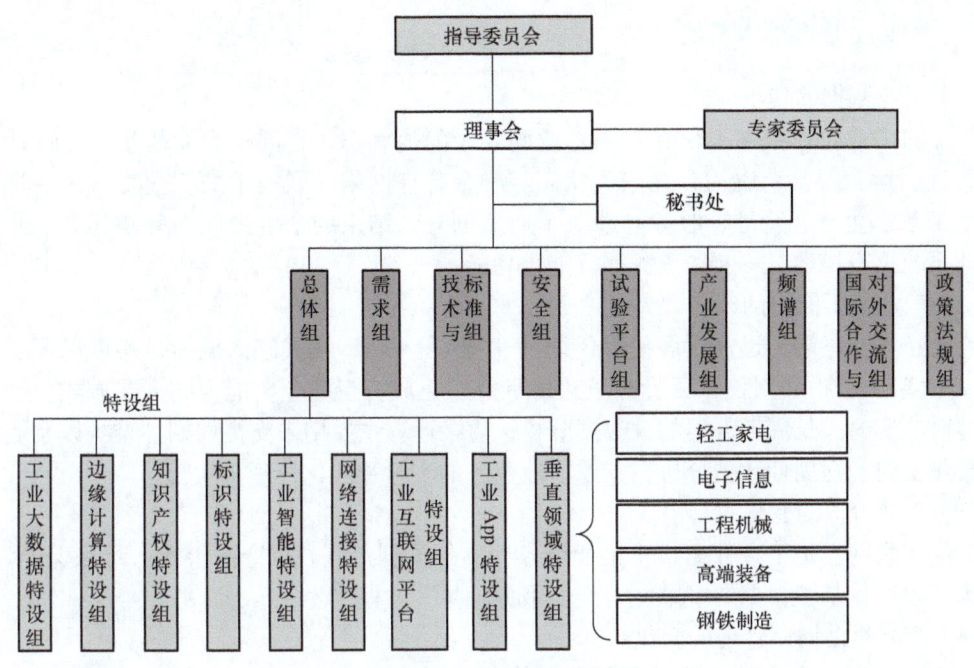

图 1-3　AII 组织架构

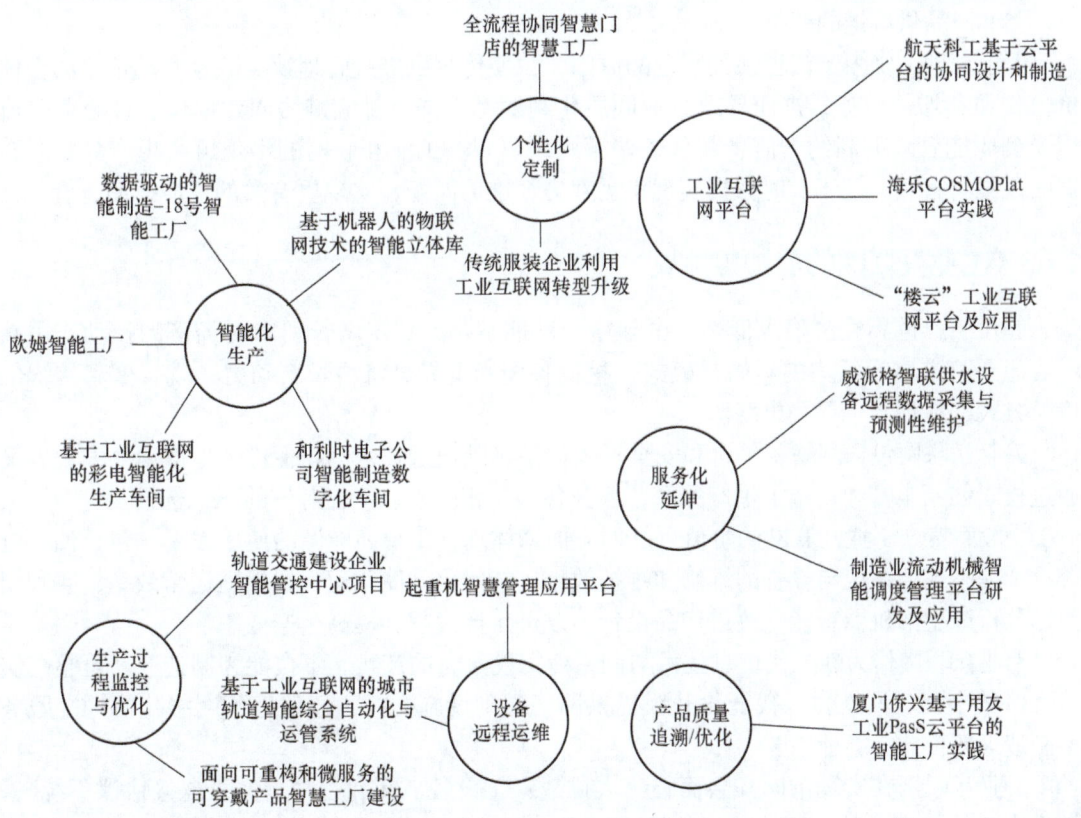

图 1-4　AII 应用案例

### 1.1.4　工业互联网带来的变革

（1）工业数据的变革

传统的工业企业数据不仅在不同企业间处于隔离状态，在同一企业的生产、设计、研发、管理、运营等环节也均存在隔离状态。融合各种网络互联技术的工业物联网，将工业设计、工艺、生产、管理、服务等涉及企业从创立到结束的全生命周期串联起来，使得整个工业系统拥有描述、诊断、预测等智能化功能。

（2）工业分析能力的改变

工业互联网终端的迅速发展使得传统的"端 - 管 - 云"模式陷入困境，难以保证工业生产控制的实时性和可靠性。"云计算＋边缘计算"正成为工业分析能力的主要方式。云计算主要针对非实时、长周期数据的大数据分析；边缘计算主要用来支撑周期性维护以及业务决策，聚焦实时、短周期数据分析，支撑本地业务的实时智能化处理与执行。

（3）工业价值的变化

工业互联网立足工业数据，将工业设备厂商的盈利点从"以产品售卖、维修保养为主"转变为"以提供基于数据的多维度生产性服务为主"的模式。

（4）产品生命周期管理的变化

工业互联网中产生的工业数据使得数字孪生技术成为发展的重点。未来产品从研发、生产到使用将从传统产品生命周期管理转变为数字孪生应用场景，提升了全生命周期管理能力。

（5）产品供应链的变革

由于管理上受限于流程性关联差的原因，致使传统供应链管理缺少数据驱动带来的整体价值传递和增值服务，进而导致企业同质化利润率下降、供应链协同效率低、核心业务流程受到职能管理的制约、信息共享较差等瓶颈出现。工业互联网的出现可实现产品实时数据的采集与管理，基于实时数据实现供需双方精准的匹配，实现更有效的供应链动态管控。

### 1.1.5　工业互联网的前景与挑战

近几年，世界经济陷入低迷，全球增长动能不足，传统增长引擎对经济的拉动作用减弱。想要打造富有活力的新增长模式，挖掘各国和世界经济增长新动力，就得变革传统的增长方式，在创新中寻找出路。

工业互联网包含网络、平台和安全三大体系，既通过技术创新促进了生产力的发展，又通过模式创新丰富和重塑了生产关系，成为各国争相投入、不容有失的不二选择。

一般而言，工业互联网的价值可从四方面来体现：①提高能源的使用效率，包括油、电等；②提高工业系统与设备的维修和维护效率；③优化并简化运营，提高运营效率；④利用数据分析产生的机器智能，改进产品设计，改进生产过程，提高生产效率。

工业互联网作为新一代信息技术与制造业深度融合的产物，不仅能为制造业乃至整个实体经济数字化、网络化、智能化升级提供网络基础设施支撑，还催生了网络化协同、服务型制造等新模式、新业态。

工业互联网在实际中同样会面临三大挑战：①设备厂商和型号繁多，连接协议不统一；②受限于数据安全的片面认知，数据难以自由流动和充分应用；③工业互联网涉及多个行

项目 1　认识工业互联网

业、多个领域，缺少同时精通工业和互联网的人才。

▶ 拓展提升 ◀

可通过以下途径查找工业互联网相关的技术资源和学习文档：
1）工业互联网产业联盟。网址：http://www.aii-alliance.org/
2）开源工业互联网联盟。网址：http://www.openiiconsortium.com/
3）FusionPlant 工业互联网平台。网址：https://www.huaweicloud.com/solution/fusionplant/
4）树根互联网平台。网址：http://www.rootcloud.com

## 1.2　工业互联网技术解密

### 1.2.1　工业 4.0 与工业互联网

德国作为欧洲老牌工业强国，自古以来都以发达的工业科技和完备的工业体系著称。是德国人曾率先在 2013 年 4 月的汉诺威工业博览会上正式推出工业 4.0 概念，主要目的是为了提高德国工业的竞争力，在新一轮工业革命中占领先机。工业革命必将进行又一次全新的变革，那便是下一个工业革命时期——工业 4.0。

德国工业 4.0 的核心内容可概括为以下四点：

（1）建设信息物理系统

信息物理系统（CPS）强调虚拟网络世界与实体物理系统的融合，其主要特征可以定义为 6C，即连接（Connection）、云储存（Cloud）、虚拟网络（Cyber）、内容（Content）、社群（Community）、定制化（Customization）。

（2）研究的两大主题：智能工厂和智能生产

智能工厂和智能生产是实现工业 4.0 的核心，作为核心载体的智能工厂在实现了数据交互之后，能够形成实现网络化、分布式的生产设施；智能生产的侧重点在于将人机互动、智能物流管理等先进技术应用于整个工业生产过程。

（3）实现三大集成

三大集成包括价值链上企业间的横向集成、网络化制造系统的纵向集成，以及端对端的工程数字化集成。

（4）促进三个转变

三个转变包括：①实现生产由集中向分散的转变；②实现产品由大规模趋同性生产向规模化定制生产转变；③实现由客户导向向客户全程参与的转变。

在德国提出工业 4.0 的同时，美国 GE 公司也提出了工业互联网的概念。工业 4.0 是一个偏生产过程的自动化概念，在工业 4.0 时代将以实现生产智能化为目标，工业互联网恰是此概念的生态体现。

工业互联网和工业 4.0 战略利用信息化、智能化技术改造当前的生产制造与服务模式，提高产品和服务的市场竞争力。两大战略都是以物联网和互联网为基础，进行实时数据的收集、传输、处理和反馈，产生最优运行方案的输出以实现生产设备的智能化。

### 1.2.2 工业互联网的体系架构

根据国务院 2017 年 11 月 27 日发布的《关于深化"互联网＋先进制造业"发展工业互联网的指导意见》，工业互联网包括网络、平台、安全三大功能体系。

一般而言，工业互联网平台是工业互联网的核心。所谓工业互联网平台，是指面向制造业数字化、网络化、智能化需求，构建基于海量数据采集、汇聚、分析的服务体系，支撑制造资源泛在连接、弹性供给、高效配置的工业云平台。工业互联网平台包括边缘层、平台层（PaaS 层）和应用层（SaaS 层）三大核心层级以及云基础设施层（IaaS 层），如图 1-5 所示。

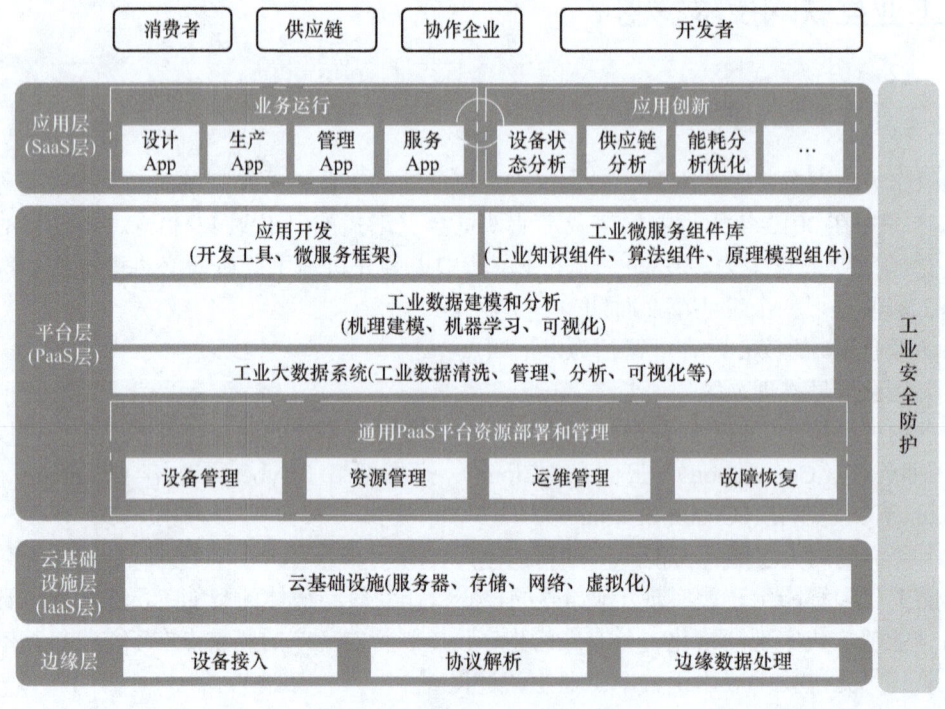

图 1-5 工业互联网平台结构

1）边缘层：通过协议转化和边缘计算形成有效的数据采集体系，从而将物理空间的隐形数据在网络空间显性化。

2）IaaS 层：将基础的计算网络存储资源虚拟化，实现基础设施资源池化。

3）PaaS 层：工业操作系统，向下对接海量工业装备、仪器、产品，向上支撑工业智能化应用的快速开发和部署。

4）SaaS 层：通常以行业用户和第三方开发者为主，第三方开发者主要基于 PaaS 层做工业 App 的开发工作，通过调用和封装 PaaS 平台上的开放工具，形成面向行业和场景的应用。

### 1.2.3 工业互联网的关键技术

工业互联网平台是工业云平台的延伸发展，构建更精准、实时、高效的数据采集体系，

项目1　认识工业互联网

其本质是在传统云平台的基础上叠加物联网、大数据、人工智能等新兴技术，建设包括存储、集成、访问分析和管理功能的使能平台，实现工业技术、经验知识模型化、软件复用化，最终形成资源富集、多方参与、协同演进的制造业生态。

工业互联网平台需要解决多类工业设备接入、多源工业数据集成、海量数据管理与处理、工业知识积累迭代实现等众多问题，涉及的关键技术主要有数据集成和边缘处理技术、IaaS技术、平台使能技术、数据管理技术、应用开发和微服务技术、工业数据建模与分析技术、安全技术。

（1）数据集成和边缘处理技术

设备接入：基于工业以太网、工业总线等工业通信协议，以太网、光纤等通用协议，3G/4G等无线协议将工业现场设备接入到平台边缘层。

协议转换：一方面运用协议解析、中间件等技术，另一方面利用HTTP、MQTT等方式从边缘侧将采集到的数据传输到云端，实现数据的远程接入。

边缘数据处理：基于高性能计算芯片、边缘分析算法等技术支撑，在靠近设备或数据源头的网络边缘侧进行数据预处理、存储以及智能分析应用，提升操作响应灵敏度，消除网络堵塞，形成协同云端分析。

（2）IaaS技术

IaaS技术主要是基于虚拟化、分布式存储、并行计算、负载调度等技术，实现网络、计算、存储等计算机资源的池化管理，根据需求进行弹性分配，并确保资源使用的安全与隔离，为用户提供完善的云计算基础服务。

（3）平台使能技术

资源调度：通过实时监控云端应用的业务量动态变化，结合相应的调度算法为应用程序分配相应的底层资源，从而使云端应用可以自动适应业务量的变化。

多租户管理：通过虚拟化、数据库隔离、容器等技术实现不同租户应用和服务的隔离，保护其隐私与安全。

（4）数据管理技术

数据预处理：运用数据冗余剔除、异常检测、归一化等方法对原始数据进行清洗，为后续存储、管理与分析提供高质量数据来源。

数据存储与管理：通过分布式文件系统、NoSQL数据库、时序数据库等不同的数据管理引擎实现海量工业数据的分区选择、存储、编目与索引等。

数据处理框架：借助Hadoop、Spark等分布式处理架构，满足海量数据的批处理计算需求。

（5）应用开发和微服务技术

多语言与工具支持：支持Java和PHP等多种语言编译环境，并提供Eclipse integration、JBoss Developer Studio、git和Jenkins等各类开发工具，构建高效便捷的集成开发环境。

图形化编程：通过类似Labview的图形化编程工具，简化开发流程，支持用户采用拖拽方式进行应用创建、测试、扩展等。

微服务架构：提供涵盖服务注册、发现、通信、调用的管理机制和运行环境，支撑基于微型服务单元集成的"松耦合"应用开发和部署。

（6）工业数据建模与分析技术

机理建模：利用机械、电子、物理、化学等领域的专业知识，基于已知工业机理构建各类模型，实现分析应用。

数据分析算法：运用数学统计、机器学习及最新的人工智能算法实现面向历史数据、实时数据、关联和预测分析。

（7）安全技术

数据接入安全：通过工业防火墙技术、加密隧道传输技术，防止数据泄漏、被侦听或篡改，保障数据在源头和传输过程中的安全。

平台安全：通过平台入侵实时检测、网络安全防御系统、网站威胁防护、网页防篡改等技术实现工业互联网平台的代码安全、应用安全、数据安全、网站安全。

访问安全：通过建立统一的访问机制，限制用户的访问权限以及所能使用的计算资源和网络资源，实现对云平台重要资源的访问控制和管理，防止非法访问。

### ▶ 拓展提升 ◀

2018年，工业互联网产业联盟汇编了工业互联网典型应用案例，如富士康工业互联网平台FiiBEACON应用技术创新——绿色循环的精密智能制造；用友精智工业互联网平台实践案例——践行智能制造，打造智慧企业；海尔COSMOPlat工业互联网平台房车行业解决方案等。

下面以由华为技术有限公司和富士康科技集团联合发起的"基于视觉智能工业品外观柔性检测方案"为例，进一步展示工业互联网的实际应用价值。

#### 1. 引言／导读

随着中国制造2025战略的实施，工业品质量检测效率成为制约整个生产链条的重要因素。传统工业产品的外观检测，依赖"人眼＋简单工具"，实现对产品外观的识别，剔除外观有缺陷的产品，效率低下，漏检率高。本应用方案探索将视觉智能检测技术应用于工业品外观检测。

#### 2. 项目目标和概述

利用机器代替人眼来做测量和判断即为所谓的机器视觉。机器视觉系统相当于人类的眼睛，"眼睛"通过把"看"到的影像传送到控制芯片，然后通过控制程序来进行状态的判断。一个典型的机器视觉系统包括光源、镜头、图像处理单元（或图像捕获卡）、图像处理软件、通信／输入输出单元等。通过机器视觉获得的图像，经过AI算法的自动检测、识别，最终完成"人的眼睛和大脑"的功能，在实际工业质量检测中，提高了检测效率及检测准确率。

现有的工业产品自动检测存在以下问题：

1）可检测产品单一，不通用：设备高度专业化，只能在特定场景，对特定产品、特定的外观问题进行检测。

2）检测效率低：受检测设备计算能力的影响（一般都基于工控机），检测效率较低，滞后日益进步的生产效率。

3）检测精度低：检测精度固定，不能实现经验积累，即随着检测产品的增多，不断提高检测精度。

本应用方案引入AI技术，充分利用边缘计算的业务灵活性和业务实时性，并在公有云实现AI算法的训练，充分利用公有云资源弹性调度、价格低廉的优势，以期达到可以规模复制的目标。项目模块图如图1-6所示。

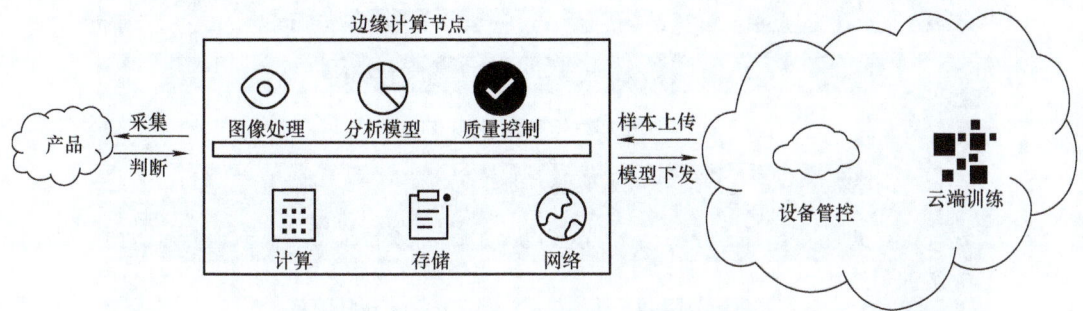

图1-6 项目模块图

主要功能模块说明如下：

1）采集端：利用光电技术，获取工业品外观高质量图片。工业品，特别是薄膜类产品，具有容易弯曲、对光照敏感等特点。

2）边缘计算节点：边缘计算是工业检测的大脑，通过AI算法对产品外观图片进行智能分析和识别，并自动对有缺陷产品进行标记；边缘计算节点要求计算能力强，可以安装在工厂质检室或者生产线附近。

3）云端训练：AI算法的训练周期长，需要资源多，具有阶段性，因此采用租赁公有云方式较为合适，可以根据训练数据的大小、训练算法的复杂度，灵活租赁对应资源，训练完毕，获取模型后，即可释放训练资源，以期达到节省成本的目标。

**3. 重点技术**

本应用方案为提高检测的鲁棒性，引入了三项关键新技术，这些技术在工业外观检测中比较新颖和创新。

（1）边缘计算技术

边缘计算融合了计算、存储和网络于一体，具有很高的产品环境适应度。采用引入深度学习AI技术，在边缘侧实现AI的推理，实现对产品检测的自动化和智能化。边缘智能计算的应用在业内属于首次。

（2）AI技术

AI技术最大的价值是具有自动学习和进化功能，对检测产品具有很强的鲁棒性；而强的鲁棒性，对产品检测范围具有很大的价值，这一点是传统影像技术无法比拟的。

（3）公有云训练AI

AI的训练耗资巨大，对专业性要求很高，普通企业很难承受。通过引入公有云AI服务，可以把算法的训练和模型设计交给专业的服务公司实现，通过租赁资源方式，完成云端的训练，以降低AI的成本，获取便捷的服务。

**4. 应用方案框架**

基于视觉智能工业品外观柔性检测方案的技术框架如图1-7所示。

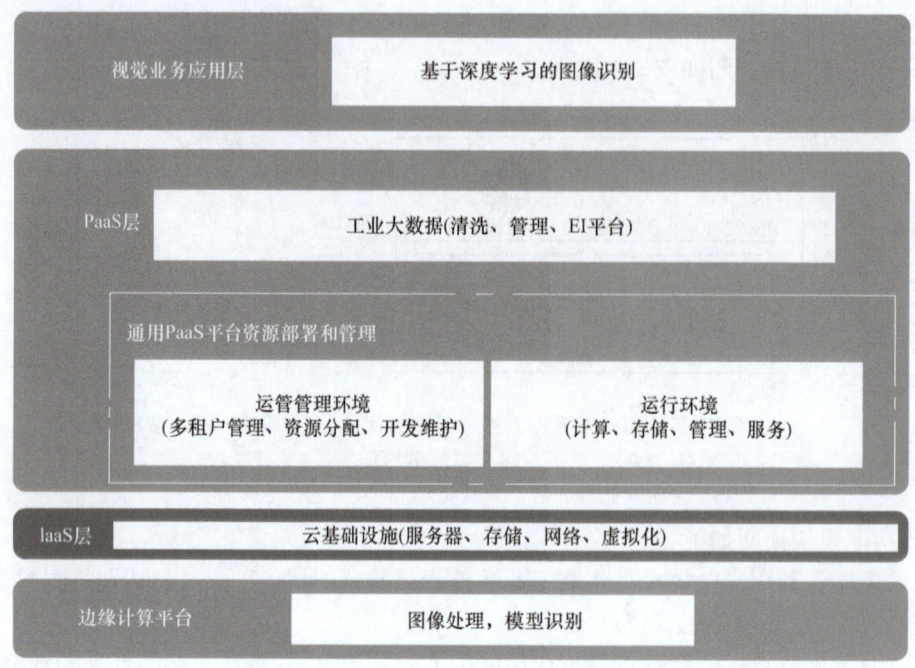

图1-7 基于视觉智能工业品外观柔性检测方案的技术框架

1）边缘计算平台：主要在工厂侧进行产品外观的识别和处理，是AI算法的主要承载体。

2）IaaS层：通过引入虚拟化和Docker技术，逻辑隔离各类业务应用，使应用具有更大的弹性，也更方便与工业云平台对接。

3）PaaS层：对边缘前端和各类数据进行清理和管理，通过PaaS层，把复杂的IT基础设施的管理交给PaaS层。

4）视觉业务应用层：对收集的数据利用深度学习算法进行模型训练，并将训练结果提供给企业内部各个业务单元使用。

5. 预期成果

本方案预期目标为：产品检测率达到100%；完全代替人工检测和识别部分，达到节省人力的目标；通过技术创新，可应用在更多场景检测。

## 项目训练

### 项目实施

下面以工业互联网实训教学平台为例进行能力提升训练。本实训平台以生产领域中对开心果的智能识别和实时检测的实际需求为背景，将信息技术与工业控制技术有效整合，实现对工业系统的智能控制和管理。

在平台运行之前，需要进行Linux操作系统软件的安装和配置基础操作。为了简明直观，这里主要介绍虚拟机下CentOS操作系统的安装与配置。

项目 1　认识工业互联网

安装虚拟机软件的准备工作如下：

1）准备一台具有多核 CPU 的 Windows 系统计算机，内存 4GB 或 8GB，并预留有 20GB 的磁盘空间。

2）准备 VMware-workstation-full-15.5.0 版本安装软件，可到 VMware 的官方网站去下载。

3）准备好操作系统的镜像文件（后缀名为 iso，如教材使用的 CentOS-7-x86_64-DVD-1804.iso），可上网下载或用安装光盘自己制作镜像文件。

### 1. VMware 的安装

在用户个人计算机上安装虚拟机软件 VMware-workstation-full-15.5.0 版本（也可选择其他更高的版本），然后再进行虚拟机安装，学习虚拟机中计算机资源的分配等相关知识，为进一步学习 VMware Server 的虚拟化管理及工业互联网平台的搭建打下基础。

安装虚拟机软件的操作步骤如下：

1）双击 VMware-workstation-full-15.5.0-14665864.exe 安装程序，如图 1-8 所示。

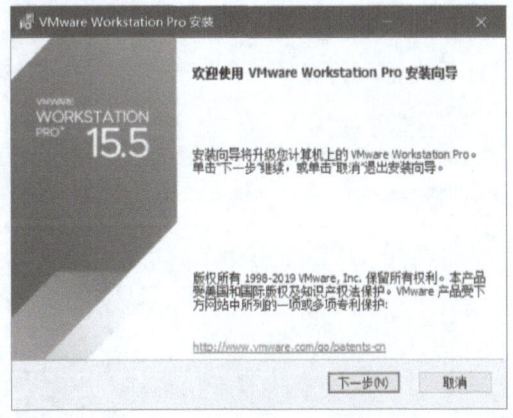

图 1-8　安装向导界面

2）在安装向导界面，单击"下一步"进入用户许可协议界面，勾选"我接受许可协议中的条款"，如图 1-9 所示。

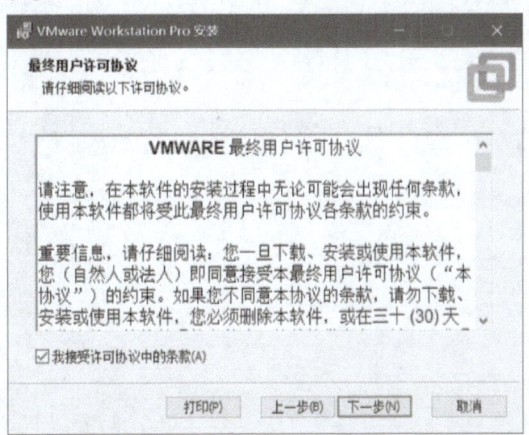

图 1-9　用户许可协议界面

3）单击"下一步"进入自定义安装界面，也可单击"更改"修改软件安装位置，如图 1-10 所示。

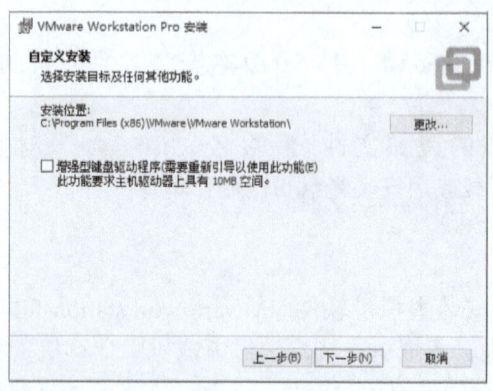

图 1-10　自定义安装界面

4）安装路径设置完成后，单击"下一步"，在桌面和开始菜单程序文件夹创建 VMware workstation 的快捷方式，如图 1-11 所示。

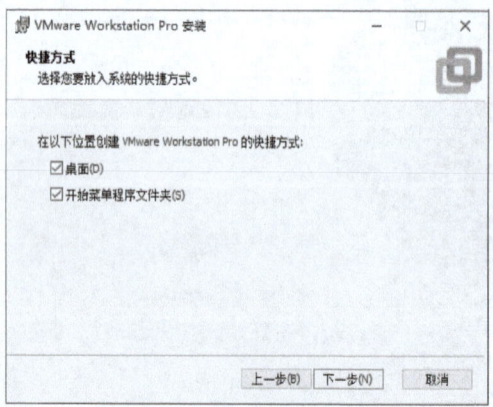

图 1-11　创建快捷方式

5）快捷方式创建完成后，单击"下一步"进入已经准备好安装界面，单击"安装"，如图 1-12 所示。

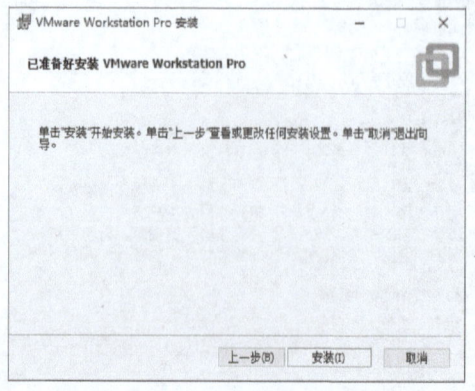

图 1-12　已经准备好安装界面

项目 1　认识工业互联网

**2. VMware 中创建虚拟机**

下面通过安装 Linux 系统的 CentOS 7_64bit 版本来熟悉虚拟机的安装方法，在操作过程中熟悉计算机虚拟化资源的分配管理方法。

VMware 虚拟机安装步骤如下：

1）启动 VMware 虚拟机软件，进入界面后，单击"创建新的虚拟机"，如图 1-13 所示。

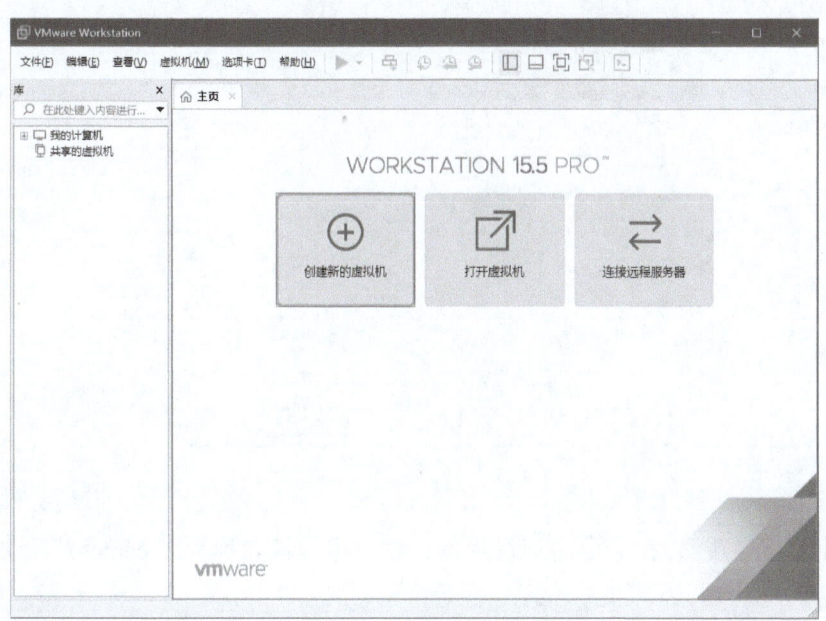

图 1-13　新建虚拟机

2）进入"新建虚拟机向导"界面，选择"典型"模式，单击"下一步"，在安装客户机操作系统界面，选择"稍后安装操作系统"，如图 1-14 所示。

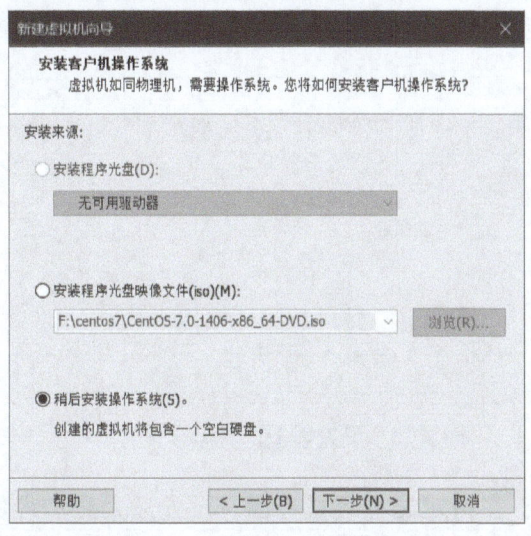

图 1-14　选择系统安装来源

3）单击"下一步"，在选择客户机操作系统界面，选择"Linux（L）"操作系统，版本采用"CentOS 7 64位"，如图1-15所示。

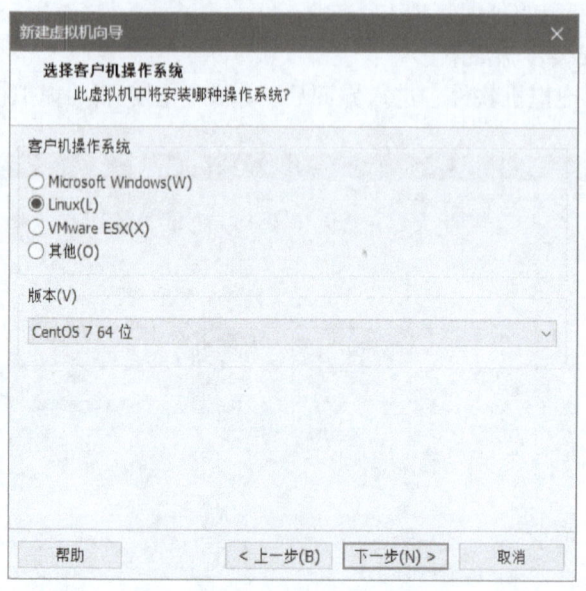

图1-15　选择操作系统类型

4）单击"下一步"，在命令虚拟机界面，修改虚拟机名称为"centos7"，单击"浏览"切换安装位置，如图1-16所示。

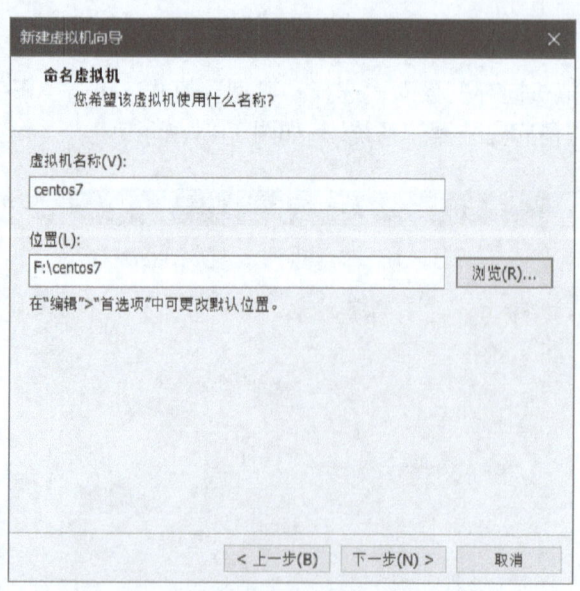

图1-16　设置虚拟机名称和安装位置

5）单击"下一步"，在指定磁盘容量界面，设置最大磁盘容量，此处将磁盘设置为20GB，选择"将虚拟磁盘拆分成多个文件"，如图1-17所示。

项目1 认识工业互联网

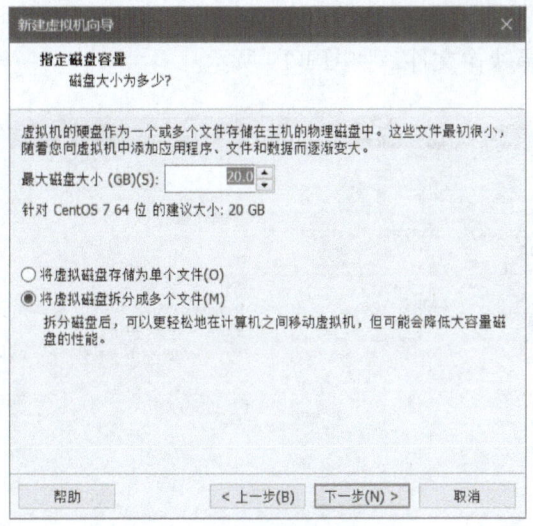

图 1-17 设置虚拟硬盘大小

6）单击"下一步"，在已准备好创建虚拟机界面，单击"自定义硬件"，设置内存为 4096MB，如图 1-18 所示。

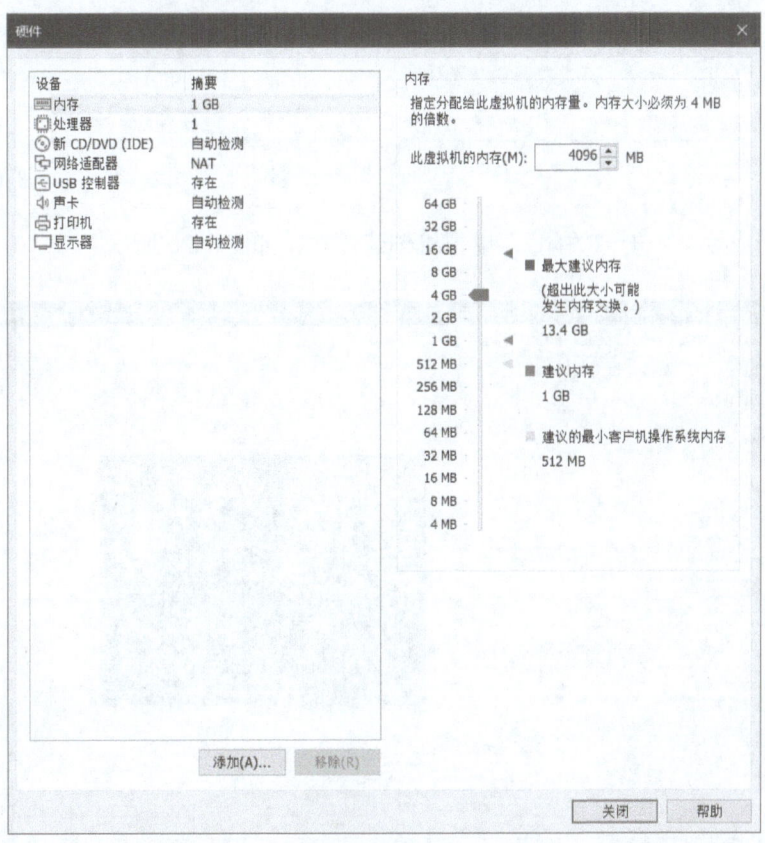

图 1-18 设置内存大小

7)在"设备"栏中选中"新 CD/DVD（IDE）"，在右侧操作栏中选择"使用 ISO 映像文件"，单击"浏览"，选择映像文件，如图 1-19 所示。

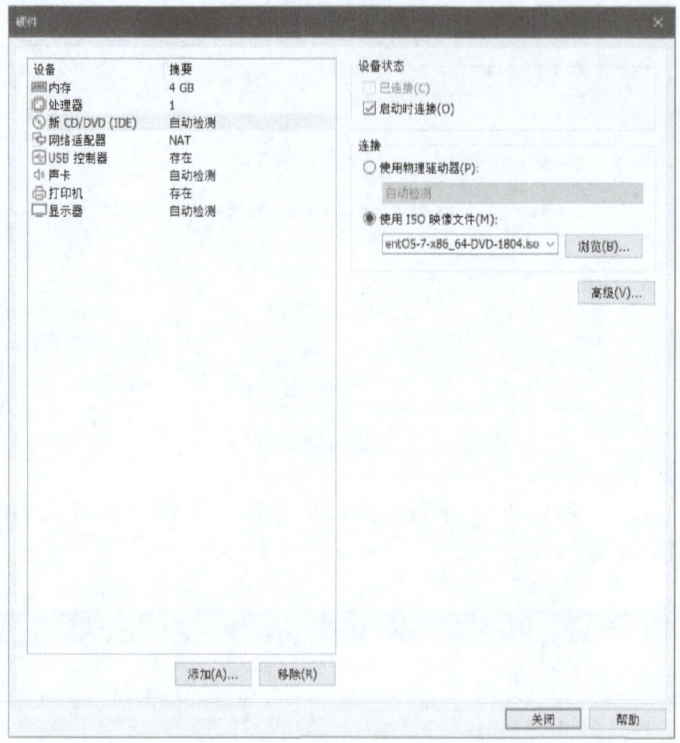

图 1-19　选择虚拟光驱

8)设置完成后，单击"关闭"，虚拟机创建成功，如图 1-20 所示。

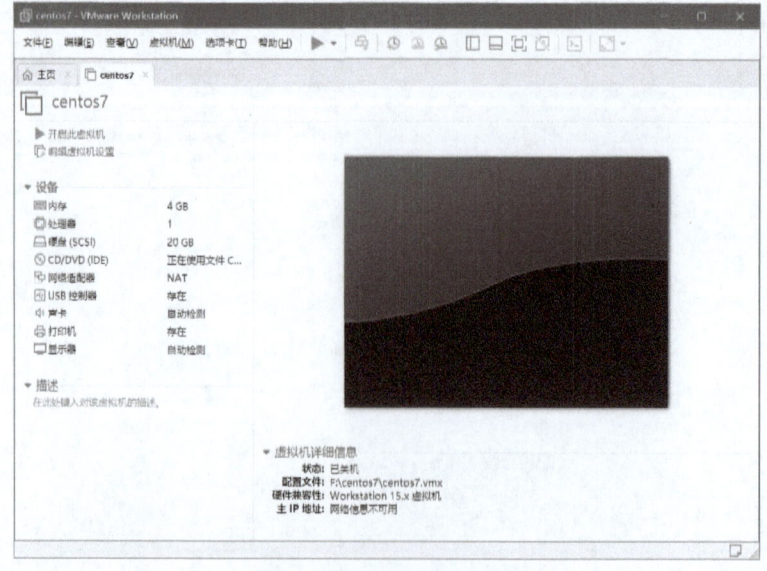

图 1-20　完成虚拟机创建

项目 1　认识工业互联网

9）启动新创建的虚拟机，进入系统的安装，如图 1-21 所示。

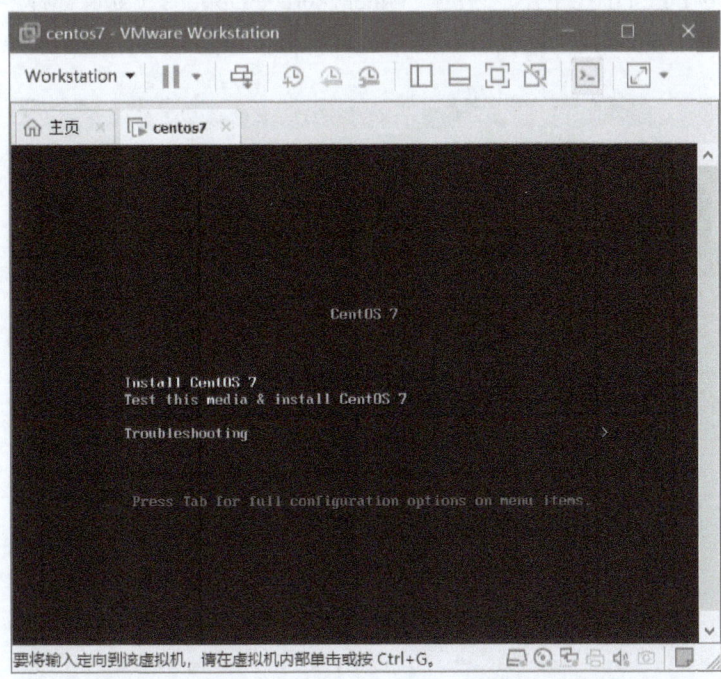

图 1-21　安装操作

10）通过键盘的上、下键，选择"Install CentOS 7"，按回车键，进入选择语言界面，如图 1-22 所示。

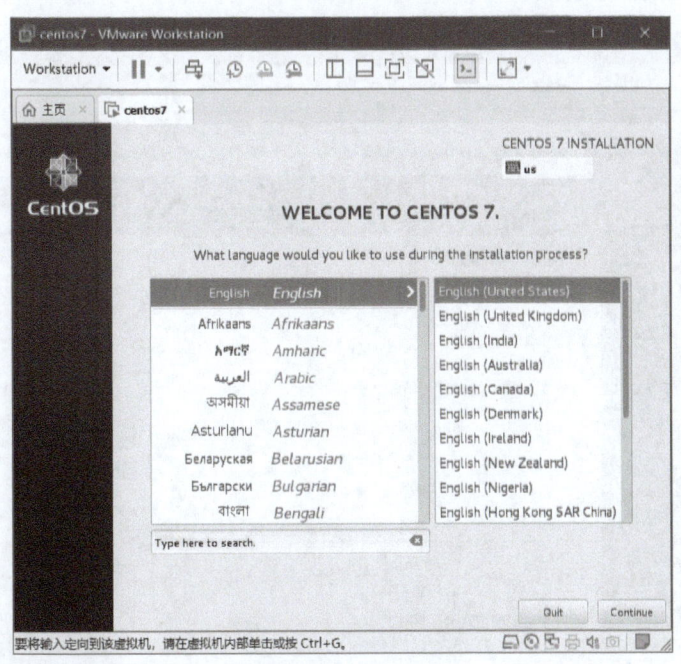

图 1-22　选择语言

11）设置语言，此处采用默认的"English"，单击"Continue"，在安装设置界面，单击"INSTALLATION DESTINATION"，在"Other Storage Options"处，选择"I will configure partitioning"选项，如图 1-23 所示。

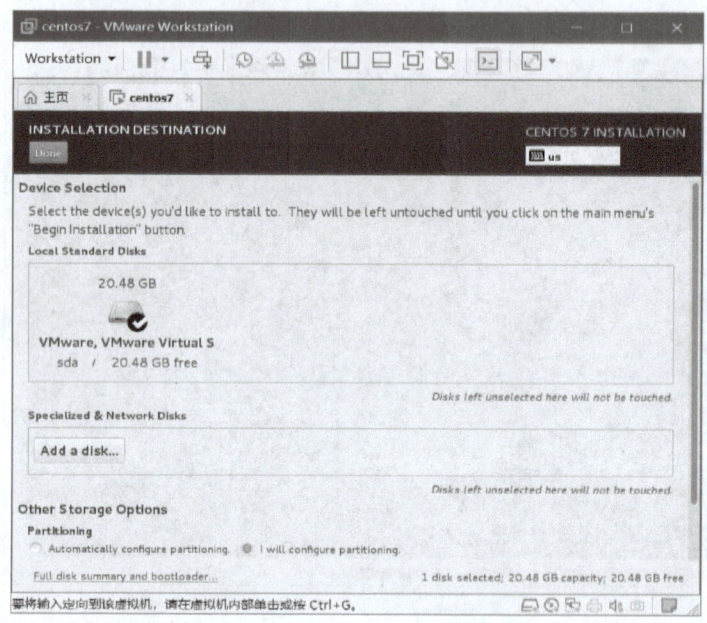

图 1-23　选择安装目录磁盘

12）设置完成后，单击"Done"，进入分区界面，单击"Click here to create them automatically"，如图 1-24 所示。

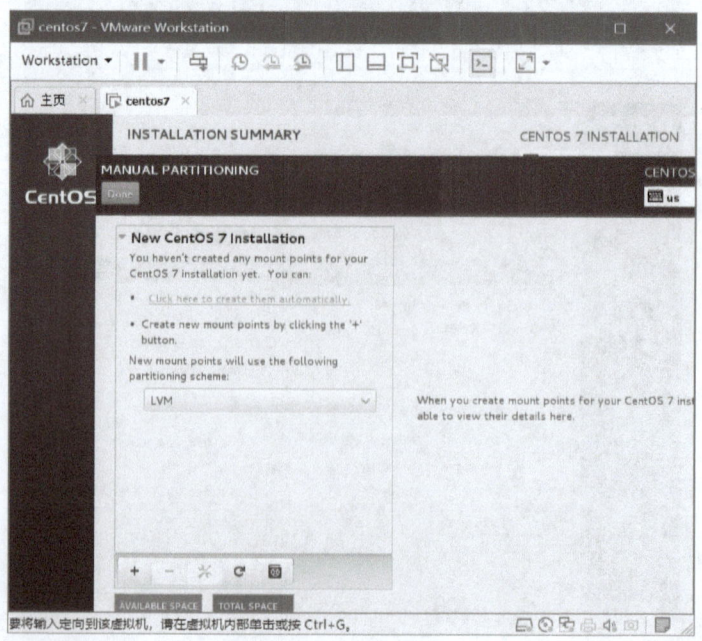

图 1-24　进行磁盘划分 1

项目 1　认识工业互联网

13）删除 /home 分区，将剩余的磁盘空间划分给 "/boot"，如图 1-25 所示。

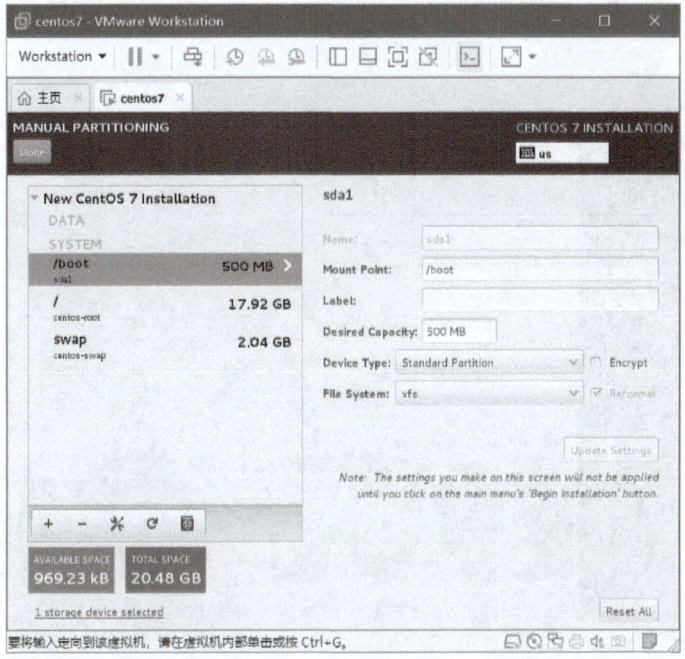

图 1-25　进行磁盘划分 2

14）设置完成后，单击 "Done"，在弹出的窗口中，单击 "Accept Changes"，如图 1-26 所示。

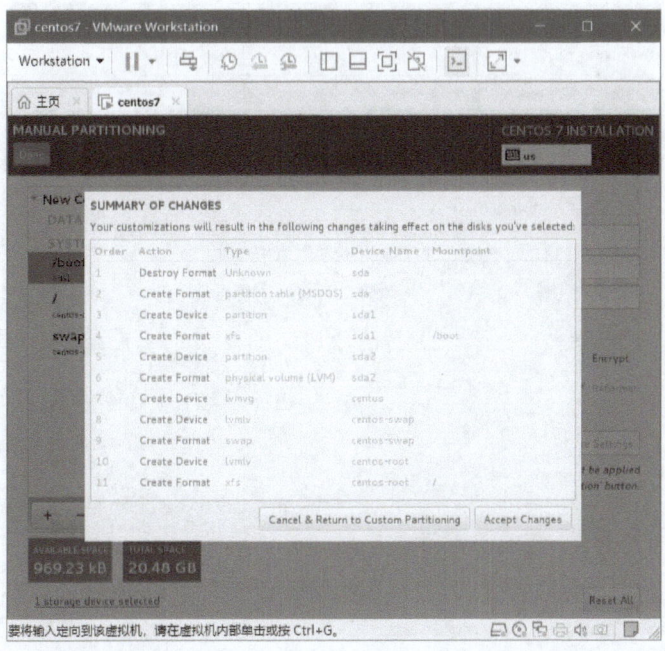

图 1-26　进行磁盘划分 3

15）设置完成后，单击"Begin Installation"，进入安装界面，如图 1-27 所示。

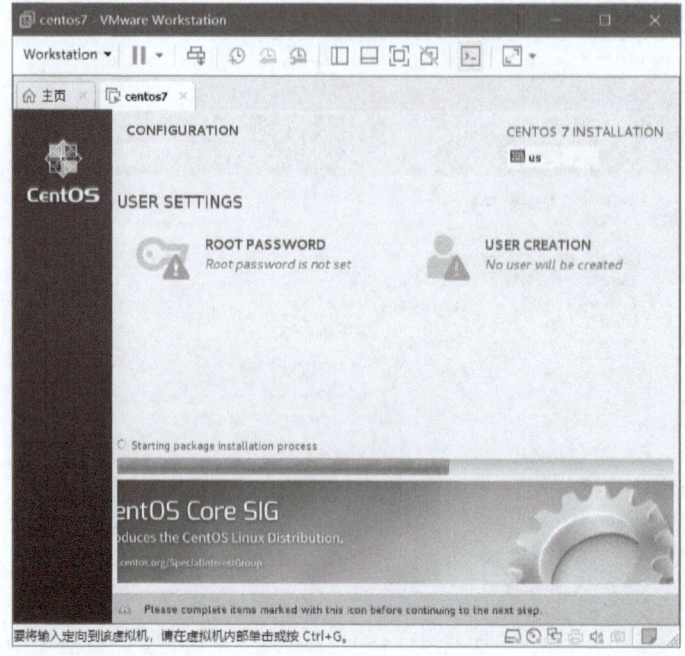

图 1-27　安装界面

16）在安装过程中还需要设置管理员密码，单击"ROOT PASSWORD"，设置 root 密码，用户名和密码此处可以根据需求进行设置。单击"Done"，如图 1-28 所示。

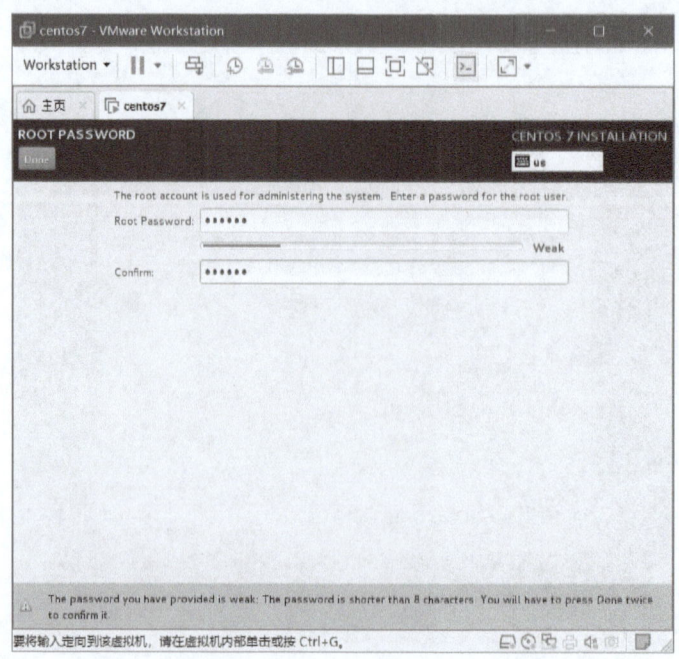

图 1-28　设置管理员密码

项目 1　认识工业互联网

17）等待安装完成后，单击"Reboot"重启系统，如图 1-29 所示。

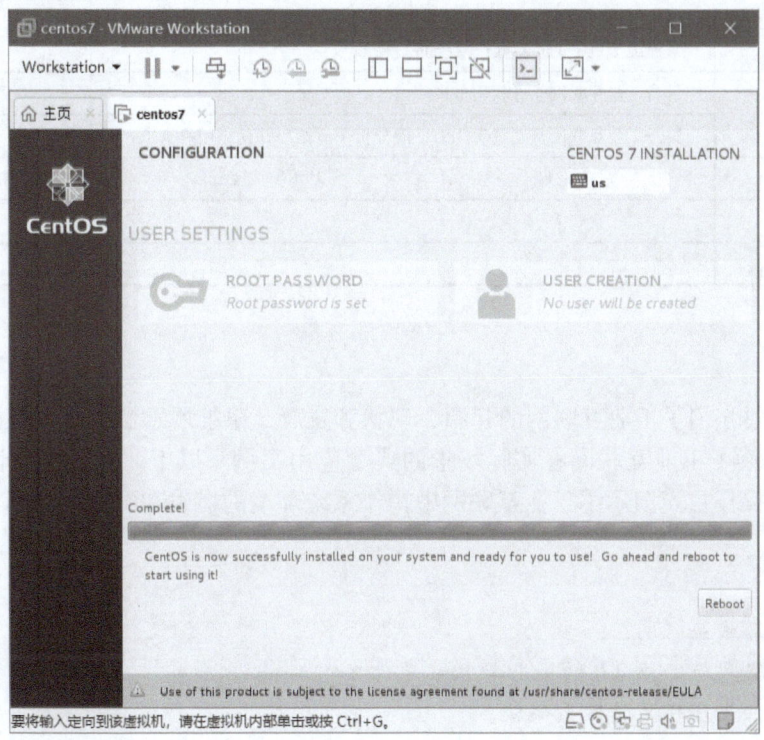

图 1-29　重启系统

18）重启完成后进入系统。

虚拟机软件为安装虚拟机提供了运行环境，从而可在一台个人计算机上虚拟出各种操作系统的虚拟机。虚拟化技术的应用为教学实践和计算技术的社会服务提供了很好的帮助。

**课外练习**

请在课余时间完成虚拟机下 Ubuntu 操作系统的安装与配置。

**项目验收**

表 1-1　项目完成指标对照表

| 评价内容 | 具体指标 | 完成情况 |
| --- | --- | --- |
| 综合能力 | 熟悉工业互联网体系架构及其发展趋势 |  |
|  | 了解工业互联网典型业务场景和应用案例 |  |
|  | 了解运营岗位职责，具备良好的沟通能力 |  |
| 专业知识 | 了解工业 4.0 与工业互联网的异同 |  |
|  | 熟悉工业互联网框架 |  |
|  | 熟悉 Linux 操作系统，熟悉部署及其相关服务 |  |

(续)

| 评价内容 | 具体指标 | | 完成情况 |
|---|---|---|---|
| 技术技能 | 掌握虚拟机下 Linux 操作系统的安装 | | |
| 工程实践 | 具备工业互联网信息收集整理能力 | | |
| | 具备工业互联网基础调研能力，能分析调研结果并挖掘用户需求 | | |
| 目标完成 | 完成★★ | 基本完成★☆ | 未完成☆☆ |
| 学习收获 | | | |
| 学习反思 | | | |

## 项目小结

本项目主要介绍了工业互联网的起源、现状和发展，系统展示了工业互联网框架和关键技术，详细解读了工业互联网在实际场景的典型应用案例。以工业互联网实训教学平台为例，通过实验操作重点演示了工业互联网中操作系统环境的搭建和配置。

## 课后作业

1. 什么是工业互联网？
2. 工业互联网与工业 4.0 的区别与联系是什么？
3. 请画出工业互联网的体系架构。
4. 工业互联网的关键技术有哪些？

# 项目 2

# 电动机拖动技术的应用

## 学习目标

1）了解电动机的分类和应用场景。
2）熟悉典型电动机的组成结构和工作原理。
3）理解电动机在工业互联网中的作用。
4）掌握典型型号电动机的接线和安装。
5）掌握工业互联网实训教学平台的组装。

## 岗位能力素养

1）具备电动机安装和使用的综合能力。
2）具备组装工业互联网相关设备的综合能力。

## 项目情景

电动机可以将电能转换为机械能，用来驱动各种用途的机械。在现代工业生产中，电动机技术是推动生产进步的一项关键技术，是工业向数字化和智能化发展必不可少的一部分，也是工业互联网部署和应用的重要环节。工业互联网的发展对电动机技术也提出了更高的要求。因此，只有对电动机技术的基础知识有一定的了解，才能够理解电动机在工业互联网中的重要作用。

## 知识储备

## 2.1 认识直流电动机

### 2.1.1 电动机概述

**1. 电动机的定义**

电机分为电动机和发电机两大类，其中电动机是利用电磁感应定律和电磁力定律，将能量或信号进行转换或变换的电设备。简单来说，电动机是把电能转换成机械能的设备。

电动机按功能分，有直流电动机、交流电动机和控制电动机等，如图2-1所示。

将电动机作为原动机拖动生产机械运转的系统，称为电力拖动系统。电力拖动是机电设备中的一个重要组成部分，除小部分生产机械采用气动或液压拖动外，绝大多数生产机械都采用电力拖动。电力拖动具有以下优点：

1) 电能的远距离输送简便经济，分配简单，检测方便。

2) 电力拖动比其他形式的拖动效率高，电动机与被拖动机械的连接简便。

3) 电动机的形式和种类多样，具有各种各样的特性，可适应不同生产机械的需要，且电力拖动的起动、制动与调速等控制简便迅速，调节性能好。

4) 可实现远距离控制与自动调节，进而实现生产过程的自动化。

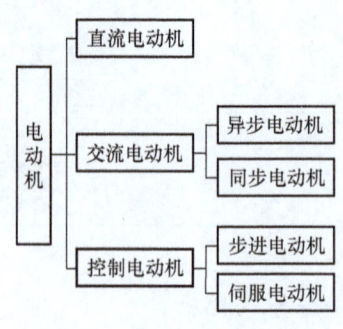

图 2-1　电动机按功能分类

**2. 电动机在工业互联网中的作用**

工业互联网主要应用于工业控制领域，其目的是将机器智能化，实现机器与机器、人与机器之间的无缝连接，从而重构全球工业体系，激发生产力。电动机作为工业互联网推广和使用的有效执行者，其电动机驱动技术可按照人们的意愿实现对设备的有效驱动控制。一个现代化的大中型企业，通常要装备几千乃至几万台不同类型的电动机。因此，电动机在工业互联网中具有不可替代的重要作用。

## 2.1.2　直流电动机

**1. 直流电动机工作原理**

直流电动机的结构原理如图 2-2 所示，把电刷 A、B 接到直流电源上，电刷 A 接正极，电刷 B 接负极，此时电枢线圈中有电流流过。

在磁场作用下，N 极下导体 ab 受力方向从右向左，S 极下导体 cd 受力方向从左向右，如图 2-3 所示。该电磁力形成逆时针方向的电磁转矩。当电磁转矩大于阻转矩时，电动机转子逆时针方向旋转。

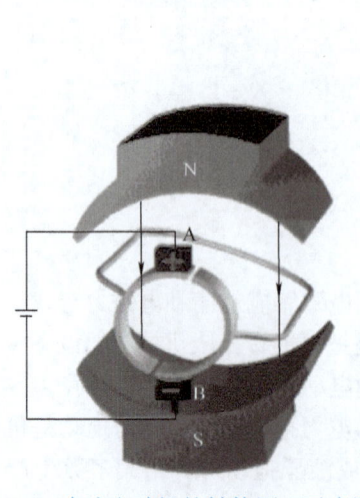

图 2-2　直流电动机的结构原理示意图

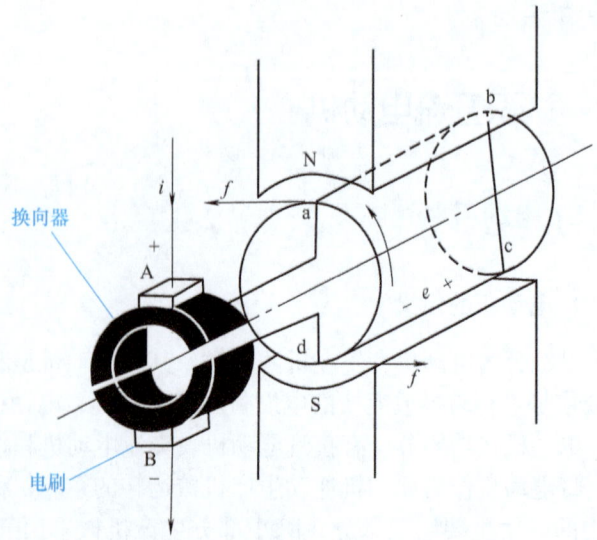

图 2-3　直流电动机工作原理示意图 1

## 项目 2　电动机拖动技术的应用

当电枢旋转到图 2-4 所示位置时，原 N 极下导体 ab 转到 S 极下，受力方向为从左向右，原 S 极下导体 cd 转到 N 极下，受力方向为从右向左，该电磁力形成逆时针方向的电磁转矩。电枢在该电磁力形成的电磁转矩作用下继续逆时针方向旋转，电枢旋转位置如图 2-5 所示。实际的直流电动机的电枢并非单一线圈，磁极也并非一对。

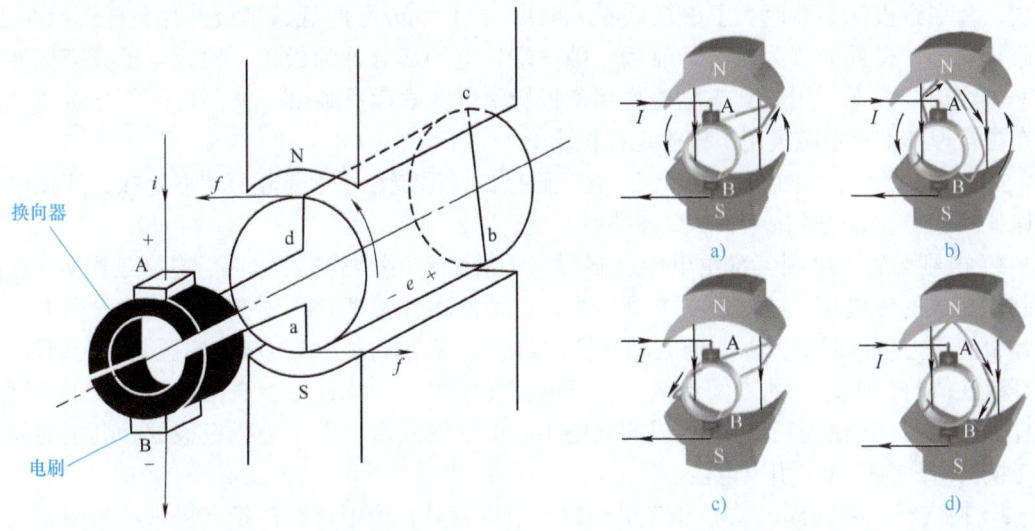

图 2-4　直流电动机工作原理示意图 2　　　图 2-5　直流电动机的电枢旋转位置

### 2. 直流电动机主要结构

直流电动机主要分为定子和转子两大部分，还包括定、转子之间存在的气隙。直流电动机主要结构如图 2-6 所示。

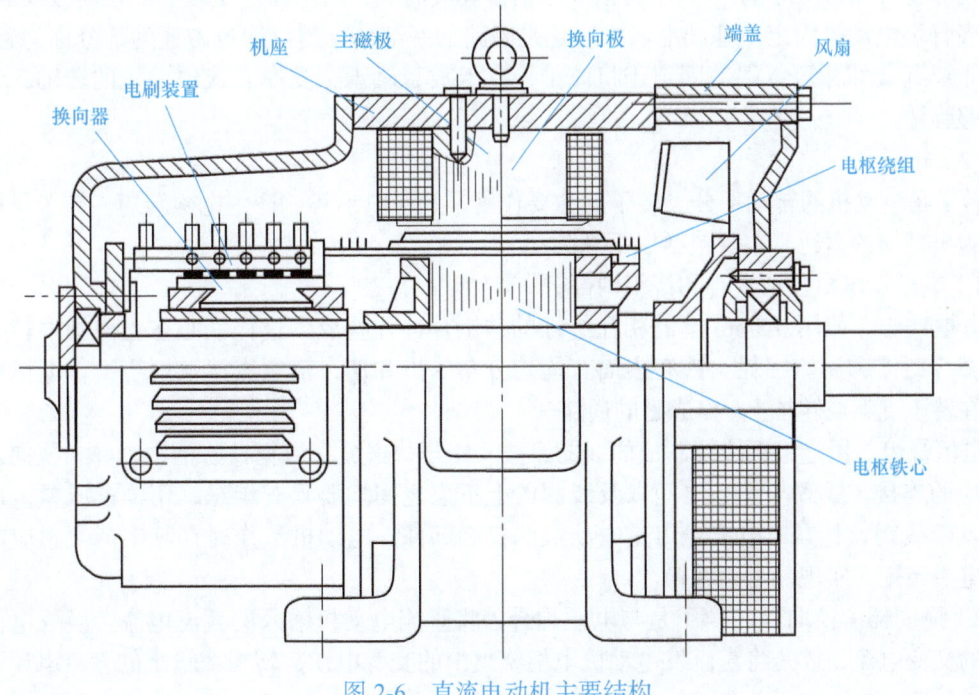

图 2-6　直流电动机主要结构

（1）定子

定子是电动机的静止部分，主要用来产生磁场。定子主要包括以下部分：

1）主磁极。主磁极包括铁心和励磁绕组两部分。当励磁绕组中通入直流电流后，铁心中随即产生励磁磁通，并在气隙中建立励磁磁场。励磁绕组通常用圆形或矩形的绝缘导线制成，套在磁极铁心外面。主磁极铁心一般用1~1.5mm厚的低碳钢板冲片叠压铆接而成，主磁极铁心柱体部分称为极身，靠近气隙一端较宽的部分称为极靴，极靴与极身交接处形成一个突出的肩部，用以支撑励磁绕组。极靴沿气隙表面呈弧形，使磁极下气隙磁通密度分布更合理。整个主磁极用螺杆固定在机座上。

主磁极总是N、S两极成对出现。各主磁极的励磁绕组通常是相互串联连接，连接时要能保证相邻磁极的极性按N、S交替排列。

2）电刷装置。电刷装置由电刷、刷握、压紧弹簧和刷杆座等组成。电刷是用碳-石墨等制作而成的导电块，电刷装在刷握的盒内，用压紧弹簧把它压紧在换向器的表面上。压紧弹簧的压力可以调整，以保证电刷与换向器表面有良好的滑动接触。刷握固定在刷杆上，刷杆装在刷杆座上，彼此之间绝缘。刷杆座装在端盖或轴承盖上，根据电流的大小，每一刷杆上可以有一个或多个电刷组成的电刷组，电刷组的数目等于主磁极极数。电刷的作用是与换向器配合引入、引出电流。

3）换向极。换向极由铁心和绕组构成。中小容量直流电动机的换向极铁心是用整块钢制成的，大容量直流电动机和换向要求高的直流电动机，换向极铁心用薄钢片叠成。换向极绕组要与电枢绕组串联，又因通过的电流大，导线截面较大，使得匝数较少。换向极装在主磁极之间，换向极的数目一般等于主磁极数，在功率很小的电动机中，换向极的数目有时只有主磁极极数的一半，或不装换向极。换向极的作用是改善换向，防止电刷和换向器之间出现过强的火花。

4）机座和端盖。机座一般用铸钢或厚钢板焊接而成，用来固定主磁极、换向极及端盖，借助底脚将电动机固定于基础上。机座还是磁路的一部分，用以通过磁通的部分称为磁轭，端盖主要起支撑作用，端盖固定于机座上，其上放置轴承，支撑直流电动机的转轴，使转子能够旋转。

（2）转子

转子是电动机的转动部分。转子的主要作用是感应电动势，产生电磁转矩。转子是使电能变为机械能的枢纽，主要包括以下部分：

1）电枢。电枢包括铁心和绕组两部分。

电枢铁心一般用0.5mm厚的相互绝缘的硅钢片冲片叠成，这样铁心在主磁场中转动时可以减少磁滞和涡流损耗。铁心表面有均匀分布的齿和槽，槽中嵌放电枢绕组。电枢铁心固定在转子支架或转轴上，构成磁的通路。

电枢绕组是用绝缘铜线绕制成的线圈，按一定规律嵌放在电枢铁心槽中，并与换向器进行相应的连接。线圈与铁心之间以及线圈的上下层之间均要妥善绝缘，用槽楔压紧，再用玻璃丝带或钢丝扎紧。电枢绕组是电动机的核心部件，电动机工作时在其中产生感应电动势和电磁转矩，实现能量的转换。

2）换向器。换向器的作用是与电刷配合，将直流电动机输入的直流电流转换成电枢绕组内的交变电流，或是将直流发电机电枢绕组中的交变电动势转换成输出的直流电压。

项目 2　电动机拖动技术的应用

3）转轴。在转轴上安装电枢和换向器。

（3）气隙

静止的磁极和旋转的电枢之间的间隙称为气隙。在小容量电动机中，气隙为 0.5～3mm。气隙数值虽小，但磁阻很大，为电动机磁路的主要组成部分。气隙大小对电动机运行性能有很大影响。

#### 3. 直流电动机换向

直流电动机电枢绕组的某一个元件经过电刷，即从一条支路换到另一条支路时，元件里的电流方向将发生改变，即换向。

为了分析方便，假定换向片的宽度等于电刷的宽度。如图 2-7 所示，电刷与换向片 1 接触时，元件 1 中的电流大小为 $i=i_a$。电枢移到电刷与换向片 1、2 同时接触时，元件 1 被短路，电流被分流。电刷仅与换向片 2 接触时，元件 1 中的电流大小为 $i=-i_a$。

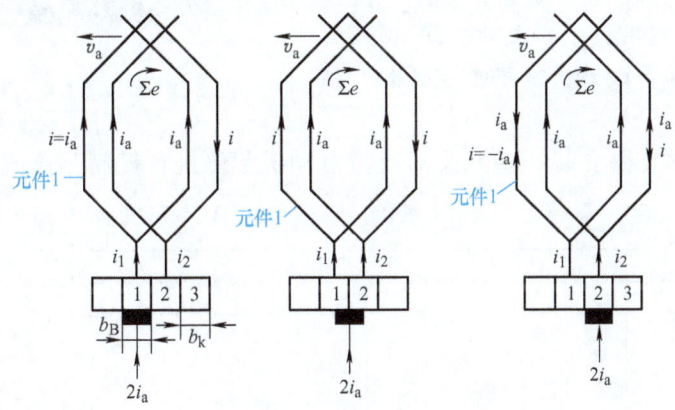

图 2-7　电动机换向原理

元件从开始换向到换向结束所经历的时间，称为换向周期。换向周期通常只有千分之几秒。直流电动机在运行过程中，电枢绕组每个元件在经过电刷时都要经历换向过程。

换向问题很复杂，换向不良会使得电刷与换向片之间产生火花。当火花大到一定程度时，可能损坏电刷和换向器表面，使电动机不能正常工作。

产生火花的原因很多，除了电磁原因外，还有机械的原因。此外换向过程还伴随着电化学和电热学等现象。

> **拓展提升**

下面以 775 直流电动机为例，介绍直流电动机的供电与安装。

#### 1. 775 直流电动机介绍

775 直流电动机的外形结构如图 2-8 所示。

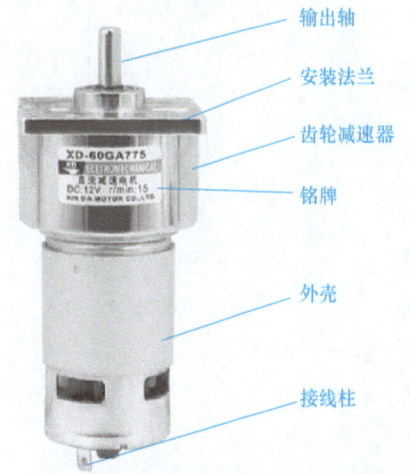

图 2-8　775 直流电动机的外形结构

1）输出轴：不同规格的电动机都有其固定的输出轴。775 电动机输出轴轴径为 8mm。

2）安装法兰：每种电动机都有其安装方式，法兰安装是最常用的。

3）齿轮减速器：利用减速器能够降低电动机的输出转速，提高输出转矩，不同的减速比有不同的输出速度和转矩。

4）铭牌：包含电动机的基本信息，如转速、电压、型号等。

5）接线柱：有两个接线柱，分别连接所需电源的正、负极，改变正、负极接线可实现电动机正反转。

### 2. 775 直流电动机接线

将 12V 直流电源的正、负极，直接连接到 775 直流电动机的接线柱上，电动机即可转动，改变正、负极接线，电动机转子改变转向，如图 2-9 所示。

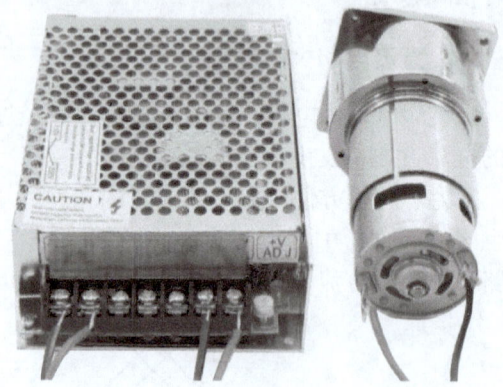

图 2-9　775 直流电动机实物接线图

此外，电路中需要安装一些开关对直流电动机起停进行控制，直流电动机接线图如图 2-10 所示。

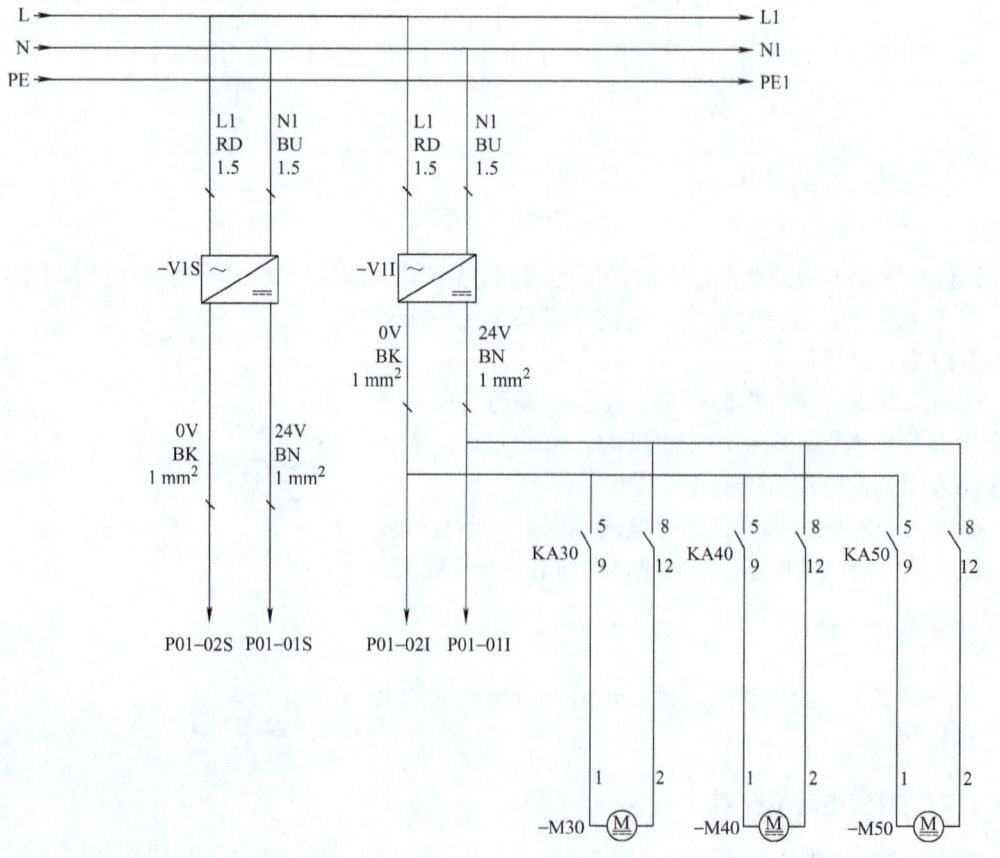

图 2-10　直流电动机接线图

## 2.2 步进电动机

### 2.2.1 步进电动机的工作原理

步进电动机是将电脉冲信号转换为相应的直线位移或角位移的一种特殊电动机。电脉冲由专用驱动电源供给。步进电动机的种类主要有反应式步进电动机、永磁式步进电动机、直线步进电动机和平面步进电动机等。其中反应式步进电动机具有步距角小、结构简单和寿命长等特点，应用比较广泛。

三相反应式步进电动机定子铁心为凸极式，共3对（6个）磁极，每两个相对的磁极上绕有控制绕组，组成一相。转子用软磁材料制成，也是凸极结构，只有4个齿，齿宽等于定子的极靴宽，没有绕组。三相反应式步进电动机的工作原理如图2-11所示，当第一组控制绕组通电，其余两组均不通电时，电动机内建立以通电绕组为轴线的磁场。由于磁通具有走磁阻最小路径的特点，使转子齿1、3的轴线与通电定子绕组轴线对齐。然后第一组控制绕组断电，第三组控制绕组通电，使转子齿2、4的轴线与通电定子绕组轴线对齐。控制绕组依次通电，转子就会一步一步地按逆时针方向转动。

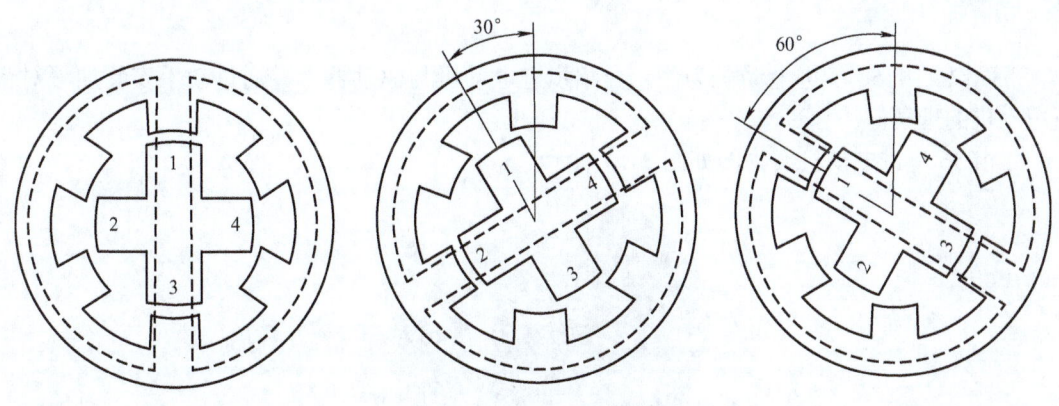

图 2-11　三相反应式步进电动机的工作原理图

### 2.2.2 步进电动机的基本结构

反应式步进电动机使用比较普遍，结构相对简单。反应式步进电动机又称磁阻式步进电动机，由定子和转子组成，其定子、转子均由软磁材料冲制、叠压而成。定子上安装多相励磁绕组，转子上无绕组，转子圆周外表面均匀分布若干齿和槽。定子上均匀分布若干个大磁极，每个大磁极上有若干小齿和槽。以三相为例，其定子和转子上分别有6个、4个磁极，如图2-12所示。

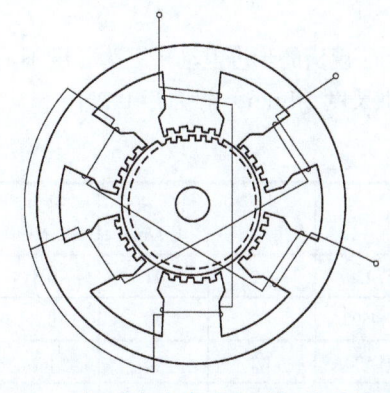

图 2-12　三相反应式步进电动机的磁极示意图

## 2.2.3 步进电动机的控制方式

步进电动机的控制方式主要有三种：三相单三拍工作方式，U-V-W-U；三相单、双六拍工作方式，U-UV-V-VW-W-WU-U；三相双三拍工作方式，UV-VW-WU-UV。

步进电动机每改变一次通电状态（一拍）转子所转过的角度称为步距角。步距角的计算公式为

$$\theta_{se} = \frac{360°}{mZ_rC}$$

式中，$m$ 为步进电动机的相数；$C$ 为通电状态系数，单拍或双拍工作时 $C=1$，单、双拍混合方式工作时 $C=2$；$Z_r$ 为步进电动机转子的齿数。

步进电动机的转速计算公式为

$$n = \frac{60f}{mZ_rC}$$

式中，$f$ 为步进电动机每秒的拍数，称为步进电动机的通电脉冲频率。

反应式步进电动机的调速原理为通过改变脉冲频率来改变电动机转速，实现无级调速。

### 拓展提升

下面以二相 56 步进电动机为例，介绍步进电动机与驱动器，并通过动手安装加深对步进电动机的理解。

二相 56 步进电动机实物图如图 2-13 所示。

图 2-13 二相 56 步进电动机实物图

同一规格的步进电动机因为长度不一样，对应的型号与技术参数也不同。如 FY56TM500A，电动机长度 54mm，静力矩 0.9N·m，相电流 5A。56 步进电动机常见规格见表 2-1。

表 2-1 56 步进电动机常见规格

| 型号 | 步距角/(°) | 电动机长度 $L$/mm | 静力矩/N·m | 相电流/A | 相电阻/Ω | 相电感/mH | 转动惯量/g·cm$^2$ | 电动机质量/kg | 电动机出线 |
|---|---|---|---|---|---|---|---|---|---|
| FY56TS450A | 1.2 | 41 | 0.6 | 4.5 | 0.32 | 1.0 | 280 | 0.5 | 4 |
| FY56TM500A | 1.2 | 54 | 0.9 | 5.0 | 0.35 | 1.1 | 300 | 0.7 | 4 |
| FY56TL520A | 1.2 | 76 | 1.5 | 5.2 | 0.55 | 1.7 | 480 | 1.0 | 4 |
| FY56TC520A | 1.2 | 106 | 2.5 | 5.2 | 0.57 | 1.2 | 720 | 1.8 | 4 |

## 项目 2　电动机拖动技术的应用

二相 56 步进电动机的驱动器型号有多种，这里选择驱动器型号 FYQM806A，其实物图如图 2-14 所示。

图 2-14　FYQM806A 驱动器实物图

FYQM806A 驱动器的各接线端子如图 2-15 所示。

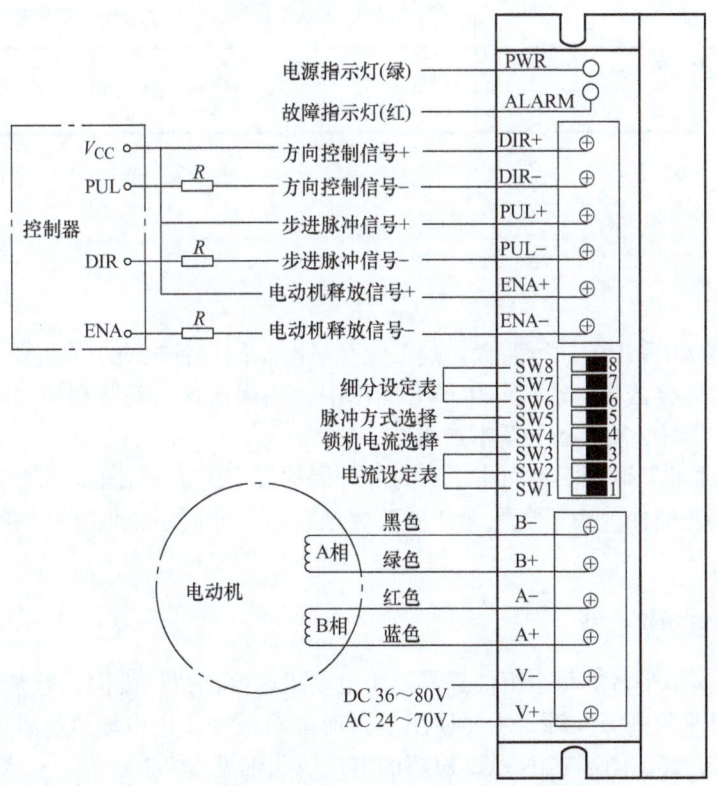

图 2-15　FYQM806A 驱动器的各接线端子

FYQM806A 驱动器的各接线端子定义见表 2-2。

表 2-2  FYQM806A 驱动器的各接线端子定义

| 端子标记符号 | 名称 | 注释 |
|---|---|---|
| PWR | 电源指示灯 | 通电时,绿色指示灯亮 |
| ALARM | 故障指示灯 | 电流过高或者电压过低时,红色指示灯亮 |
| PUL+ | 步进脉冲信号光电隔离正端 | 接信号电源,5~24V 均可驱动,高于 5V 需在 PUL- 端接限流电阻 |
| PUL- | 步进脉冲信号光电隔离负端 | 下降沿有效,每当脉冲由高变低时电动机走一步。输入电阻为 220Ω,要求:低电平为 0~0.5V,高电平为 4~5V,脉冲宽度 >2.5μs |
| DIR+ | 方向控制信号光电隔离正端 | 接信号电源,5~24V 均可驱动,高于 5V 需在 DIR- 端接限流电阻 |
| DIR- | 方向控制信号光电隔离负端 | 用于改变电动机转向。输入电阻为 220Ω,要求:低电平为 0~0.5V,高电平为 4~5V,脉冲宽度 >2.5μs |
| ENA+ | 电动机释放信号光电隔离正端 | 接信号电源,5~24V 均可驱动,高于 5V 需在 ENA- 端接限流电阻 |
| ENA- | 电动机释放信号光电隔离负端 | 有效(低电平)时关断电动机线圈电流,驱动器停止工作,电动机处于自由状态 |
| B+、B-<br>A+、A- | 电动机接线 | 四出线  六出线  八出线(适用高速)  八出线(适用低速) |
| V+ | 电源正极 | DC 36~80V/AC 24~70V |
| V- | 电源负极 | |

## 项目训练

### 项目实施

电动机作为动力系统的执行装置,是工业互联网基础设备模块中的重要组成部分。电动机的性能优越,种类繁多。在实际生产和应用中,如何选择、安装和使用电动机是工业互联网技术技能人才所必须具备的基本素质。

下面主要以工业互联网实训教学平台为例开展项目实施,完成电动机的选择和电动机在平台上的安装工艺操作。为了更好地开展后续项目,一并展示工业互联网实训教学平台硬件设备的组装。

#### 1. 平台中的电动机选择

工业互联网实训平台的每个组件都需要用电动机来驱动执行机构。考虑到平台机械设备的驱动和按步匀速前进等问题,主要使用了直流电动机和步进电动机。各电动机在平台上的安装位置如图 2-16、图 2-17 所示,对应的电动机明细见表 2-3。

项目2 电动机拖动技术的应用

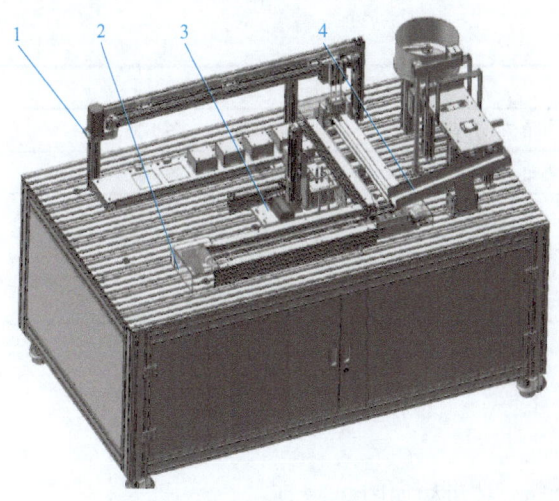
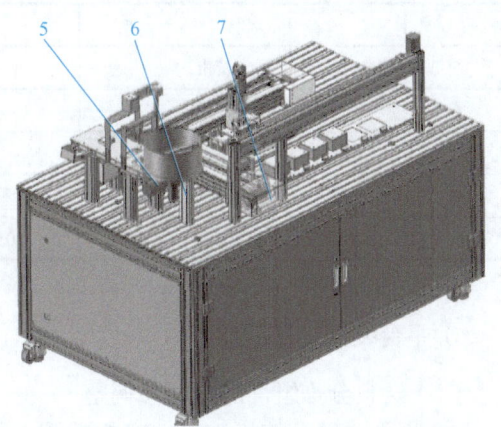

图2-16 电动机在平台上的安装位置1　　图2-17 电动机在平台上的安装位置2

表2-3 工业互联网实训平台电动机明细

| 序号 | 电动机类型 | 电动机型号 | 作用 |
| --- | --- | --- | --- |
| 1 | 步进电动机 | FY57EL300A-8P | 码垛组件导轨驱动电动机 |
| 2 | 直流电动机 | 60GA775-10 | 料盒输送线驱动电动机 |
| 3 | 步进电动机 | FY57EL300A-8P-B | 包装组件料仓提升电动机，带制动 |
| 4 | 直流电动机 | 37GB3530-5 | 称重输送线驱动电动机 |
| 5 | 步进电动机 | FY57EL300A-8P | 检测同步输送线驱动电动机 |
| 6 | 直流电动机 | 60GA775-10 | 原料仓送料电动机 |
| 7 | 直流电动机 | 60GA775-10 | 包装输送线驱动电动机 |

**2. 平台组装**

（1）准备工作

1）熟悉设备组成、零件清单、装配任务。
2）检查文件和零件的完备情况。
3）选择合适的装配工具。
4）用清洁布清洁零件。

（2）实训设备及工具清单

具体实训设备及工具见表2-4。

表2-4 实训设备及工具

| 序号 | 名称 | 型号及规格 | 数量 |
| --- | --- | --- | --- |
| 1 | 工业互联网实训平台 |  | 1套 |
| 2 | 内六角扳手 |  | 1套 |
| 3 | 一字螺钉旋具 | 6in | 1把 |
| 4 | 十字螺钉旋具 | 6in | 1把 |

(续)

| 序号 | 名称 | 型号及规格 | 数量 |
| --- | --- | --- | --- |
| 5 | 孔用卡簧钳 | 直角 7in，弯角 7in | 各 1 把 |
| 6 | 轴用卡簧钳 | 直角 7in，弯角 7in | 各 1 把 |
| 7 | 呆扳手 | 8～19mm | 1 套 |
| 8 | 普通游标卡尺 | 量程 300mm，精度 0.02mm | 1 把 |
| 9 | 零件盒 | 205mm×130mm×120mm | 2 个 |

注：1in=0.0254m。

### 3. 平台装配工艺流程

（1）送料分拣组件的装配与调整

1）料仓自动分拣机构组件安装。料仓自动分拣机构如图 2-18 所示。

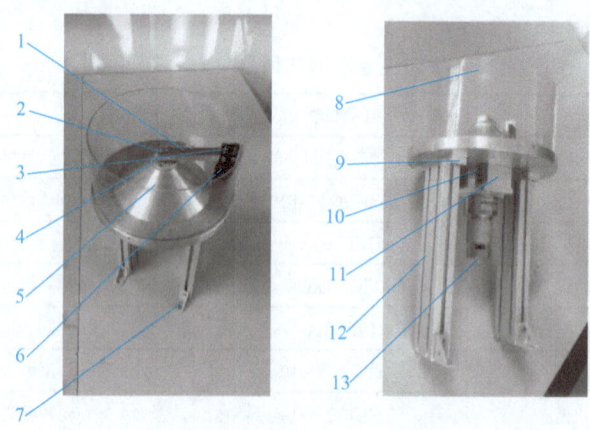

图 2-18　料仓自动分拣机构

1—料仓连接杆　2—料仓轴　3—料仓扫料板　4—料仓带座轴承　5—料仓底板　6—橡胶　7—连接角件
8—料仓罩　9—铝型材固定板　10—联轴器　11—料仓电动机固定板　12—3060-279 铝型材
13—直流电动机

① 先将两个 3060-279 的铝型材（12）与铝型材固定板（9）组装在一起。

② 将组装好的底座组装到料仓底板（5）上。

③ 利用直径 12mm 的轴用卡簧钳将料仓轴（2）组装到料仓带座轴承（4）上，分别卡进料仓轴（2）槽内。

④ 将组装好的料仓带座轴承（4）安装到料仓底板（5）上。

⑤ 在料仓轴（2）另一端组装联轴器（10）并锁紧。

⑥ 组装直流电动机（13）到料仓电动机固定板（11）上。

⑦ 将料仓直流电动机（13）输出轴与联轴器（10）相连，并将料仓电动机固定板（11）锁紧在料仓底板（5）上。

⑧ 组装料仓连接杆（1）与料仓扫料板（3），再将橡胶（6）固定到料仓扫料板（3）上。

⑨ 将安装好的扫料机构安装到料仓轴（2）上。

⑩将料仓罩（8）安装到料仓底板（5）上。
⑪将固定连接角件（7）安装到3060-279铝型材（12）上。
2）输送线机构安装。输送线机构如图2-19所示。

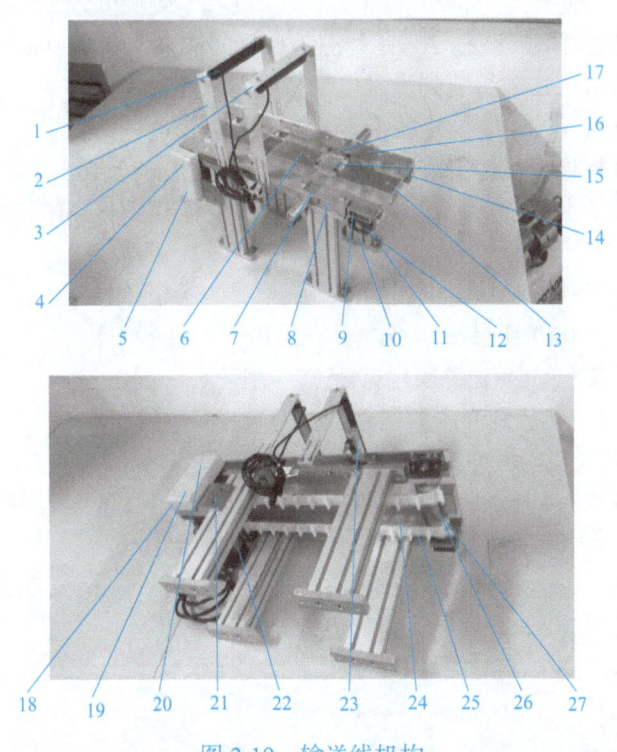

图2-19 输送线机构

1—条形光源 2—光源固定架1 3—光源固定架2 4—输送线转轴1 5—步进电动机同步轮 6—输送线中间挡块1 7—输送线推料块 8—输送线左挡边 9—轴承固定座 10—铝型材固定板 11—3060-220铝型材 12—输送线轴承 13—输送线中间挡块2 14—输送线亚克力护板 15—输送线亚克力盖板 16—输送线右挡边 17—不良排除弹簧挡板 18—步进电动机同步带 19—电动机钣金盒 20—输送线同步轮2 21—步进电动机固定板 22—输送线步进电动机 23—不良排除气缸 24—输送线底座钣金 25—输送线同步带 26—输送线转轴2 27—输送线同步轮1

① 先组装4套底座，用3060-220铝型材（11）组装铝型材固定板（10）。
② 将输送线底座钣金（24）与输送线左、右挡边（8、16）、输送线中间挡块1（6）利用螺钉孔摆好并固定。
③ 将组装好的铝型材底座与组装好的输送线轨道安装在一起。
④ 将两个输送线同步带（25）套入已经安装好的主架上。
⑤ 将输送线转轴2（26）、输送线转轴1（4）与输送线同步轮1（27）组装在一起（转轴端面与同步轮端面距离为43mm，两同步轮之间距离为48mm，并且同步轮各齿样相同）。
⑥ 将4个输送线轴承（12）分别组装到轴承固定座（9）上。
⑦ 分别将输送线转轴2（26）和输送线转轴1（4）套入轴承并用卡簧固定，同时将输送线同步轮1（27）固定好。

⑧将轴承固定座（9）组件安装在输送线左挡边（8）和输送线右挡边（16）的两端。

⑨用调节同步带张紧零件，拉紧同步带。

⑩将步进电动机固定板（21）组装到立柱3060-220铝型材（11）上，并将输送线步进电动机（22）组装到步进电动机固定板（21）上，组装步进电动机同步轮（5）、步进电动机同步带（18）、输送线同步轮2（20），利用铝型材的槽来调整同步带的张紧程度。

⑪将电动机钣金盒（19）组装到步进电动机固定板（21）上。

⑫将不良排除气缸（23）与输送线推料块（7）组装在一起。

⑬将安装好的气缸退出机构安装到输送线左、右挡边（8、16）上。

⑭将输送线亚克力护板（14）组装到输送线左、右挡边（8、16）上，再安装输送线亚克力盖板（15）。

⑮将不良排除弹簧挡板（17）组装到输送线亚克力盖板（15）上。

⑯将光源固定架1（2）组装输送线左、右挡边（8、16）上。

⑰将光源固定架2（3）与光源固定架1（2）组装在一起。

⑱将条形光源（1）安装到光源固定架2（3）上。

3）缓冲推料机构安装。缓冲推料机构如图2-20所示。

①将两个缓冲推块（4）分别组装到推料气缸（1）上。

②将组装好的推料气缸（1）安装到缓冲轨道（3）上。

③将缓冲轨道（3）安装到输送线左、右挡边上。

④将缓冲亚克力板（2）安装到缓冲轨道（3）上。

4）自动滑轨机构安装。自动滑轨机构如图2-21所示。

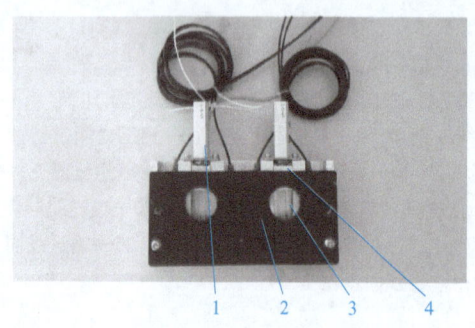 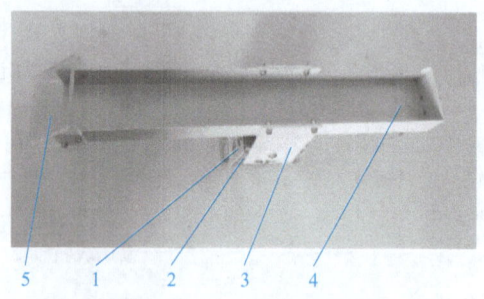

图2-20　缓冲推料机构　　　　　　　图2-21　自动滑轨机构
1—推料气缸　2—缓冲亚克力板　　　1—滑轨钣金支架　2—8080-100铝型材
3—缓冲轨道　4—缓冲推块　　　　　3—旋转支撑板　4—钣金滑道　5—滑道挡板

①将滑轨钣金支架（1）分别安装到8080-100铝型材（2）的两端。

②将旋转支撑板（3）安装到8080-100铝型材（2）两侧边。

③将钣金滑道（4）安装到旋转支撑板（3）上，调整好角度。

④将滑道挡板（5）安装到钣金滑道上。

（2）称重组件的装配与调整

1）输送线安装。输送线如图2-22所示。

项目2 电动机拖动技术的应用

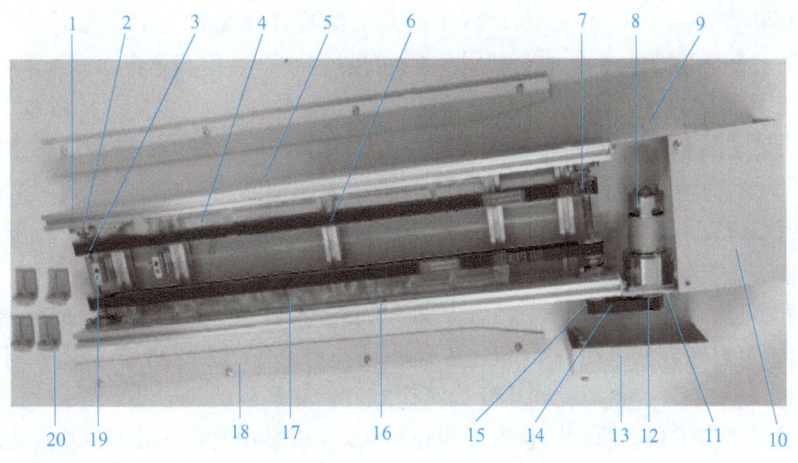

图 2-22 输送线

1—带座轴承 KFL08　2—输送同步轮（3M Z28 d10）　3—从动轴　4—输送同步带　5—输送线左侧板
6—支撑型材　7—主动轴　8—直流电动机　9—电动机罩支架　10—电动机护罩　11—电动机支架
12—驱动同步轮（T5 Z20 d8）　13—同步带护罩　14—驱动同步带　15—从动同步轮（T5 Z15 d8）　16—输送线右侧板
17—同步带支撑架　18—导向侧板　19—阻挡气缸（TCM6×10）　20—送料输送线固定架

① 安装输送同步轮（3M Z28 d10）（2）到从动轴（3）上，调整同步轮到轴端的距离，拧紧同步轮紧定螺钉。

② 安装输送同步轮（3M Z28 d10）（2）到主动轴（7）上，调整同步轮到轴端的距离，拧紧同步轮紧定螺钉，如图 2-23 所示。

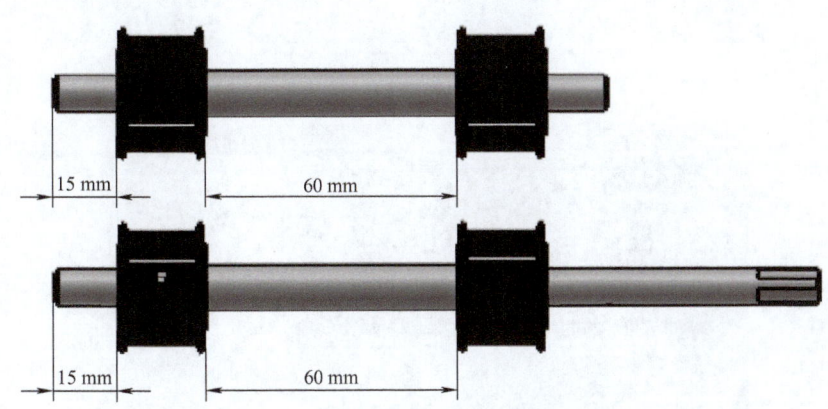

图 2-23 输送线同步轮和轴安装位置

③ 在输送线侧板（5、16）左端各塞 2 个 T 型螺母 M5。

④ 安装 4 个带座轴承 KFL08（1）到输送线侧板（5、16）左右端。右端有螺纹孔，锁紧螺钉。左端螺钉安装在 T 型螺母 M5 上，不要锁紧，后面还需要调整位置。

⑤ 将安装有同步轮的主动轴（7）和从动轴（3）安装在输送线左侧板（5）的带座轴承 KFL08（1）上，然后将 2 根输送同步带（4）安装在主动轴（7）和从动轴（3）之间。

⑥ 将输送线左侧板（5）的带座轴承 KFL08（1）穿过主动轴（7）和从动轴（3），注意主动轴（7）从侧板的槽型孔穿过。2 个侧板下部安装孔要对齐。

⑦将2个阻挡气缸（TCM6×10）(19)分别安装在支撑型材（6）上。

⑧将输送机框架侧放，5个支撑型材（6）安装在左、右侧板之间。

⑨张紧工具固定在输送线右侧，工具的弯曲钣金拉住主动轴，拧紧张紧工具 M4 螺钉张紧同步带。张紧同步带后锁紧带座轴承 KFL08（1）的固定螺钉 M5，然后放松 M4 螺钉，取下张紧工具。手动转动驱动轴，能够轻松转动，无明显阻碍。

⑩安装同步带支撑架（17），调整支架上侧面与同步带下齿面平齐后，锁紧螺钉。

⑪安装电动机支架（11），安装直流电动机（8），M4 螺钉暂不拧紧。

⑫在主动轴上安装从动同步轮（T5 Z15 d8）(15)，调整从动同步轮与轴端平齐，拧紧从动同步轮的紧定螺钉；在直流电动机（8）上安装驱动同步轮（T5 Z20 d8）(12)，调整驱动同步轮侧面与从动同步轮平齐，拧紧驱动同步轮的紧定螺钉；安装驱动同步带（14），移动直流电动机（8），张紧驱动同步带（14）后，锁紧电动机螺钉 M4。安装电动机罩支架（9）；安装电动机支架（11）；安装导向侧板（18）；输送线左、右两侧各安装 2 个送料输送线固定架（20）。

2）称重组件安装。称重组件如图 2-24 所示。平移机构如图 2-25 所示。

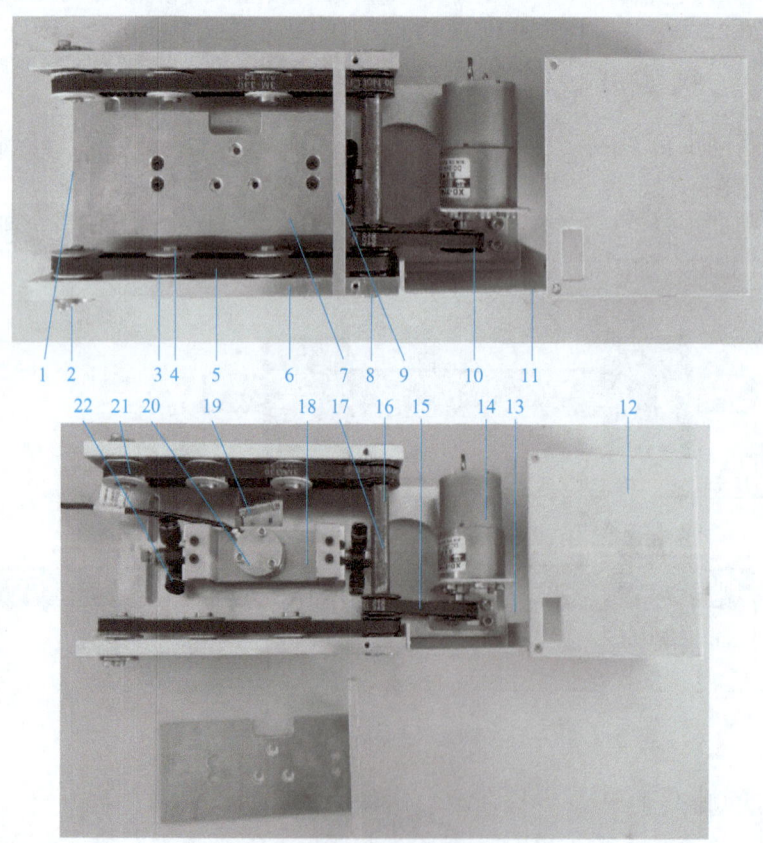

图 2-24 称重组件

1—固定底板 2—张紧轮轴 3—同步惰轮（S3M Z20 d5） 4—塞打螺钉 $\phi 5 \times 10$-M4 5—输送同步带 6—右侧板 7—举升板 8—挡边轴承 $8 \times 16 \times 5$ 9—侧挡板 10—电动机同步轮（S3M Z20 d6） 11—护罩支架 12—电动机护罩 13—电动机支架 14—直流电动机 15—驱动同步带 16—从动同步轮（S3M Z20 d8） 17—从动轴 18—举升支架 19—光电传感器 20—称重传感器 21—左侧板 22—举升气缸（TCM6×5）

项目 2　电动机拖动技术的应用

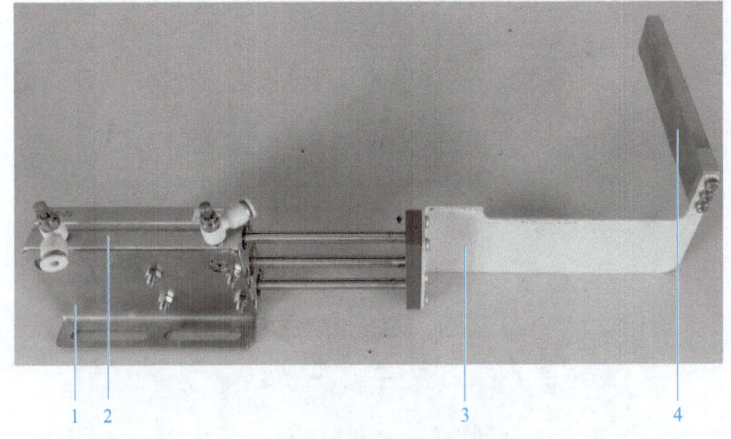

图 2-25　平移机构
1—平移气缸支架　2—平移气缸（TCL12×75）3—过渡支架　4—平移侧推板

① 安装从动同步轮（S3M Z20 d8）(16) 到从动轴（17）上，同步轮紧靠从动轴台阶，拧紧同步轮紧定螺钉，轴两端各垫 4 个调整垫片。

② 安装挡边轴承 8×16×5（8）、张紧轮轴（2）到左、右侧板（21、6）上，M3 螺钉暂不拧紧。

③ 4 个塞打螺钉 $\phi 5 \times 10$-M4（4）穿过同步惰轮（S3M Z20 d5）(3)，固定在左、右侧板（21、6）上。另外 2 个同步惰轮（S3M Z20 d5）(3) 安装在张紧轮轴（2）上。安装时注意同步轮与侧板的正反关系。

④ 输送同步带（5）和驱动同步带（15）套在从动轴（17）上，从动轴（17）安装在左、右侧板（21、6）上的挡边轴承 8×16×5（8）中。

⑤ 安装左、右侧板（21、6）到固定底板（1）上。

⑥ 安装举升气缸（TCM6×5）(22)，螺钉从固定底板（1）下面安装。注意：气缸的节流阀安装方向向外侧。

⑦ 将光电传感器（19）安装到固定底板（1）上；安装举升支架（18）到举升气缸（TCM6×5）(22) 上；安装称重传感器（20）到举升支架（18）上。

⑧ 侧挡板（9）安装到举升板（7）上。

⑨ 举升板（7）安装到称重传感器（20）上。

⑩ 安装直流电动机（14）到电动机支架（13）上；安装电动机同步轮（S3M Z20 d6）(10) 到直流电动机（14）上，同步轮紧定螺钉暂不锁紧。

⑪ 调整电动机同步轮（S3M Z20 d6）(10) 与驱动同步带（15）平齐，安装电动机支架（13）到固定底板（1）上；张紧同步带，拧紧螺钉。

⑫ 安装护罩支架（11）和电动机护罩（12）。

⑬ 图 2-25 中，安装平移气缸支架（1）到平移气缸（TCL12×75）(2)；安装过渡支架（3）到平移气缸（TCL12×75）(2)；安装平移侧推板（4）到过渡支架（3）。

（3）包装组件的装配与调整
包装组件如图 2-26 所示。

图 2-26　包装组件

1—平移气缸（TCL16×200）　2—平移气缸支架　3—直线模组 W40　4—转接支架
5—提升气缸（TCM10×20）　6—吸盘　7—吸盘支架　8—盖仓挡边　9—盖仓立柱　10—盖仓提升板
11—模组滑块安装板　12—模组斜撑板　13—模组支撑板　14—组件底板

① 安装 8 个盖仓立柱（9）到组件底板（14）上。
② 模组斜撑板（12）和模组支撑板（13）安装在一起。
③ 直线模组 W40（3）背面 2 条螺钉槽中，各放入 4 个 M5 方形螺母。
④ 模组支撑板（13）安装到直线模组 W40（3）上。注意：模组支撑板（13）与直线模组 W40（3）的底面平齐。
⑤ 模组斜撑板（12）和模组支撑板（13）安装到组件底板（14）上。
⑥ 盖仓提升板（10）和模组滑块安装板（11）安装在一起。
⑦ 模组滑块安装板（11）安装到直线模组 W40（3）的滑块上，盖仓提升板（10）穿过盖仓立柱（9）。
⑧ 吸盘支架（7）安装在提升气缸（TCM10×20）（5）上，吸盘（6）安装在吸盘支架（7）端部，调整吸盘面到吸盘支架的距离为 30mm。
⑨ 平移气缸支架（2）安装到平移气缸（TCL16×200）（1）上；转接支架（4）安装到平移气缸（TCL16×200）（1）上。
⑩ 平移气缸支架（2）安装到组件底板（14）上。

（4）码垛组件的装配与调整

码垛组件如图 2-27 所示。

项目2 电动机拖动技术的应用

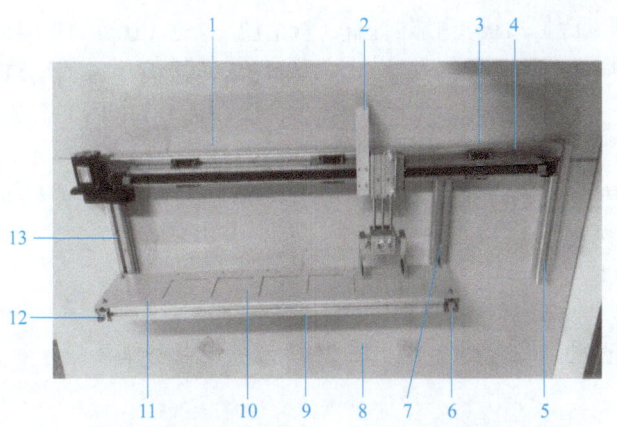

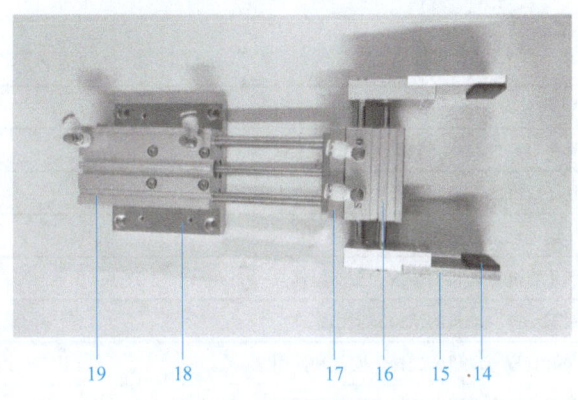

图 2-27 码垛组件

1—4080-1100 铝型材横梁　2—搬运拖链支架　3—模组固定板（40 RAIL MOUNT）　4—模组（W40-10-600 长）
5—4040-375 铝型材搬运立柱　6—4040-160 铝型材搬运支撑　7—4040-295 铝型材搬运支撑立柱　8—步进电动机
9—4040-815 铝型材支撑横梁　10—搬运货架垫板　11—搬运货架板　12—4040-160 铝型材支撑
13—4040-375 铝型材立柱　14—搬运气爪垫　15—气爪夹紧板　16—夹爪气缸（MHL2-16D（68_0））
17—气爪转接板　18—升降气缸转接板　19—模组升降气缸（TCL12×75S（0））

① 先将 4080-1100 铝型材横梁（1）与 4040-375 铝型材立柱（13）组装在一起。

② 将 4040-375 铝型材立柱（13）与 4040-160 铝型材支撑（12）组装在一起。

③ 将 4040-160 铝型材支撑（12）与 4040-815 铝型材支撑横梁（9）组装在一起。

④ 将 4040-815 铝型材支撑横梁（9）与 4040-160 铝型材搬运支撑（6）组装在一起。

⑤ 将 4040-160 铝型材搬运支撑（6）与 4040-295 铝型材搬运支撑立柱（7）组装在一起。

⑥ 将 4040-295 铝型材搬运支撑立柱（7）与 4040-375 铝型材搬运立柱（5）组装在一起。

⑦ 组装模组固定板，先将方形螺母塞入模组固定槽内，再将模组固定板（40 RAIL MOUNT）(3) 卡到模组上锁螺钉，共 3 个。

⑧ 将组装好的模组固定板（40 RAIL MOUNT）(3) 与 4080-1100 铝型材横梁（1）组装在一起。

⑨ 将模组升降气缸（TCL12×75S（0））(19) 与升降气缸转接板（18）组装在一起。

⑩ 将气爪转接板（17）与模组升降气缸（TCL12×75S（0））（19）组装在一起。
⑪ 将夹爪气缸（MHL2-16D（68_0））（16）与气爪转接板（17）组装在一起。
⑫ 将气爪夹紧板（15）与夹爪气缸（MHL2-16D（68_0））（16）组装在一起。
⑬ 将搬运气爪垫（14）与气爪夹紧板（16）组装在一起。
⑭ 将升降气缸转接板（18）与模组（W40-10-600 长）（4）滑块组装在一起。
⑮ 将搬运拖链支架（2）与升降气缸转接板（18）组装在一起。

### 课外练习

查找步进电动机资料，参考图 2-16、图 2-17 为步进电动机接线。

### 项目验收

表 2-5　项目完成指标对照表

| 评价内容 | 具体指标 | 完成情况 |
| --- | --- | --- |
| 综合能力 | 具备良好的技术文档编制能力 | |
| | 具备良好的沟通表达及团队合作能力 | |
| 专业知识 | 了解电动机技术 | |
| | 熟悉直流电动机的结构和工作原理 | |
| | 熟悉步进电动机的结构和工作原理 | |
| 技术技能 | 掌握直流电动机的选择、安装和使用 | |
| | 掌握步进电动机的选择、安装和使用 | |
| | 掌握工业互联网实训教学平台的组装 | |
| 工程实践 | 具备较强的实际问题分析能力，能够合理选择、安装和使用电动机 | |
| 目标完成 | 完成★★ | 基本完成★☆ | 未完成☆☆ |
| 学习收获 | | |
| 学习反思 | | |

### 项目小结

本项目主要介绍了电动机技术相关知识，重点介绍了直流电动机与步进电动机的工作原理和组成结构。以工业互联网实训教学平台为例，详细介绍了平台中电动机的应用实例，通过平台实际组装让读者更深入地认识电动机技术和工业互联网平台架构。

### 课后作业

1. 电动机的定义是什么？电动机与电机的区别是什么？
2. 完成工业互联网平台的输送线安装。
3. 完成工业互联网平台的码垛组件安装。

# 项目 3

# 气动控制技术的应用

## 学习目标

1）了解气动系统的应用。
2）掌握气动元件图形符号的含义。
3）掌握气压传动系统的组成。
4）掌握气缸的安装使用及维护保养。
5）掌握各主要气压基本回路的工作原理与功用。

## 岗位能力素养

1）具备气动系统设备安装与应用的综合能力。
2）具备气动控制流程图设计的综合能力。

## 项目情景

项目 2 学习了电动机与拖动技术的原理与应用。在工业互联网基础控制系统中，还需要另外一种低成本的自动化关键技术作为支撑，使工业互联网基础设备按照设定的顺序或条件执行系列动作，这种关键技术就是气动控制技术。

## 知识储备

## 3.1 认识气动控制技术

### 3.1.1 气动控制技术

气动控制技术的应用体现为气动元件的使用。气动元件的使用主要分为两个方面：维修和配套。目前，气动控制技术主要向小型化、多功能化、集成化、网络化、智能化等方面发展。

**1. 小型化和高性能化发展**

经过多年的发展，气动元件的性能也在飞速提升，质量、精度、体积、可靠性等方面均在向用户需求的目标靠拢，体现出小型化、低功耗、高速化、高精度、高输出力、高可靠性和高寿命的发展趋势。如 SMC 的 CJ1 系列针笔形气缸，其缸径可小至 2.5～15 mm，如图 3-1 所示。

### 2. 多功能化发展

为了满足用户的需求，气动元件的多样化和多功能化势在必行。气动元件不仅要具有各种安装形式，而且要能适应各种环境，如抗腐蚀、耐高低温、耐污染、抗振动等。同时，各种具有导向机构和连接结构的气缸、摆动缸、特殊系列的气动执行元件、超高速和低速元件，在结构上应该多样化，如有活塞杆、双活塞杆、无活塞杆、磁性活塞、带阀气缸、椭圆活塞、带行程开关等多种结构。

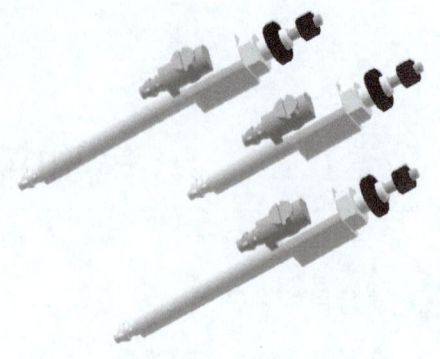

图 3-1  SMC 的 CJ1 系列针笔形气缸

### 3. 集成化发展

计算机技术、微电子技术和 IC 技术的发展，使得机电一体化有了更加广阔的发展空间。在原来的气控阀、气动执行元件上安装一些电子元件或装置，如 D-A 转换、调制、信号放大、测量与信号反馈、解码等装置，开发出将电子与气动控制阀结合在一体，甚至直接与执行元件集成化的气动装置，极大地提高了系统可靠性和维护、使用性能。

### 4. 网络化和智能化发展

气动控制技术的发展也体现在产品智能化上，要求气动产品具有判断推理、逻辑思维和自主决策能力，如智能阀岛和气动工业机器人等。

图 3-2 所示为使用德国 Festo 公司生产的气动元件制造的"阿基里斯"六脚气动机器人，它能够自主探测并安全地绕过前方障碍物，在不宜进人的危险区域、污染或放射性的环境中进行地形侦察等工作。

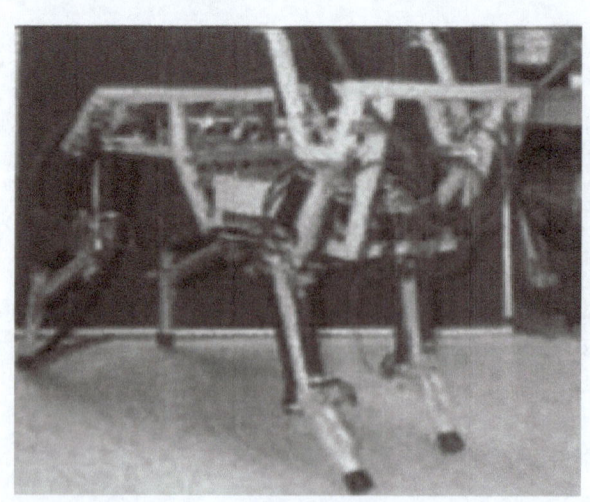

图 3-2  "阿基里斯"六脚气动机器人

### 5. 节能、环保与绿色化发展

一般工业气动系统的效率较低，能量损失较大。日本 SMC 公司在各种气动元件上进行

项目 3　气动控制技术的应用

了改进和创新，在保证各元件使用性能的同时，降低了各种气动系统的能量消耗，开发出节能型电磁阀、冷却液回收免维护型过滤器、薄型气压测定仪 PPA、空气用数字式流量开关 PFA 等众多产品。在环境保护方面，最典型的气动产品就是压缩空气动力汽车的研究。

## 3.1.2　气动系统在新领域中的应用

### 1. Festo 仿生手

Festo 于 1925 年在德国成立，是世界上最著名的气动元件、组件和系统生产商。Festo 仿生手（ExoHand）是一种可像手套一样佩戴的外骨骼，如图 3-3 所示。通过这一仿生系统，不仅手指可以主动活动，还可以增强手指的力度，收集手的所有动作，并将所有信息实时传输至仿生手上。

Festo 仿生手由 8 个双作用气动驱动器驱动，使手指张开和握紧，执行非线性调节算法，实现每个指关节的精确运动，通过传感器收集手指的力度、角度和位置等信息。使用 Festo 仿生手可提高人手的力量和耐力，拓展人类的行动空间。在组装、医学治疗、单调而艰苦的装配作业以及危险环境的远程操纵过程中，佩戴 ExoHand 可获得力度支持，通过力反馈系统，操作人员可以感觉到仿生手抓到的东西，如图 3-4 所示。这样，操作人员便可在一个安全距离内感觉到物体，并且无须亲自接触便可移动物体。由于其气动部件的可弯曲性，ExoHand 还在服务型机器人方面具有潜力。如在中风病人的康复过程中，ExoHand 已被用作主动式仿生手。

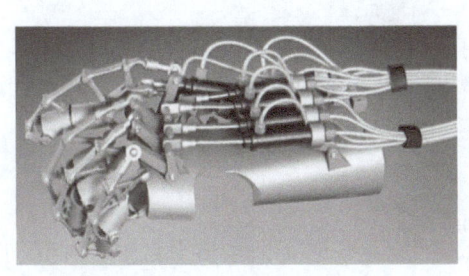

图 3-3　Festo 仿生手

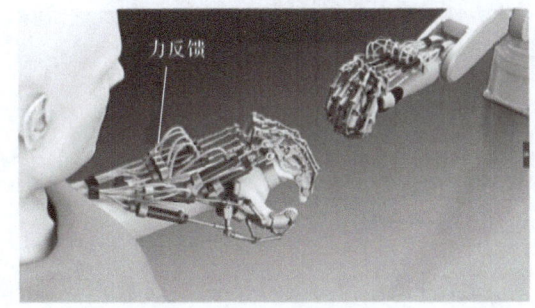

图 3-4　仿生手进行力反馈

### 2. 气动肌肉的应用

气动肌肉是将弹性材料制成管状体，封闭并固定一端，由另一端输入压缩空气，管状体在气压的作用下膨胀时，径向的扩张产生轴向的收缩，从而产生牵引力，带动负载单向运动。图 3-5 为日本气动肌肉直立行走机器人，图 3-6 为 Festo 人机交互机器人。

### 3. 基于气压原理的仿生鱼和仿生鸟

Festo 的 Airacuda 仿生鱼能在水中灵活游动，几乎完全不发出声响，其设计、外形和动力遵循生物模型。电子和气动部件隐藏在防水的头部中，通过两根气动肌腱控制尾部的 S 形运动，另外两根气动肌腱用于掌握方向。鱼鳍由交互牵引和压力边缘构成，它们通过骨

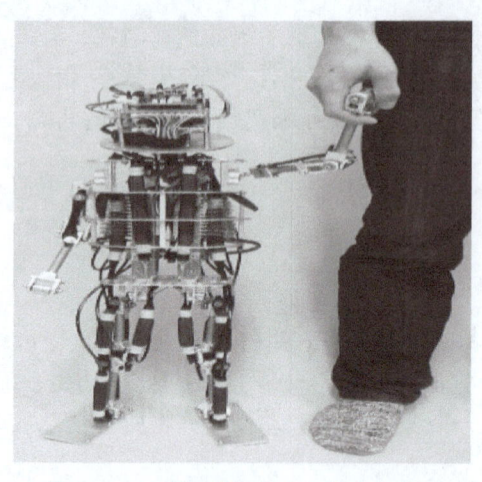
图 3-5　日本气动肌肉直立行走机器人

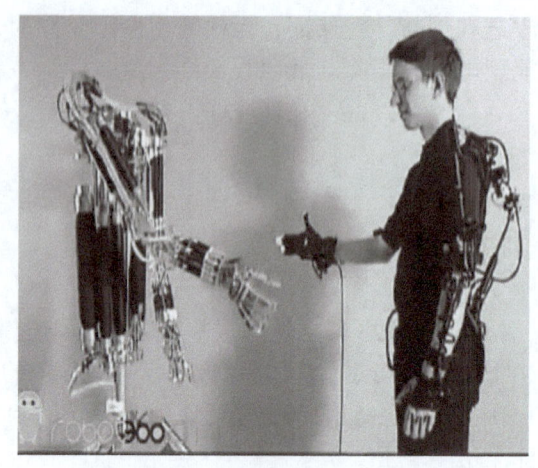
图 3-6　Festo 人机交互机器人

架连接。如果一个边缘受压，几何结构会自动向作用力相反的方向弯曲。依据上述原理，鱼鳍可以在水中有力地划动，这种结构被称为鳍条效应。气动肌腱就是通过压缩空气驱动的。图 3-7 为仿生鱼的压缩空气气囊，图 3-8 展示了仿生鱼的尾部 S 形运动。

图 3-7　仿生鱼的压缩空气气囊

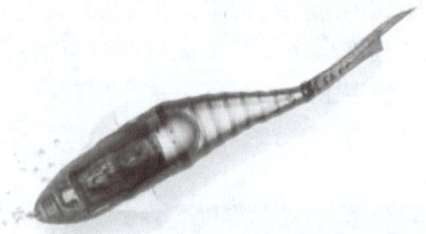
图 3-8　仿生鱼的尾部 S 形运动

### 拓展提升

气动元件图形符号是气动控制技术的基础内容。工业互联网实训教学平台中各种气动元件的名称和对应的图形符号见表 3-1。

表 3-1　气动元件的名称和对应的图形符号

| 序号 | 名称 | 型号 | 实物图 | 图形符号 |
|---|---|---|---|---|
| 1 | 电磁阀底座 | 100M-2F |  | 无 |

项目3  气动控制技术的应用

（续）

| 序号 | 名称 | 型号 | 实物图 | 图形符号 |
|---|---|---|---|---|
| 2 | 电磁阀底座 | 100M-3F | 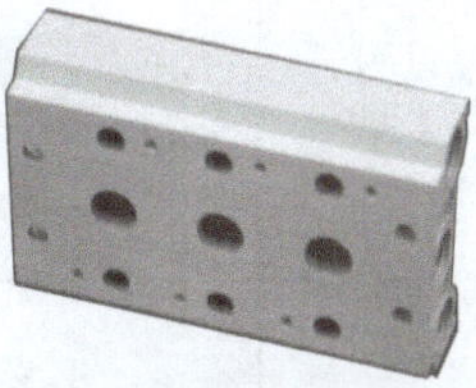  | 无 |
| 3 | 电磁阀底座 | 100M-8F | 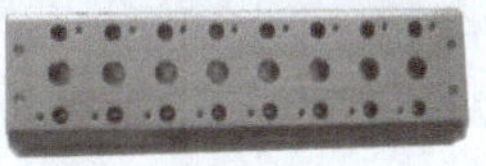  | 无 |
| 4 | 真空发生器 | X-KCV15HS |   | 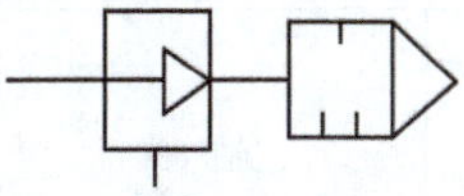 盒型（内置消声器） |
| 5 | 单电控二位五通电磁阀 | 4V110-06B | 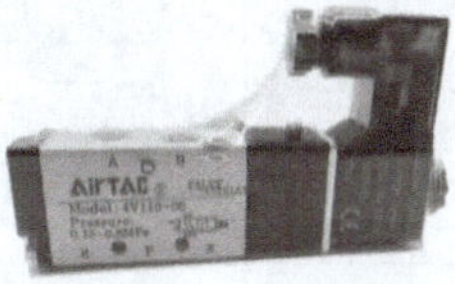  | 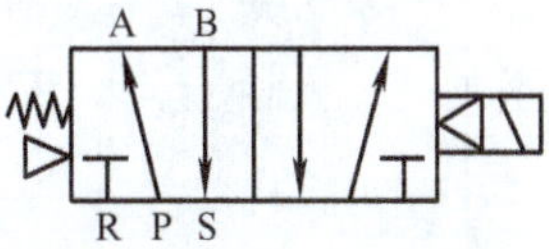  |
| 6 | 双电控二位五通电磁阀 | 4V120-06B |   | 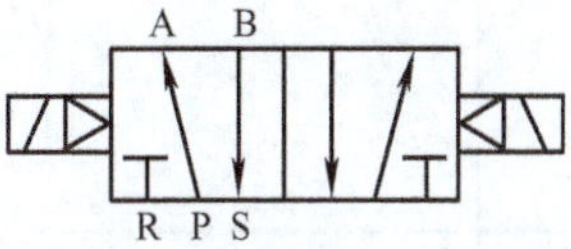  |
| 7 | 气源处理装置 | AFC-2000 | 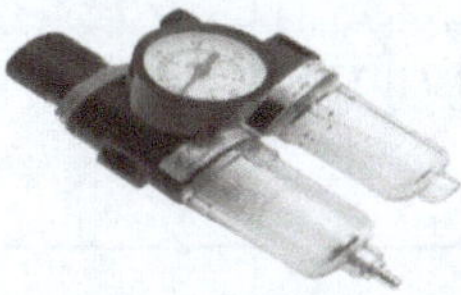  | 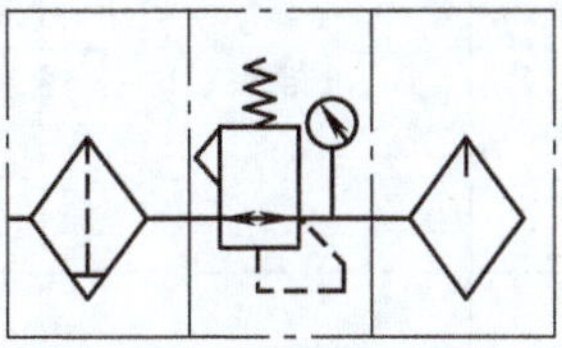  |
| 8 | 手动滑阀 | HSV-08 |   | 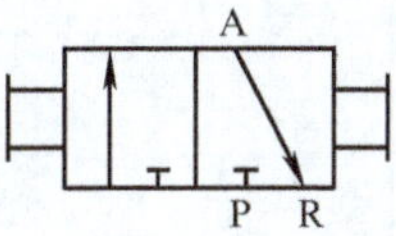  |
| 9 | 真空吸盘 | ZP3-T10UMNJ10-04_N |   | 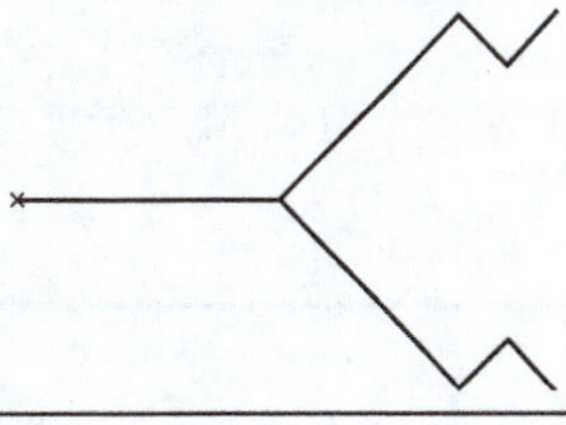  |

(续)

| 序号 | 名称 | 型号 | 实物图 | 图形符号 |
|---|---|---|---|---|
| 10 | 三轴气缸 | TCL16×200S | | |
| 11 | 三轴气缸 | TCM10×20S | | |
| 12 | 三轴气缸 | TCM6×10S | | |
| 13 | 三轴气缸 | TCM6×5S | | |
| 14 | 三轴气缸 | TCL12×75S | | |
| 15 | 亚德客气缸 | MPG6×15SFA（0）<br>+（CMSH-2） | | MPG |
| 16 | 亚德客气缸 | MPG6×25SFA（0）<br>+（CMSH-2） | | |
| 17 | PU气管 | 6mm×4mm<br>8mm×5mm<br>4mm×2.5mm | | |

## 3.2 气压传动系统的组成

### 3.2.1 气压发生装置

气压发生装置又称气源装置,是将原动机输出的机械能转变为空气的压力能。气源装置为气动系统提供满足质量要求的压缩空气,是气动系统的一个重要组成部分。气源装置一般由气压发生装置、净化及储存压缩空气的装置和设备、传输压缩空气的管道系统和气源处理装置四部分组成,如图3-9所示,其主要设备是空气压缩机。

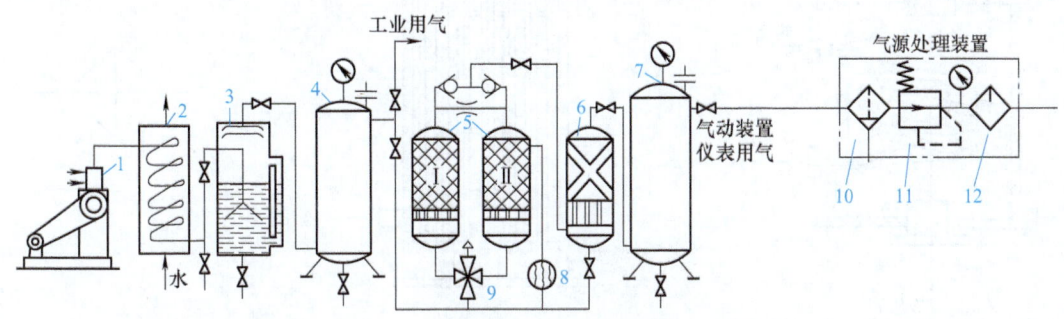

图3-9 气源装置的组成和布置示意图

1—空气压缩机 2—后冷却器 3—油水分离器 4、7—气罐 5—干燥器
6—过滤器 8—加热器 9—四通阀 10—空气过滤器 11—减压阀 12—油雾器

#### 1. 空气压缩机的分类

空气压缩机简称空压机,是气源装置的核心,用以将原动机输出的机械能转化为气体的压力能。

空压机有以下几种分类方法:
1)按工作原理,空压机可分为容积型空压机、速度型空压机、热力型压缩机。
2)按性能,空压机可分为低噪声空压机、可变频空压机、防爆空压机等。
3)按润滑方式,空压机可分为无油空压机和机油润滑空压机。

#### 2. 空气压缩机的选用原则

选择空压机主要依据气动系统所需的工作压力和流量参数。空气压缩机的额定压力应等于或略高于气动系统所需的工作压力,一般气动系统的工作压力为0.4~0.8MPa,故常选用低压空压机,特殊需要也可选用中、高压或超高压空压机。

输出流量的选择,需要根据整个气动系统对压缩空气的需求再加一定的备用余量,作为选择空气压缩机(或机组)流量的依据。

#### 3. 压缩空气净化设备

空气压缩机排出的压缩空气,如果不进行净化处理,不除去混在压缩空气中的水分、油分等杂质,是不能为气动装置使用的。因此,必须设置一些除油、除水、除尘并使压缩空气干燥的辅助设备,进行气源净化处理,提高压缩空气的质量。压缩空气净化设备一般包括后冷却器、油水分离器、气罐和干燥器。

(1)后冷却器

后冷却器安装在空气压缩机出口管道上,空气压缩机排出 140~170℃的压缩空气,经过后冷却器温度降至 40~50℃,从而可使压缩空气中油、雾和水汽达到饱和,进而使其大部分凝结成滴析出,如图 3-10 所示。

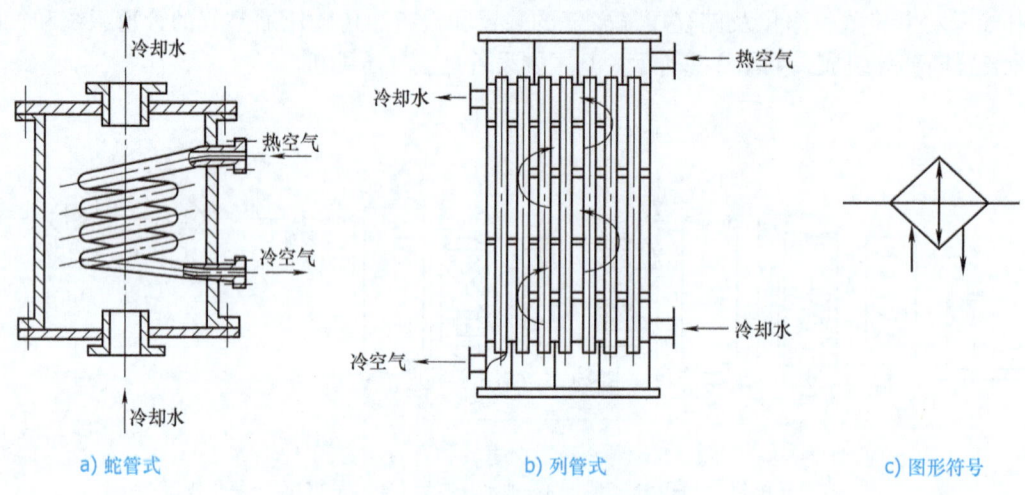

图 3-10 后冷却器结构及图形符号

(2)油水分离器

油水分离器主要利用回转离心、撞击、水浴等方法使水滴、油滴及其他杂质颗粒从压缩空气中分离出来。图 3-11 为撞击折回式油水分离器。

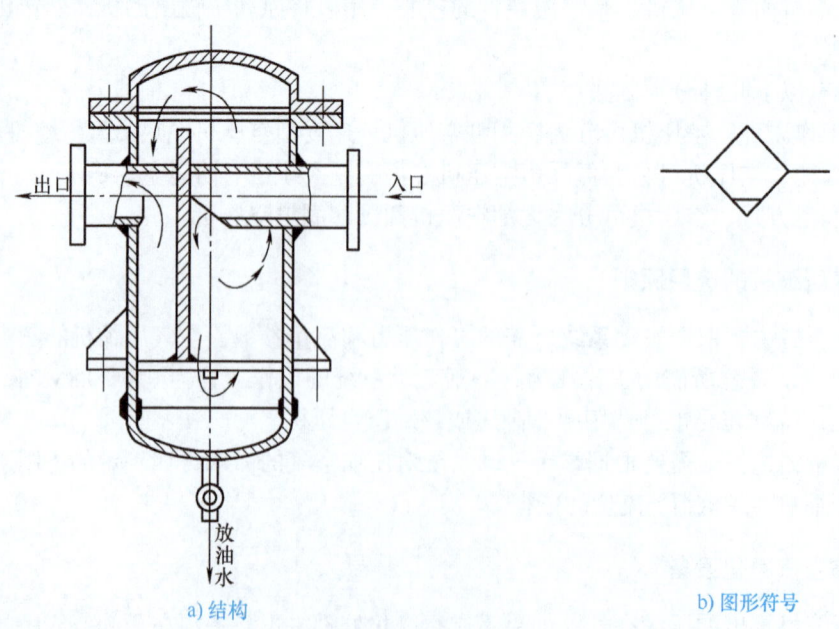

图 3-11 撞击折回式油水分离器结构及图形符号

## 项目 3　气动控制技术的应用

（3）气罐

气罐的主要作用是储存一定数量的压缩空气,减少气源输出气流脉动,增加气流连续性,减弱空气压缩机排出气流脉动引起的管道振动,进一步分离压缩空气中的水分和油分,如图 3-12 所示。

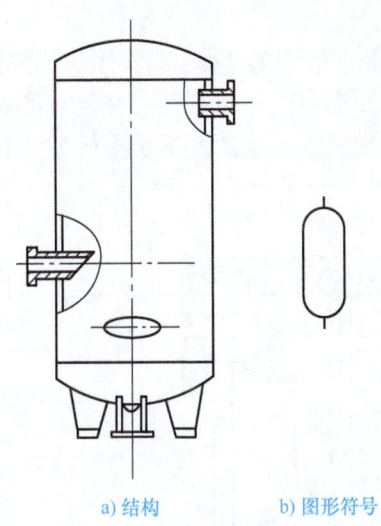

a) 结构　　　　b) 图形符号

图 3-12　气罐结构及图形符号

（4）干燥器

干燥器的作用是进一步除去压缩空气中含有的水分、油分和杂质颗粒等,使压缩空气干燥,用于对气源质量要求较高的气动装置、气动仪表等。压缩空气干燥方法主要有吸附、离心、机械降水及冷冻等。干燥器的结构及图形符号如图 3-13 所示。

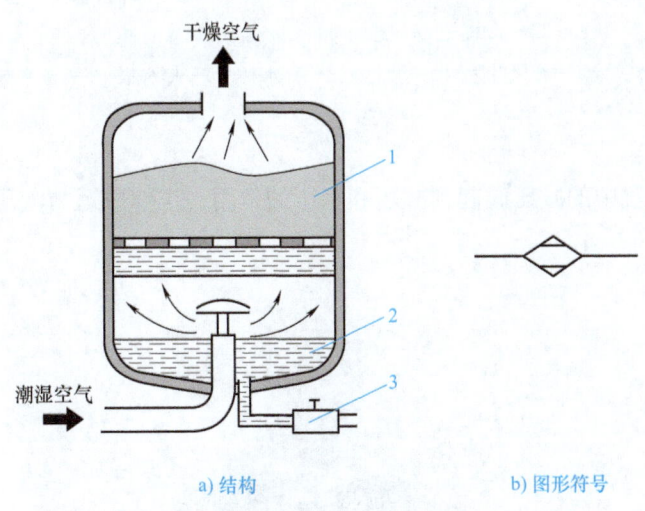

a) 结构　　　　b) 图形符号

图 3-13　干燥器结构及图形符号

1—干燥剂　2—冷凝水　3—冷凝水排水阀

4.气源处理装置

空气过滤器、减压阀和油雾器称为气源处理装置,三大件依次无管化连接,它是大多数气动设备必不可少的气源装置。一般情况下,三大件组合使用,其安装次序依进气方向为空气过滤器、减压阀和油雾器。

(1)空气过滤器

空气过滤器又名分水滤气器、空气滤清器,其作用是滤除压缩空气中的水分、油滴及杂质,以达到气动系统所要求的压缩空气净化程度。空气过滤器属于二次过滤器,大多与减压阀、油雾器一起构成气源处理装置,安装在气动系统的入口处。空气过滤器结构及图形符号如图3-14所示。

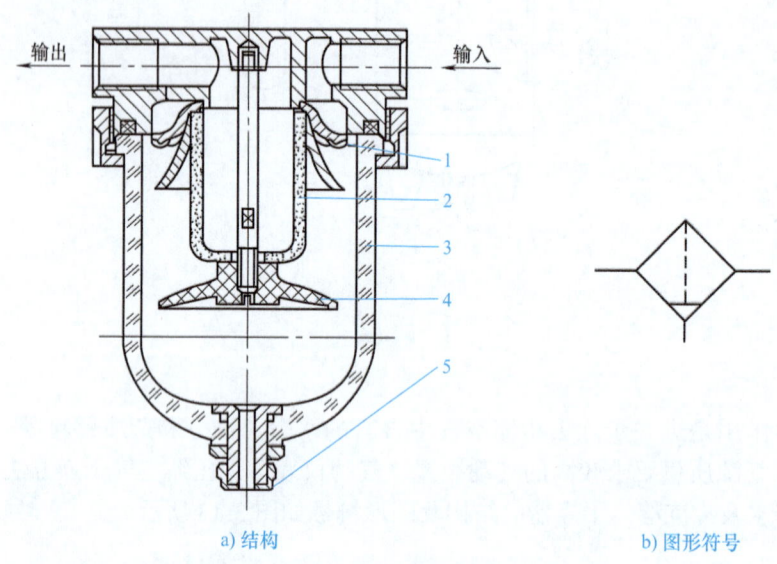

a) 结构　　　　　　　　　　　b) 图形符号

图3-14　空气过滤器结构及图形符号

1—旋风叶片　2—滤芯　3—存水杯　4—挡水板　5—排水阀

(2)减压阀

气源处理装置中的减压阀起到减压和稳压的作用,工作原理与液压系统减压阀相同,如图3-15和图3-16所示。

图3-15　减压阀实物图

项目 3　气动控制技术的应用

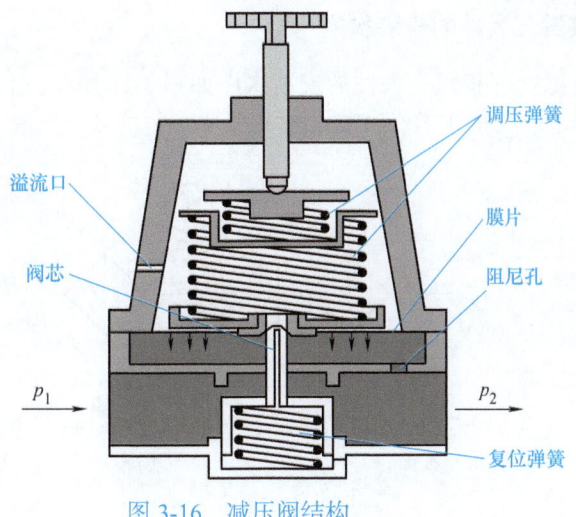

图 3-16　减压阀结构

（3）油雾器

油雾器是一种特殊的注油装置，它以压缩空气为动力，将润滑油喷射成雾状并混合于压缩空气中，使压缩空气具有润滑气动元件的功能。油雾器的选择主要根据气压系统所需额定流量和油雾粒度大小来确定油雾器的型式和通径，其中所需油雾粒度在 $50\mu m$ 左右时选用普通型油雾器，如图 3-17 所示。

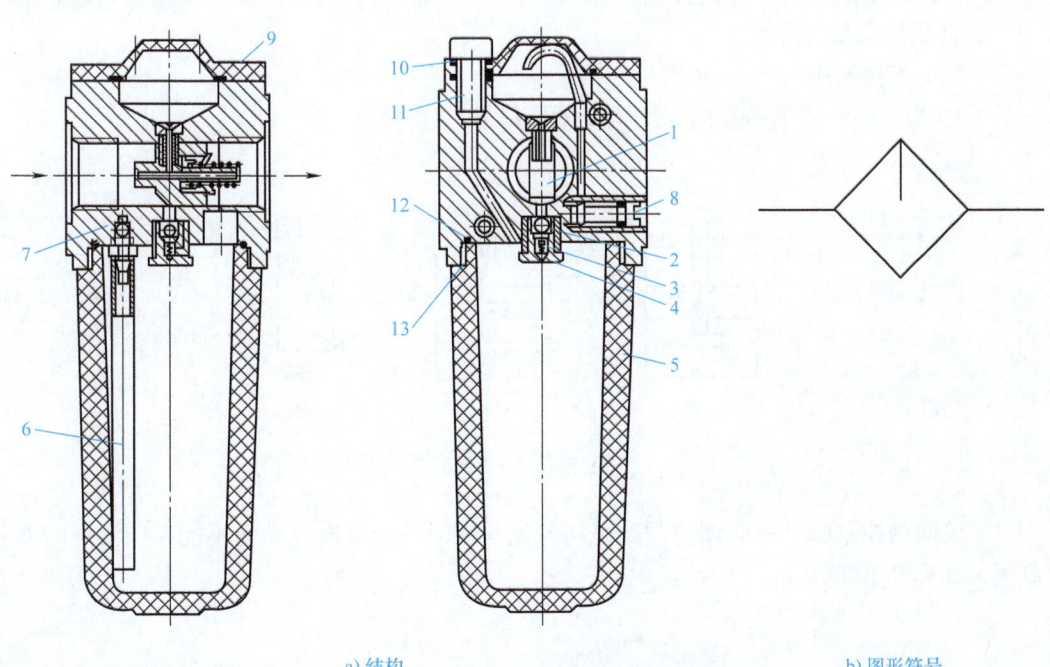

a) 结构　　　　　　　　　　　　　　b) 图形符号

图 3-17　普通型油雾器结构及图形符号

1—喷嘴　2—钢球　3—弹簧　4—阀座　5—储油杯　6—吸油管
7—单向阀　8—节流阀　9—视油器　10、12—密封垫　11—油塞　13—螺母、螺钉

55

**5. 气源处理装置三大件的安装次序**

气动系统中气源处理装置三大件的安装次序如图3-18所示。目前新型气动系统中的三大件插装在同一支架上，形成无管化连接，结构紧凑、装拆及更换气动元件方便，应用普遍。

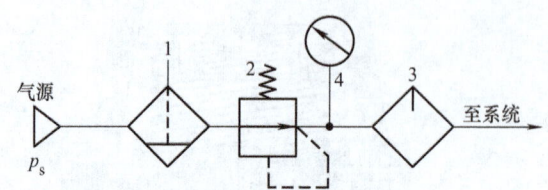

图3-18 气源处理装置三大件的安装次序
1—空气过滤器 2—减压阀 3—油雾器 4—压力表

### 3.2.2 气压控制装置

气压控制装置用来控制压缩空气的压力、流量和流动方向，以保证执行元件具有一定的输出压力和速度，并按设计的程序正常工作，如方向控制阀、压力控制阀、流量控制阀等。

**1. 方向控制阀**

气动方向控制阀和液压方向控制阀相似，按作用特点可分为换向型和单向型两种，阀芯结构主要有截止式和滑阀式。

（1）换向型控制阀

图3-19为二位三通电磁换向阀结构及图形符号。

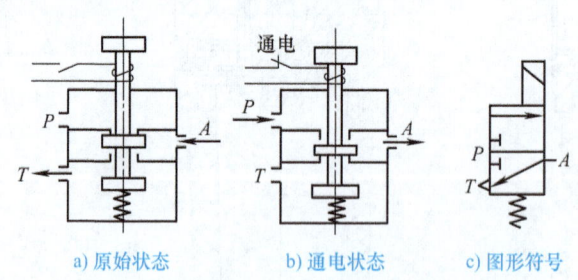

a) 原始状态　　　　b) 通电状态　　　　c) 图形符号

图3-19 二位三通电磁换向阀结构及图形符号

（2）单向型控制阀　单向型控制阀是指气流只能沿一个方向流动而不能反向流动的方向控制阀，如图3-20所示。

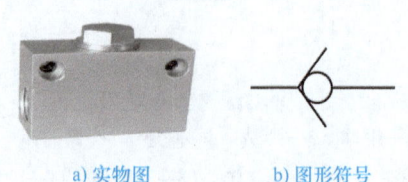

a) 实物图　　　　b) 图形符号

图3-20 单向型控制阀实物图及图形符号

## 2. 压力控制阀

气动压力控制阀主要有减压阀、顺序阀和溢流阀。

图 3-21 为压力控制阀（直动型）图形符号，其工作原理是利用作用于阀芯上的流体（空气）压力和弹簧力相平衡。

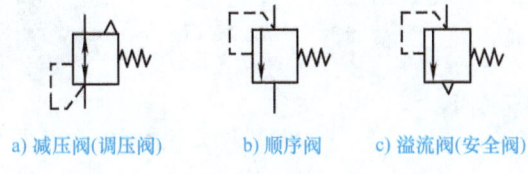

a) 减压阀(调压阀)　　b) 顺序阀　　c) 溢流阀(安全阀)

图 3-21　压力控制阀（直动型）图形符号

图 3-22 为 QTA 型直动型减压阀（调压阀）。调节手柄用于控制阀口开度的大小，即可控制输出压力的大小。

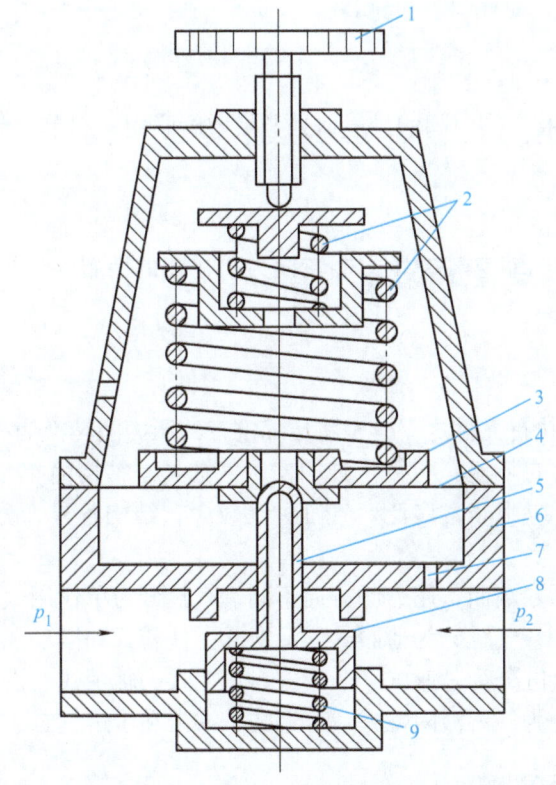

图 3-22　QTA 型直动型减压阀（调压阀）
1—调节手柄　2—调压弹簧　3—下弹簧座　4—膜片　5—阀芯
6—阀套　7—阻尼孔　8—阀口　9—复位弹簧

## 3. 流量控制阀

气动流量控制阀主要有节流阀、单向节流阀和排气节流阀等，都是通过改变控制阀的通流面积来实现流量控制，如图 3-23 和图 3-24 所示。

图 3-23　节流阀实物图

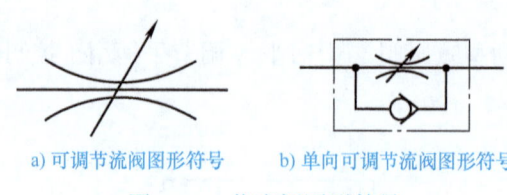

a) 可调节流阀图形符号　　b) 单向可调节流阀图形符号

图 3-24　节流阀图形符号

排气节流阀通常安装在换向阀的排气口处与换向阀联用，起单向节流阀的作用。

### 3.2.3　气压执行装置

气动执行装置是将压缩空气的压力能转换为机械能的装置，主要包括气缸和气马达两部分。

**1. 气缸的分类**

气缸是气动系统的执行元件之一，是将压缩空气的压力能转换为机械能并驱动工作机构做往复直线运动或摆动的装置。与液压缸相比，气缸具有结构简单、制造容易、工作压力低和动作迅速等优点，应用非常广泛。气缸种类较多，结构各异，分类方法也多。常用的气缸分类方法如下：

1）按压缩空气在活塞端面作用力的方向不同，气缸分为单作用气缸和双作用气缸。
2）按结构特点不同，气缸分为薄膜式、活塞式、柱塞式和摆动式等。
3）按安装方式，气缸分为耳座式、凸缘式、法兰式、轴销式、嵌入式和回转式等。
4）按功能，气缸分为气-液阻尼式、普通式、冲击和步进气缸、缓冲式等。

**2. 气缸的工作原理和用途**

大多数气缸的工作原理与液压缸相同，下面介绍几种具有特殊用途的气缸。

气-液阻尼缸：在气压传动中，需要准确的位置控制和速度控制时，可采用综合了气压传动和液压传动优点的气-液阻尼缸。

串联式气-液阻尼缸：缸体较长，加工和安装时对同轴度要求较高，要注意解决气缸和液压缸之间油与气的互窜。串联式气-液阻尼缸结构，如图 3-25 所示。

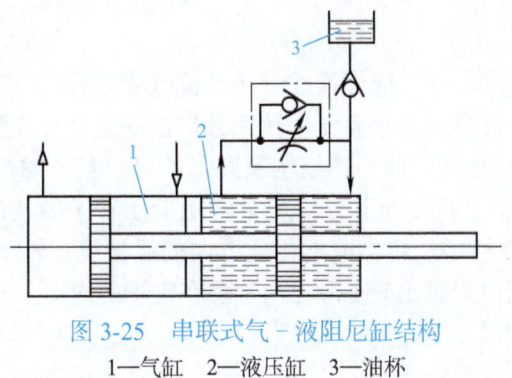

图 3-25　串联式气-液阻尼缸结构
1—气缸　2—液压缸　3—油杯

并联式气-液阻尼缸：由气缸和液压缸并联而成，其工作原理和作用与串联式气-液阻尼缸相同。并联式气-液阻尼缸的缸体短，结构紧凑，消除了气缸和液压缸之间的互窜现象，结构如图3-26所示。

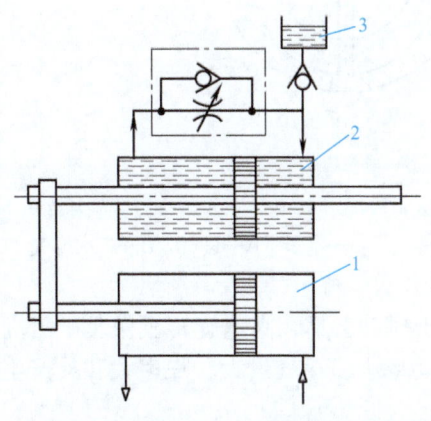

图 3-26　并联式气-液阻尼缸结构
1—气缸　2—液压缸　3—油杯

薄膜式气缸：一种利用膜片在压缩空气作用下产生变形来推动活塞杆做直线运动的气缸。图3-27为薄膜式气缸结构，这种气缸可以是单作用的，也可以是双作用的。

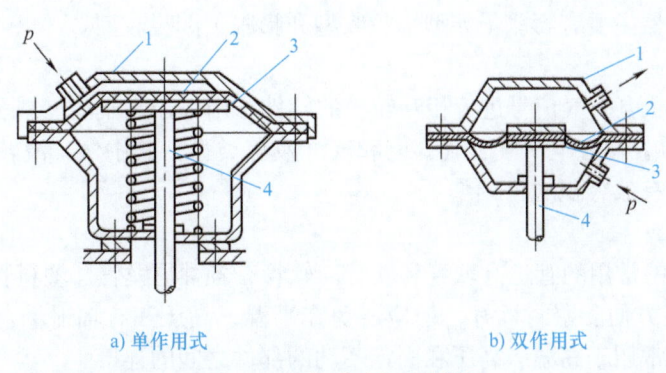

a) 单作用式　　　　　　b) 双作用式

图 3-27　薄膜式气缸结构
1—缸体　2—膜片　3—膜盘　4—活塞杆

### 3. 气动马达

气动马达是将压缩空气的压力能转换成旋转的机械能的装置。气动马达有叶片式、活塞式、齿轮式等多种类型，在气压传动系统中使用最广泛的是叶片式和活塞式马达。

图3-28为双向旋转叶片式气动马达结构及图形符号。当压缩空气从进气口进入气室后立即喷向叶片，作用在叶片的外伸部分，产生转矩带动转子做逆时针转动，输出机械能。若进气、出气口互换，则转子反转，输出相反方向的机械能。转子转动的离心力和叶片底部的气压力、弹簧力（图中未画出）使得叶片紧贴在定子的内壁上，以保证密封，提高容积效率。

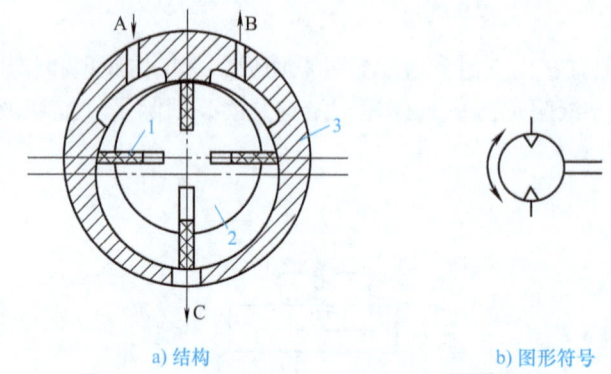

a) 结构　　　　　　　　　　b) 图形符号

图3-28　双向旋转叶片式气动马达结构及图形符号

1—叶片　2—转子　3—定子　A—进气　B—二次排气　C——次排气

叶片式气动马达主要用于风动工具、高速旋转机械及矿山机械等。气动马达的突出优点是防爆、高速，但存在输出功率小、耗气量大、噪声大和易产生振动等缺点。

### 4. 气动辅件

气动控制系统中，许多辅助元件往往是不可缺少的，如消声器、转换器、管道和管接头等。

（1）消声器

消声器的作用是消除压缩气体高速通过气动元件排到大气时产生的刺耳噪声污染。气动控制系统中的消声器主要有膨胀干涉型、吸收型和膨胀干涉吸收型。

（2）转换器

转换器是将液、电、气信号进行相互转换的辅件，用来控制气动控制系统工作。气动控制系统中的转换器主要有电－气、气－电和气－液等类型，其中气－液转换器的储油量应不小于液压缸最大有效容积的1.5倍。

（3）管道

气动控制系统中常用的管道有软管和硬管。软管有各种尼龙管、塑料管和橡胶管等，其特点是经济、拆装方便、密封性好，但应避免在高温、高压和有辐射场合使用。硬管以钢管和纯铜管为主，常用于高温、高压和固定不动的部件之间的连接。

管道的选择主要根据气源管道的管径大小、允许的最大压力损失和压缩空气的最大流量决定。

（4）管接头

管接头是固定管道、连接所必需的辅件，分为软管接头和硬管接头两类。

### 拓展提升

下面介绍气缸的安装使用及维护保养。

**1. 气缸使用注意事项**

（1）对空气质量的要求

要求使用清洁干燥的压缩空气，空气中不得含有合成油、盐分、腐蚀性气体等，以防止缸阀动作不良。气缸安装前，连接配管内应充分吹洗，不要将灰尘、切屑末、密封带碎片等杂质带入缸、阀内。

（2）气缸的润滑

给油润滑气缸应配置流量合适的油雾器。不给油润滑气缸，因缸内预加了润滑脂，可以长期使用。这种缸也可给油润滑，但一旦给油，就不得再停止给油，这是因为预加润滑脂可能已被冲洗掉，不给油会导致气缸动作不良。应使用汽轮机油1号（ISO VG32），不得使用机油、锭子油等，以免NBR等密封件被泡胀。

**2. 气缸的安装**

（1）气缸的基本结构

单活塞杆双作用气缸结构如图3-29所示。

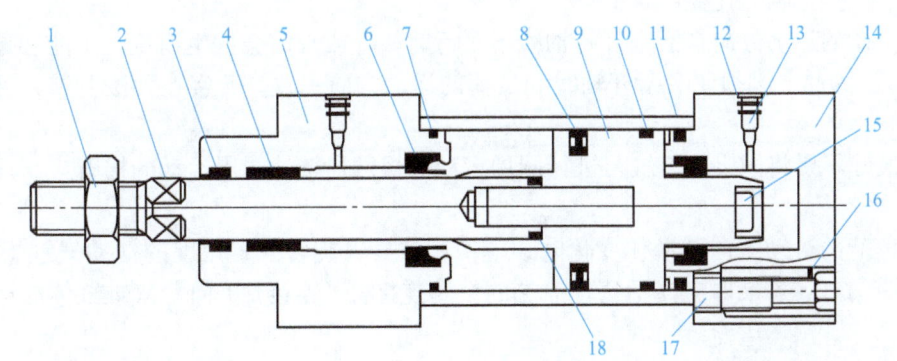

图3-29 单活塞杆双作用气缸结构

1—螺母　2—活塞杆　3—前置密封圈　4—含油轴承　5—前盖　6—缓冲O形圈
7—管壁O形圈　8—活塞杆O形圈　9—活塞　10—耐磨环　11—缸体　12—缓冲防漏O形圈
13—缓冲调整螺钉　14—后盖　15—内六角头螺栓　16—拉住螺钉　17—支柱　18—活塞杆O形圈

（2）气缸的安装形式

由于在缸筒内活塞做直线往复运动，所以要根据负荷运动方向决定气缸的安装形式，具体安装形式及注意事项见表3-2。图3-30为气缸安装形式示意图。

表 3-2 气缸安装形式及注意事项

| 负荷运动方向 | 安装形式 | 注意事项 |
|---|---|---|
| 作业时负荷做直线运动 | 底座型法兰型 | 固定气缸本体,使负荷的运动方向和活塞的运动方向在同一轴线上或平行 |
| | 轴销型耳环型 | 行程过长或负荷的运动方向和活塞的运动方向不平行,而且不在同方向上时,采用轴销型或耳环型的安装形式。但注意不对活塞杆和轴承施加横向负荷 |
| 动作中负荷在同一平面内摆动 | 轴销型耳环型 | 使支撑气缸的耳环或轴销的摆动方向与负荷的摆动方向一致。另外,活塞杆前端的金属零件的摆动方向也要相同。轴承上有横向负荷时,横向负荷值应在气缸输出压力的 1/20 以内 |

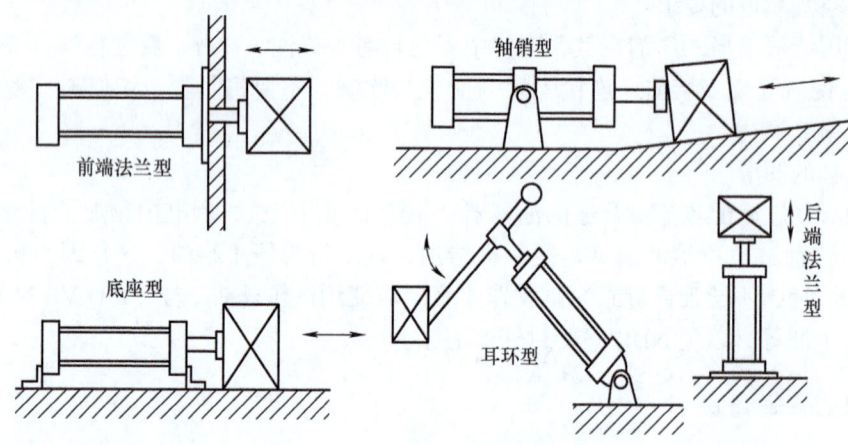

图 3-30 气缸安装形式示意图

（3）负荷与气缸的连接

1) 负荷的运动方向与活塞杆的轴线不平行时,杆或缸筒会发生错位,可能会导致烧结或破损等。因此,必须使活塞杆轴线和负荷的运动方向一致。若实在无法调整,可使用万向节。

2) 最好不要将固定式气缸与进行圆周运动的摇臂连接。圆周运动的摇臂应与摆动式气缸连接。

3) 负荷的运动方向随动作变化时,应使用自身可旋转一定角度的摆动气缸（耳环型、轴销型）。另外,安装时应使活塞杆前端的金属连接件（连接件）向着气缸缸体的运动方向运动。

4) 轴承托架的安装面至轴承位置的高度若太高,气缸在工作过程中,将会在轴承托架的安装部位产生很大的扭矩力,有可能引起安装螺栓等破损。

（4）气缸的速度调整

使用速度控制阀调整气缸速度时,其节流阀应从全闭状态逐渐打开,调整至所希望的速度。在实际使用中,要根据不同情况选择最佳速度而不是最高速度。节流阀的安装一般有排气节流和进气节流两种方式,多采用排气节流方式,这是因为排气节流比进气节流稳定、可靠。

3. 磁性开关的注意事项

1) 从安全考虑,两磁性开关的间距应比最大磁滞距离大 3mm。

## 项目 3 气动控制技术的应用

2)磁性开关不得装在强磁场设备旁,如电焊设备等。

3)两个以上带磁性开关的气缸平行使用时,为防止磁性体移动的相互干扰影响检测精度,两缸筒间距离一般应大于 40mm。

4)活塞接近磁性开关时的速度 $v$ 不得大于磁性开关检测的最大速度 $v_{max}$。最大速度 $v_{max}$ 与磁性开关的最小动作范围 $l_{min}$、磁性开关所带负荷的动作时间 $t_c$ 之间的关系为 $v_{max}=l_{min}/t_c$。如磁性开关连接的电磁阀的动作时间 $t_c=0.05s$,磁性开关的最小动作范围 $l_{min}=10mm$,则开关能检测的最大速度为 200mm/s。

5)注意铁粉的堆积、磁性体的近距离接触。如果带磁性开关的气缸周边大量堆积切屑或焊接飞溅物等铁粉时,或者磁性体(可被磁铁吸附的物体)近距离接触时,气缸内的磁力可能被夺走,导致开关无法动作。

6)要定期检查磁性开关的位置是否出现偏移。

7)磁性开关不能直接接到电源上,必须串联负荷,且负荷绝对不能短路,以免开关烧毁。

8)负荷电压和最大负荷电流均不超过磁性开关的最大允许容量,否则其寿命会大大降低。

9)对于直流电,棕线接"+",蓝线接"-"。若接线接反,开关可动作,但指示灯不亮。当要将开关安装在行程末端时,为保证开关安装在最高灵敏度位置,对不同气缸,在样本上都已经标出离侧端盖和无杆侧端盖的距离 $A$ 和 $B$。磁性开关安装位置如图 3-31 所示。

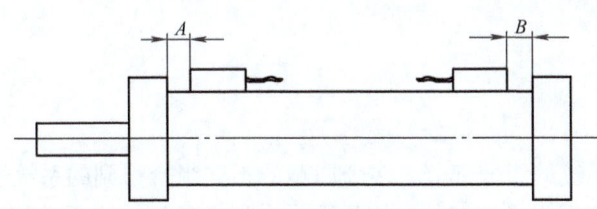

图 3-31　磁性开关安装位置示意图

### 4. 气缸保养

气缸是气动执行装置,是易损元件,每使用一段时间,便会出现不同程度的漏气、咬缸、缓冲失效等故障。为解决此类问题,对气缸进行维护保养显得尤为重要。

(1)活塞的保养

气缸活塞受气压作用产生推力并在缸筒内滑动,要求活塞具有良好的滑动特性,同时要求活塞与缸筒之间要有良好的密封,而两者之间的密封是通过 YX 形密封圈实现的,因此 YX 形密封圈为易损件,其结构如图 3-32 所示。

YX 形密封圈断面有两个不等脚长度的唇边,密封圈安装在活塞的沟槽中,当右侧受气压作用时,密封圈唇部在气压作用下张开,并紧贴在缸筒壁上起密封作用。气缸拆解后注意观察,若发

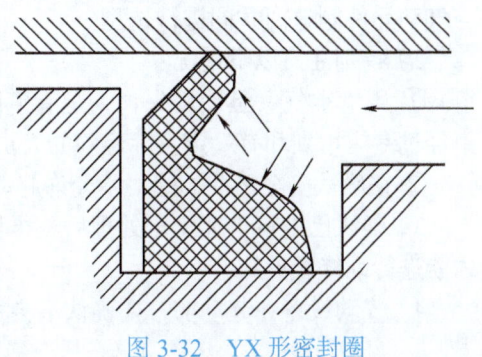

图 3-32　YX 形密封圈

现 YX 形密封圈唇部已磨平，则应将其从活塞上取下，换上新件，涂抹润滑脂。缓冲柱塞与缸盖接触频繁，也应涂润滑脂。

（2）缸盖的保养

气缸工作时，活塞会撞击缸盖，缸盖缓冲密封圈为易损件。缓冲密封圈如果受损严重，将会使气缸在行程终端前，由于缓冲柱塞与缓冲密封圈得不到良好的密封而失去缓冲作用。长时间使用气缸，一般都要更换缸盖缓冲密封圈，同时涂上润滑脂。

注意：拧下缓冲节流阀时，要用细铁丝小心地清理缓冲排气孔（不要损坏节流阀螺纹），否则，缓冲排气孔被堵后，有可能导致活塞杆不能到位。

（3）缸筒的保养

缸筒内壁涂润滑脂，装上活塞杆，同时用手推拉几下，以保证缸筒与活塞之间的润滑与密封质量。

（4）气缸保养应注意的几个问题

1）气缸拆解后，首先应对缸筒、活塞、活塞杆及缸盖进行清洗，除去表面的锈迹、污物和灰尘颗粒。

2）选用的润滑脂成分不能含固体添加剂。

3）密封材料根据工作条件而定，最好选用聚四氟乙烯（塑料王），该材料摩擦系数小（约为 0.04），耐腐蚀、耐磨，能在 -80～200℃温度范围内工作。

4）YX 形密封圈安装时要注意安装方向。

## 项目训练

### 项目实施

基本回路是气动系统的组成部分，多个回路的不同组合得到的系统性能各有差异。在实际生产中，如何完成气动设备回路的连接是操作人员必备的技能要求。

下面介绍工业互联网实训教学平台中回路连接的训练内容。

**1. 气动系统的设计及气动元件选型**

1）使用前确认产品型号、规格。气动系统的设计和气动元件的选型应根据气动系统提出的性能要求，考虑安全性及可能出现的故障，按最新产品样本和资料来选择气动元件的型号和规格。必要时，还应做相应的分析和试验。当用于某些新兴行业或特殊行业时，应与气动元件制造商共同进行选型。

2）特别注意以下情况：

① 压缩空气一旦使用失误，是有危险的。因此，气动设备的组装、操作和维护等需要由经过专门培训和有一定实际经验的人员来进行。

② 在确认安全之前，绝对不允许起动设备或从设备上拆卸气动元件。

3）确认已进行上述安全处理后，再切断电源和气源，排掉气动系统内残存的压缩空气，才能进行维修或拆卸。

4）气动设备在起动前，要确认不会发生活塞杆急速伸出现象。

## 项目 3　气动控制技术的应用

**2. 气动系统配管与安装**

1）气动系统有关接头、配管连接时的密封胶带缠绕方法：从距离管螺纹部分前端 1.5~2 个螺纹以上的内侧位置开始，按照螺纹的正方向和反方向进行缠绕，如图 3-33 所示。

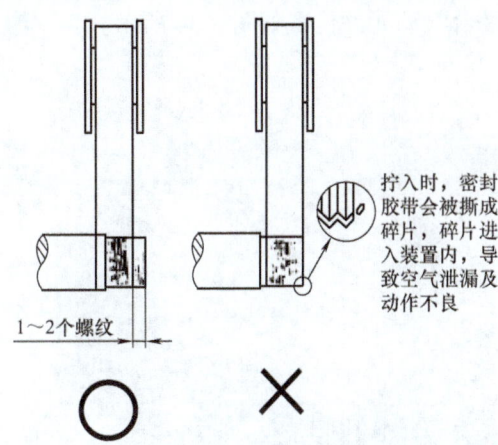

图 3-33　连接配管时密封胶带的缠绕方法

2）连接配管时，应以适当的转矩进行紧固，目的是为了防止空气泄漏和螺纹损坏，见表 3-3。

表 3-3　连接螺纹与紧固转矩对照表

| 连接螺纹 | 紧固转矩 /N·m | 连接螺纹 | 紧固转矩 /N·m | 连接螺纹 | 紧固转矩 /N·m |
| --- | --- | --- | --- | --- | --- |
| M3 | 0.3~0.6 | PT1/4 | 12~14 | PT3/4 | 28~30 |
| M5 | 1.0~1.5 | PT3/8 | 22~24 | PT1 | 36~40 |
| PT1/8 | 7.0~9.0 | PT1/2 | 28~30 | | |

3）如果密封胶带超出配管的螺纹前端部分，拧入时密封胶带会被撕成碎片，碎片进入阀内将导致故障与误动作。

4）在配管与接头连接气动元件之前，应先用压缩空气清洗管路。

**3. 控制元件的安装与使用**

1）使用前注意检查组件在运输过程中是否损坏，确认无损坏后再安装使用。

2）安装时应注意气体流动方向及接管牙型是否正确，使用介质必须经过 40μm 滤芯过滤。

3）应注意安装条件是否符合技术要求，如电压、动作频率、工作压力、使用温度范围等，确认符合技术要求后再安装使用。

4）安装时应注意气体流动方向，P 为进气口，A（B）为工作口，R（S）为排气口。

5）尽量避免在振动的环境下使用控制元件，并注意低温下的防冻措施。

6）连接管路时，注意生料带缠绕不可超过接头牙端面，注意清除管路接头的粉尘、铁屑等脏物，避免杂质或异物进入阀体内。

7）应注意防尘，建议排气口安装消声器或消声节流阀。拆下不用时应在进、出气口装防尘套。

8）整机调试时，建议先用手动装置调试，然后再通电调试。

### 4. 工业互联网实训教学平台气动元件位置

工业互联网实训教学平台气动元件位置如图 3-34 所示。

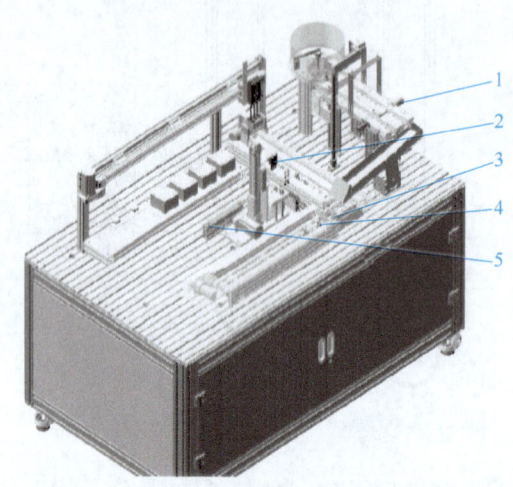

图 3-34　工业互联网实训教学平台气动元件位置

1—面板型气缸（MPG10×30SFA（0）+（CMSH-1））　2—三轴气缸（TCM10×20S）
3—三轴气缸（TCM6×5S）　4—三轴气缸（TCM6×10S）　5—三轴气缸（TCL16×200S）

### 5. 根据气压回路图连接平台气动系统

1）送料工位气动控制流程图如图 3-35 所示。

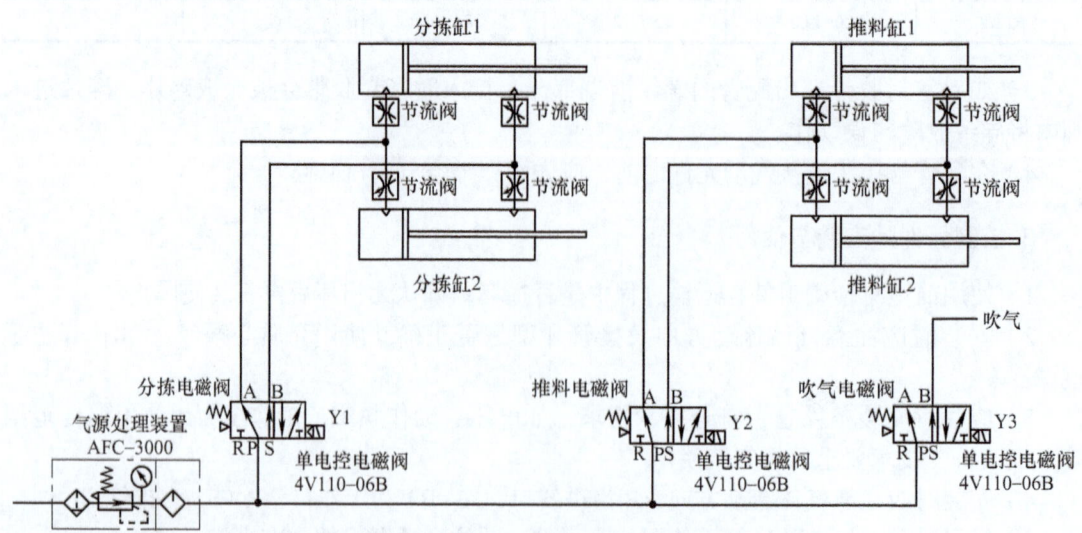

图 3-35　送料工位气动控制流程图

2）包装工位气动控制流程图如图 3-36 所示。

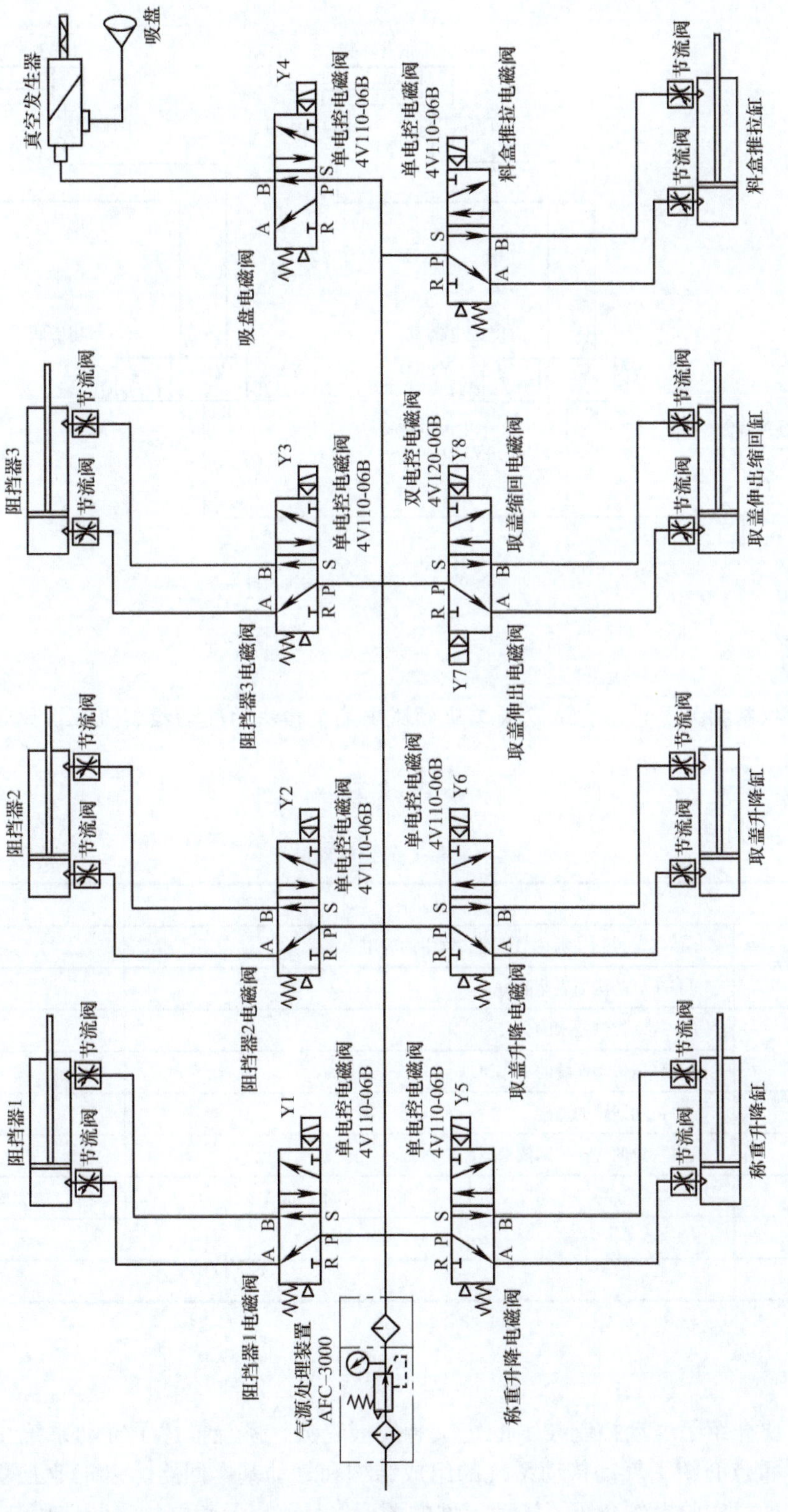

## 项目3 气动控制技术的应用

图 3-36 包装工位气动控制流程图

3）仓储工位气动控制流程图如图 3-37 所示。

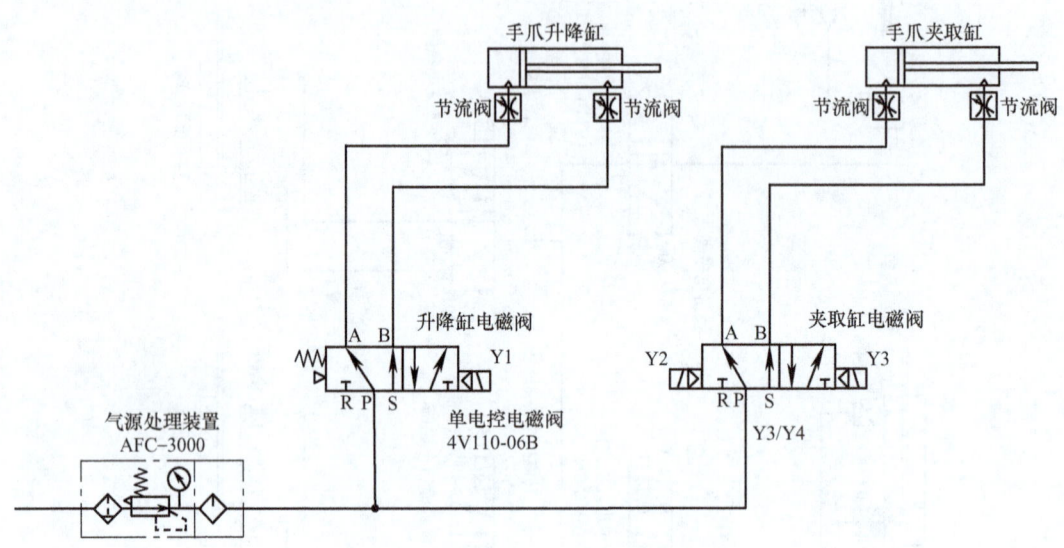

图 3-37 仓储工位气动控制流程图

### 课外练习

查阅气动控制相关资料，尝试完成工业领域中某个模块的气动控制流程图设计。

### 项目验收

表 3-4 项目完成指标对照表

| 评价内容 | 具体指标 | | 完成情况 |
|---|---|---|---|
| 综合能力 | 了解气动控制技术在工业互联网中的应用 | | |
| | 具备良好的沟通表达能力 | | |
| 专业知识 | 了解气动控制技术的含义 | | |
| | 熟悉气压传动系统的工作原理 | | |
| 技术技能 | 掌握气动回路的连接 | | |
| 工程实践 | 具备一定的气动控制技术应用能力 | | |
| 目标完成 | 完成 ★★ | 基本完成 ★☆ | 未完成 ☆☆ |
| 学习收获 | | | |
| 学习反思 | | | |

### 项目小结

本项目主要介绍了气动控制技术的定义和发展趋势，系统描述了气动系统在新领域中的应用实例，重点介绍了气动传动系统的组成结构和气动基本回路。以工业互联网实训教学平台为例，通过实验操作介绍了气动元件的图形符号，以及气缸的安装使用与维护保养，

项目 3　气动控制技术的应用

以更好地完成平台中气动回路的连接操作。

> **课后作业**

1. 什么是气动控制技术？
2. 气压传动系统由哪几部分组成？各部分的作用是什么？
3. 气压传动的主要优缺点是什么？
4. 画出下列气动元件的图形符号：气源处理装置、双电控二位五通电磁换向阀、单电控二位五通电磁换向阀、单向阀、单向调速阀、单向节流阀。

# 项目 4

# 传感器的部署与应用

## ◆ 学习目标

1）掌握传感器的定义及组成。
2）了解传感器的特性。
3）了解传感器技术在工业互联网中的应用。
4）掌握传感器的选取、部署与应用。

## ◆ 岗位能力素养

1）根据实际应用要求，具备快速选择传感器的能力。
2）工程应用环境下，具备部署、安装与应用传感器的综合能力。

## ◆ 项目情景

工业互联网通过使用传感器网络和机器到机器（M2M）通信实现工业环境的自动化，工业互联网的普及使传感器无处不在。在当今的高科技工厂中，传感器对加工系统的精度和可靠性起着关键作用。因此，要求传感器必须坚固耐用，能够在复杂的工业环境中工作，而且必须小巧简易等。与此同时，与传感器在其他领域的应用相比，在工业互联网中传感器的部署与管理有其自己的特点。

## ◆ 知识储备

## 4.1 认识传感器

### 4.1.1 传感器技术简介

**1. 传感器的定义及组成**

传感器是能够感受规定的被测量并按一定规律转换成可用输出信号的器件或装置的总称，通常由敏感元件、传感元件及测量转换电路组成，如图 4-1 所示。需要注意的是，并不是所有的传感器都能明显区分敏感元件与传感元件两个部分，有些会将二者合二为一。

传感器是自动化系统中必不可少的部分，是自动化仪表的重要组成部分。传感器应用技术是集传感器、电子线路、电子测量和信号处理等多种技术为一体的一门学科，是信息采集与处理的源头。传感器对被测量进行准确可靠的捕获和转换，是实现准确测量与控制的基础，没有准确的信号转换，将无法实现信号的测量和控制。

项目 4　传感器的部署与应用

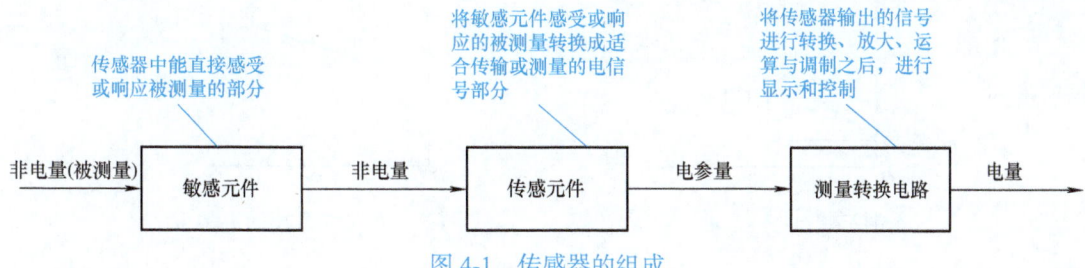

图 4-1　传感器的组成

### 2. 传感器的分类

传感器有许多分类方法，但常用的分类方法有两种，一种是按被测物理量来划分，即按用途分类，便于用户选择；另一种是按传感器的工作原理来划分，即以工作原理命名，便于生产厂家专业生产。

按被测物理量划分，常见的传感器有温度传感器、湿度传感器、压力传感器、位移传感器、流量传感器、液位传感器、力传感器、加速度传感器、转矩传感器等。

按传感器的工作原理划分，常见的传感器有电容式传感器、磁性传感器、光电式传感器、电动势型传感器、电荷传感器、半导体传感器、电化学式传感器等。

## 4.1.2　传感器的基本特性

在检测控制系统中，需要对各种参数进行检测和控制。然而，要达到比较优良的控制性能，要求传感器必须能够感测被测量的变化，并且不失真地将其转换为相应的电量，这种性能主要取决于传感器的基本特性。传感器的基本特性分为静态特性和动态特性。

### 1. 传感器的静态特性

传感器的静态特性是指传感器在静态工作状态下的输入－输出特性，即传感器的输入量恒定或缓慢变化且输出量也达到相对稳定时的工作状态。传感器的静态特性通过各种静态性能指标来表示，它是衡量传感器静态性能优劣的重要依据。传感器静态特性的性能指标主要有灵敏度、分辨率、线性度、迟滞、重复性等。

（1）灵敏度

灵敏度（静态灵敏度）是指传感器或检测仪表在稳态下输出量的变化量 $\Delta y$ 与输入量的变化量 $\Delta x$ 之比，用 $K$ 表示，即

$$K = \frac{\Delta y}{\Delta x}$$

如果传感器的输入－输出特性为线性，如图 4-2 所示，则有

$$K = \frac{y}{x}$$

如果检测系统的输入－输出特性为非线性，则灵敏度不是常数，而是随输入量的变化而改变，此时传感器在某一工作点的灵敏度表示为 $dy/dx$，如图 4-3 所示。灵敏度是一个有单位的量，其单位决定于传感器输出量的单位和输入量的单位。

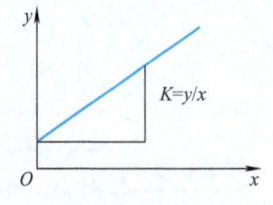 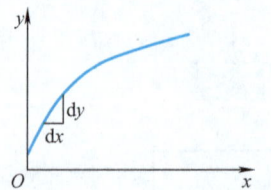

图 4-2　线性系统的灵敏度　　　　　图 4-3　非线性系统的灵敏度

（2）分辨率

分辨率是指引起输出量产生可观测的微小变化所需的最小输入量的变化量。当被测信号小于分辨率时，传感器对输入量的变化无任何反应。

当输入量改变 $\Delta x$ 时，输出量随之变化 $\Delta y$，即 $\Delta x$ 变小，$\Delta y$ 也变小。一般来说，当 $\Delta x$ 小到某种程度时，输出量改变 $\Delta y$ 不再变化，这时的 $\Delta x$ 即为分辨率。

（3）线性度

线性度即为传感器的实测输入－输出特性曲线与理论拟合直线（理想输入－输出特性曲线）的最大偏差与传感器满量程输出之比，即表示传感器特性的非线性程度的参数，如图 4-4 所示。线性度又称为非线性误差或非线性度。

线性度的计算公式为

$$\delta = \frac{\Delta_{max}}{A} \times 100\%$$

式中，$\delta$ 为线性度；$\Delta_{max}$ 为实测特性曲线与理想线性曲线间的最大偏差；$A$ 为传感器满量程输出平均值。

（4）迟滞

迟滞是指在相同工作条件下，传感器正行程特性和反行程特性的不一致性程度，如图 4-5 所示。即对应同一大小的输入量，因采用的行程方向不同，传感器的输出量值不相等，这就是迟滞现象。产生迟滞现象的原因主要是传感器机械部分存在不可避免的缺陷。

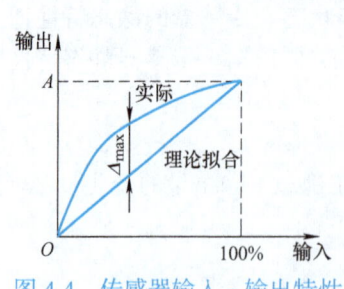 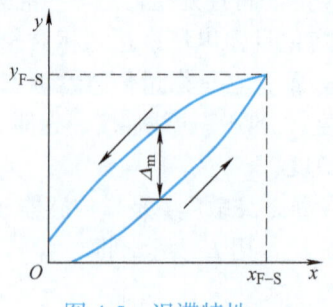

图 4-4　传感器输入－输出特性　　　　　图 4-5　迟滞特性

迟滞误差的计算公式为

$$e_t = \frac{\Delta_m}{y_{F-S}} \times 100\%$$

式中，$e_t$ 为迟滞误差；$\Delta_m$ 为正反行程输出值间最大差值；$y_{F-S}$ 为满量程输出。

（5）重复性

重复性是指传感器的被测输入信号在同一方向（增加或减少）变化时，在全量程内连续进行重复测量所得到的输入-输出特性曲线不一致的程度，如图4-6所示，$\Delta_{m1}$为传感器在相同的工作条件下，输入按同一方向（反行程）做全测量范围连续变动多次时得到的最大误差，$\Delta_{m2}$为传感器在相同的工作条件下，输入按同一方向（正行程）做全测量范围连续变动多次时得到的最大误差。多次重复测试的输入-输出特性曲线越重合，说明该传感器重复性越好，使用误差越小。

重复误差的计算公式为

$$e_z^1 = \pm \frac{\Delta_{z\max}}{y_{F\text{-}S}} \times 100\%$$

式中，$e_z^1$为重复误差；$\Delta_{z\max}$为最大重复误差，即$\Delta_{m1}$、$\Delta_{m2}$中的最大值。

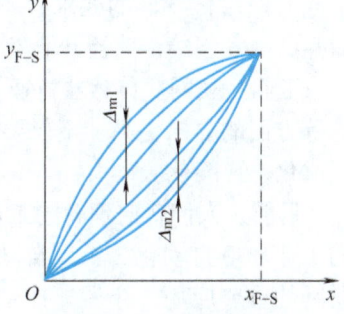

图4-6 重复性特性

### 2. 传感器的动态特性

传感器的动态特性是指传感器在动态工作状态下的输入-输出特性，即传感器对随时间变化的输入信号的响应特性。通常要求传感器不仅能精确地显示被测量的大小，而且还能复现被测量随时间变化的规律。传感器动态特性的性能指标主要有时域单位阶跃响应和频域频率响应。

（1）时域单位阶跃响应

当输入信号为阶跃函数时，因为它是时间的函数，故传感器的响应是在时域发生的，因此称其为时域单位阶跃响应，如图4-7所示。

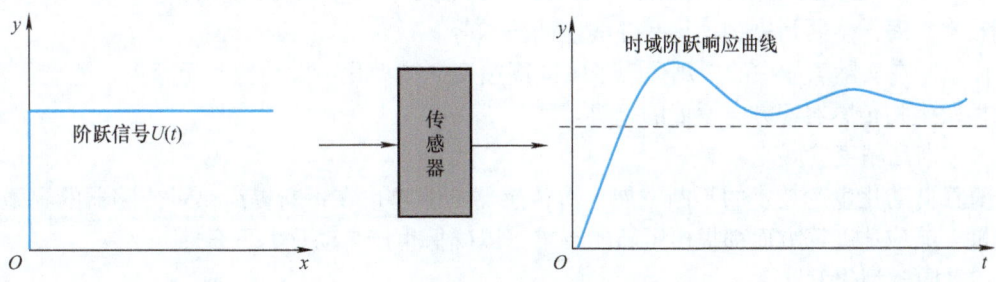

图4-7 时域单位阶跃响应性能指标

（2）频域频率响应

当输入信号是正弦函数时，因为它是频率的函数，故传感器的响应是在频域发生的，因此称其为频域频率响应，如图4-8所示。

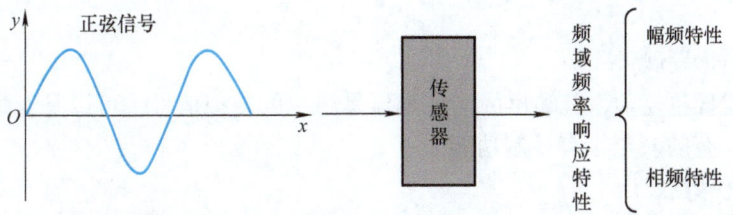

图4-8 频域频率响应性能指标

### 4.1.3 传感器在工业互联网中的应用

目前，我国大部分工业企业尚处于工业互联网 1.0 或向其迈进的过程中，少数领先企业在探索实践工业互联网 2.0，个别企业开始布局工业互联网 3.0 的研究。工业互联网发展的不同阶段对传感器的要求也不相同，传感器及传感系统产业需要准确定位，不仅要看到工业互联网发展给传感器产业发展带来的蓝海，更要挖掘有效市场，实现最终的产值和利润。

工业互联网对传感器行业提出了新的要求。工业互联网对传感器灵敏度、稳定性、鲁棒性等方面的要求更高，不仅要求传感器轻量化、低功耗、低成本，同时要求传感器网络化、集成化、智能化。

目前，人们普遍理解的工业互联网，是使用传感器网络和机器到机器（M2M）通信实现的工业环境自动化、工厂自动化、楼宇自动化、智能电网和公共交通等，这些都是工业互联网的重要应用。今后，技术人员和维护人员将更多地使用强大的智能设备来收集和处理工业设备中集成的传感器输出的数据和信息。

### 4.1.4 传感器技术的发展

传感器技术是新技术革命和信息社会发展的重要技术基础，是一门多学科交叉的现代科学技术，被公认为现代信息技术的源头。我国传感器技术虽然与一些发达国家相比存在较大差距，但近年来我国传感器技术发展迅猛，尤其是在生物传感器、视觉传感器、智能传感器等方面取得了突破性进展，有些技术已在国家重大工程中获得了应用，如资源环境技术领域中的环境监测及环境风险评估技术、海洋技术领域中的海洋水质污染综合参数在线监测技术、海洋金属污染物现场和在线监测技术等。

传感器在实际工业中的应用体现了其向高精度、微型化、微功耗和无源化、智能化、高可靠性及生物传感器等方向发展的趋势。

（1）向高精度发展

随着自动化生产技术的不断发展，对传感器的要求也在不断提高，对传感器的灵敏度、精确度、响应速度等方面都提出了新的要求，以确保生产自动化的可靠性。

（2）向微型化发展

自动化装置的功能越来越多，要求设备各个部件的体积越小越好，从而要求传感器本身的体积也尽量缩小，这就要求重点发展基于新材料及加工技术的微型传感器。

（3）向微功耗和无源化发展

大部分传感器工作离不开电源，在野外或远离电网的情况下，往往使用电池或太阳能供电。开发微功耗传感器及无源传感器是必然的发展方向，既可以节省能源，又可以提高系统寿命。

（4）向智能化发展

传感器功能日益复杂，其输出的信号不再是单一的模拟信号，可以是经过微处理器处理后的数字信号，有的甚至带有控制功能。

（5）向高可靠性发展

传感器的可靠性直接影响到电子设备的抗干扰能力，研制高可靠性、宽温度范围的传感器将是永恒的方向。

项目 4　传感器的部署与应用

（6）发展生物传感器

随着生物技术的进步，生物传感器得到了很大的发展，在食品工业、环境监测、发酵工业、医学等方面得到了广泛应用。

▶ 拓展提升 ◀

下面介绍如何根据实际情况选择适合的传感器。通常，选用传感器应从以下几个方面考虑。

1）测量条件：主要包括测量目的、被测量物理量特性、测量范围、输入信号最大值、频带宽度、测量精度、测量时间等。

2）传感器性能：主要包括灵敏度、分辨率、线性度、迟滞、重复性、响应速度、输出量（模拟量或数字量）等。

3）使用条件：主要包括场地的环境条件（温度、湿度、气压等）、所需功率容量、与外部设备的连接等。

**1. 需求分析**

传感器用于二足机器人的脚底，主要研究行走或受外力干扰时，通过动态平衡控制使行走更趋于稳定，并增强站立时的稳定性。二足机器人站立高为 320mm，宽为 230mm，质量约为 1.5kg。

**2. 选型**

压力感应电阻（Force Sensing Resistor，FSR）传感器是一种弯曲压力传感器。它是一款质量轻、体积小、感测精度高、超薄型电阻式压力传感器。这款压力传感器是将施加在 FSR 传感器薄膜区域的压力转换成电阻值，从而获得压力数据，压力越大，电阻越小，可用于机械夹持器末端感测有无夹持物品、仿生机器人足下地面感测、哺乳类动物咬力测试生物实验等，应用范围广泛。FSR 传感器共有四种类型，分别为 400、402、406、408。这四种类型的 FSR 传感器，区别在于接触面积和厚度不同。

1）FSR 400：有效面积为 0.2mm$^2$，层最厚部分为 0.012mm。

2）FSR 402：有效面积为 0.5mm$^2$，层最厚部分为 0.018mm。

3）FSR 406：有效面积为 2.25mm$^2$，层最厚部分为 0.018mm。

4）FSR 408：有效面积为 6mm$^2$，层最厚部分为 0.135mm。

由于二足机器人质量较轻，需要在脚底安置多个传感器进行精密测量，故可以选择压力传感器 FSR400。FSR400 相关性能参数为：量程 0~10kg；灵敏度 100g~10kg；精度 ±5%~±25%；力分辨率为充分利用力的 ±0.5%；延时时间 1~2ms；温度范围 -30~70℃。

根据以上分析，FSR400 适用于二足机器人的动态平衡控制，可进行实验。

## 4.2　常见传感器

在实际工程应用中，传感器的种类非常多。同一种被测量可以用不同的传感器来测量，而同一种原理的传感器又可以测量多种物理量。因此，下面主要介绍工业互联网中几种常用的传感器。

### 4.2.1 光电式传感器

光电式传感器是把光强度的变化转换成电信号变化的一种变换器,属于非接触式测量传感器。一般情况下,光电式传感器由三部分构成:发射器、接收器和检测电路。发射器对准被测物体发射光束,发射的光束一般来源于半导体光源;接收器有光电二极管、光电晶体管、光电池等。接收器的后面是检测电路,它能滤出有效信号并应用该信号。光电式传感器设计灵活,形式多样,在越来越多的领域内得到了广泛的应用。

按照光电式传感器中光电元器件输出电信号的形式,可以将光电式传感器分为模拟式和脉冲式两大类。

**1. 模拟式光电传感器**

模拟式光电传感器中光电元器件接收的光通量随被测量变化而连续变化,因此输出的光电流也是连续变化的,并与被测量呈确定的函数关系,这类传感器通常有以下四种形式,如图 4-9 所示。

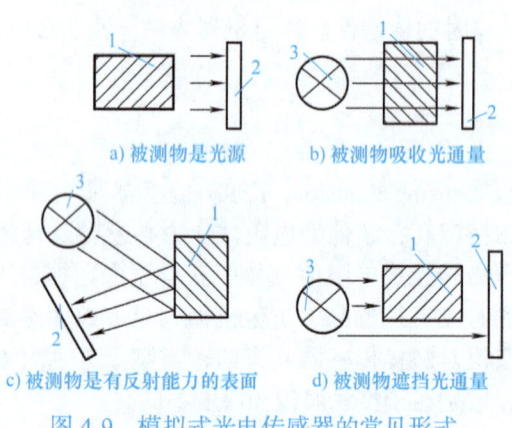

图 4-9 模拟式光电传感器的常见形式
1—被测物 2—光电元器件 3—恒光源

1)光源本身是被测物,它发出的光投射到光电元器件上,光电元器件的输出反映了光源的某些物理参数,如图 4-9a 所示,可用于光电比色高温计。

2)恒定光源发射的光通量穿过被测物,其中一部分被吸收,剩余的部分投射到光电元器件上,吸收量取决于被测物的某些参数,如图 4-9b 所示,可用于测量透明度、混浊度。

3)恒定光源发射的光通量投射到被测物上,由被测物表面反射后再投射到光电元器件上,如图 4-9c 所示,反射光的强弱取决于被测物表面的性质和状态,可用于测量工件表面粗糙度、纸张的白度等。

4)从恒定光源发射出的光通量在到达光电元器件的途中受到被测物的遮挡,使投射到光电元器件上的光通量减弱,光电元器件的输出反映了被测物的尺寸或位置,如图 4-9d 所示,可用于工件尺寸测量、振动测量等。

## 2. 脉冲式光电传感器

在脉冲式光电传感器中，光电元器件接收的光信号是断续变化的，因此光电元器件处于开关工作状态，它输出的光电流通常是只有两种稳定状态的脉冲形式的信号，如图 4-10 所示，多用于光电计数、光电式转速测量、模拟开关和位置开关等场合。

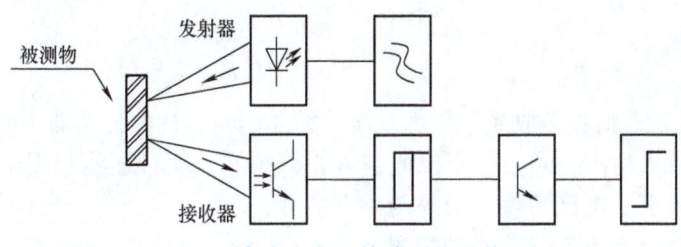

图 4-10　脉冲式光电传感器的工作原理

### 4.2.2　电容式传感器

以电容器作为敏感元件，将被测量的变化转换为电容量的传感器称为电容式传感器。

由绝缘介质分开的两个平行金属板组成的平板电容器，如果不考虑边缘效应，其电容为

$$C = \frac{\varepsilon A}{d}$$

式中，$\varepsilon$ 为电容极板间介质的介电常数，$\varepsilon=\varepsilon_0\varepsilon_r$，其中 $\varepsilon_0$ 为真空介电常数，$\varepsilon_r$ 为极板间介质的相对介电常数；$A$ 为两平行板所覆盖的面积；$d$ 为两平行板之间的距离。

当被测参数（$\varepsilon$、$A$、$d$）发生变化时，电容量 $C$ 也会随之变化。如果保持其中两个参数不变，而仅改变其中一个参数，即可把该参数的变化转换为电容量的变化，通过测量电路即可转换为电量的输出。因此，电容式传感器可分为变极距、变面积和变介质三种类型。

### 4.2.3　磁性传感器

磁性材料在感受到外界的热、光、压力、放射线等之后，其磁特性会发生变化，利用此特性可做成各种可靠性好、灵敏度高的传感器，由于利用磁性材料作为敏感元件，故称为磁性传感器。常见的磁性传感器有两种：压磁式传感器和磁电式传感器。

压磁式传感器与其他传感器相比，具有输出功率大、抗干扰能力强、精度高、线性好、寿命长、维护方便、运行条件要求低（能在有灰尘、水和腐蚀性气体的环境中长期运行）等优点。因此，压磁式传感器很适合用于重工业、化学工业领域，且已成功应用于冶金、矿山、造纸、印刷、运输等工业领域，特别是在各种自动化系统中用来测量轧钢机的轧制力、钢带的张力、金属切削过程的切削力，起重机提物的自动称重，配料斗的称重以及电梯安全保护等方面。

磁电式传感器多用于测量速度、加速度、位移、振动、转矩等参数，将被测参数变换为感应电动势，又称感应传感器。磁电式传感器是以导线在磁场中运动产生感应电动势为基础，根据电磁感应定律，$W$ 匝线圈的感应电动势 $e$ 与穿过该线圈的磁通 $\Phi$ 的变化速度成正比，即

$$e = -\frac{W\mathrm{d}\Phi}{\mathrm{d}t}$$

磁性传感器在工业应用中适合用于气动、液动、气缸和活塞泵的位置测定，即作为限位开关使用，当磁性目标接近时，舌簧闭合经放大输出开关信号，其检测的距离随检测体磁场的强弱变化而变化。

### 4.2.4 光纤传感器

光纤传感器是光通信和集成光学技术发展的结晶，与以往的传感器不同，它将被测信号的状态以光学的形式输出。光信号不仅能被人直接感知，而且还能利用半导体二极管等小型简单器件进行光电、电光转换，极易与一些电子装备相匹配。此外，光纤不仅是一种敏感元件，还是一种优良的低损耗传输线，因此，光纤传感器可应用于传统传感器所不适用的远距离测量，具有灵敏度高、电绝缘性能好、抗电磁干扰、耐腐蚀、耐高温、体积小、质量轻等优点，可广泛用于位移、速度、加速度、液位、应变、压力、流量、振动、温度、电流、电压、磁场等物理量的测量。图4-11所示为光纤传感器外形。

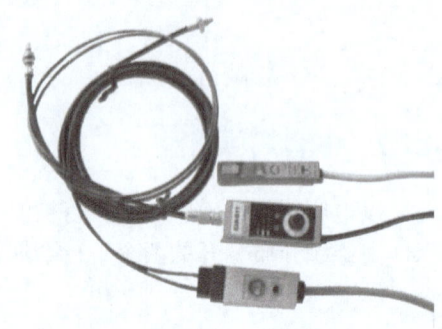

图4-11 光纤传感器外形

光纤传感器由光源、入射光纤、出射光纤、光调制器、光探测器以及解调制器组成，其工作原理是将光发送器产生的光经入射光纤送入调制区（敏感元件），光在调制区内与外界被测参数相互作用，使光的光学性质（如强度、波长、频率、相位、偏正态等）发生变化而成为被调制的信号光，再经出射光纤送入光探测器（光接收器）、解调器（信号处理）而获得被测参数。光纤传感器工作原理如图4-12所示。

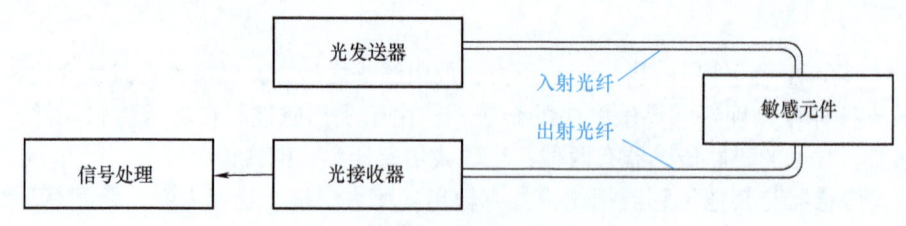

图4-12 光纤传感器工作原理

光纤传感器一般分为两大类，一类是传光型，即非功能型光纤传感器，多数使用多模光纤，用来传输更多的光量；一类是传感型，即功能型光纤传感器，利用被测对象调制或改变光纤的特性，所以只能用单模光纤。

图4-13为光纤式开关传感器在电路板标志检测中的应用。当光纤发出的光穿过标志孔时，若无反射，则说明电路板方向放置正确。

项目4 传感器的部署与应用

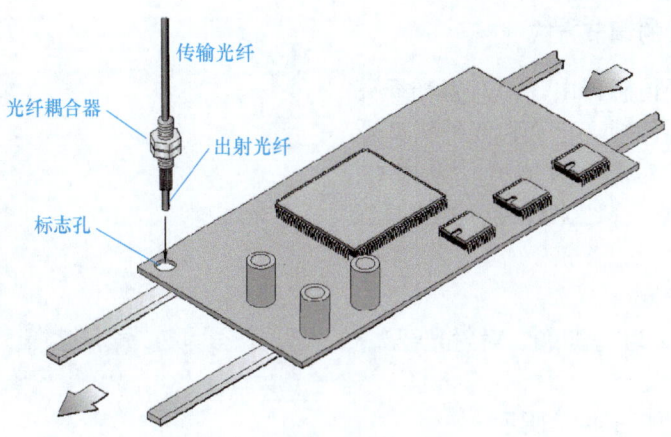

图 4-13 光纤式开关传感器在电路板标志检测中的应用

### 拓展提升

**1. 光纤传感器的接线方式**

（1）三线制光纤传感器的接线方式

图 4-14 为三线制光纤传感器的接线示意图，棕色线连接电源 24V，蓝色线接地，黑色线连接 PLC 输入点。

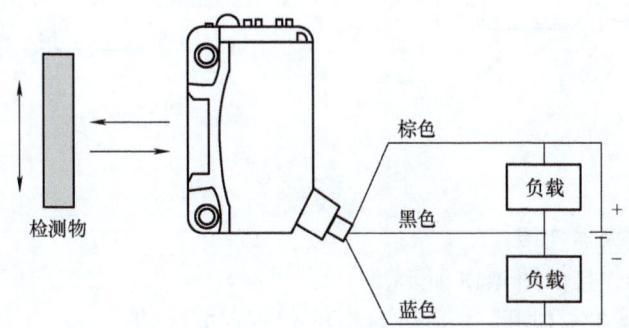

图 4-14 三线制光纤传感器的接线示意图

（2）二线制光纤传感器的接线方式

图 4-15 为二线制光纤传感器的接线示意图，棕色线连接 PLC 输入点，蓝色线接地。

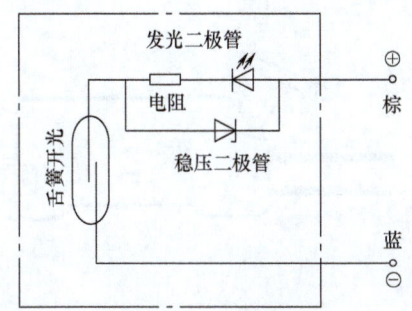

图 4-15 二线制光纤传感器的接线示意图

## 2. 光纤传感器的调节方式

一套对射光纤传感器由一对对射光纤头和一个光纤放大器组成。下面以光纤头型号为 T610-TZ90°、对应放大器型号为 BF4R 的光纤传感器为例，介绍光纤传感器的调节方式。

（1）光纤头安装

图 4-16 中，1、2 为一套 90°对射光纤头。

（2）放大器安装

放大器的安装如图 4-17 所示。

1）放大器单元头部扣住 DIN 导轨①。

2）按住放大器的背面向 DIN 导轨方向压②。

3）拆卸时将放大器从尾部向③的方向推。

4）放大器沿④的方向抬起。

图 4-16　光纤头安装

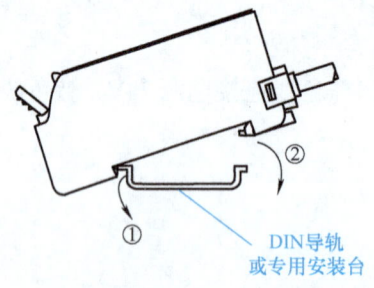 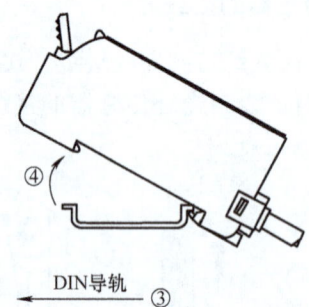

图 4-17　放大器的安装

（3）光纤头与放大器连接

光纤头与放大器连接如图 4-18 所示。

1）将放大器的保护盖拔开，沿①方向松开光纤锁扣（解锁）。

2）将光纤线沿②方向插入放大器，使放大器和光纤线紧密结合（插入深度为 10mm）。

3）沿③方向扣紧光纤锁扣（锁定）。

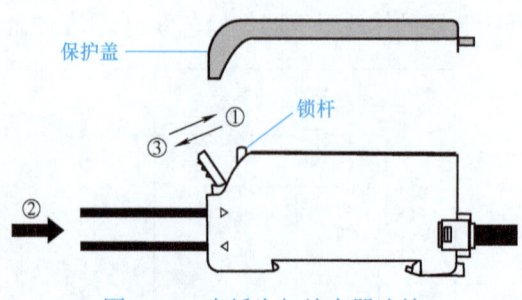

图 4-18　光纤头与放大器连接

## 项目4 传感器的部署与应用

（4）放大器供电

如图4-19所示，光纤放大器共有4根线，颜色分别为棕色、黑色、白色和蓝色。其中棕色线连接电源正极（DC 12~24V），蓝色线连接负极，黑色线连接PLC输入端，白色线不需要连接。

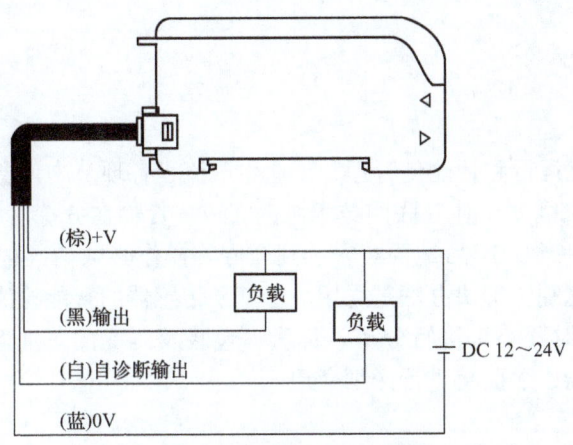

图4-19 放大器供电接线

（5）灵敏度调节

放大器的面板说明如图4-20所示。

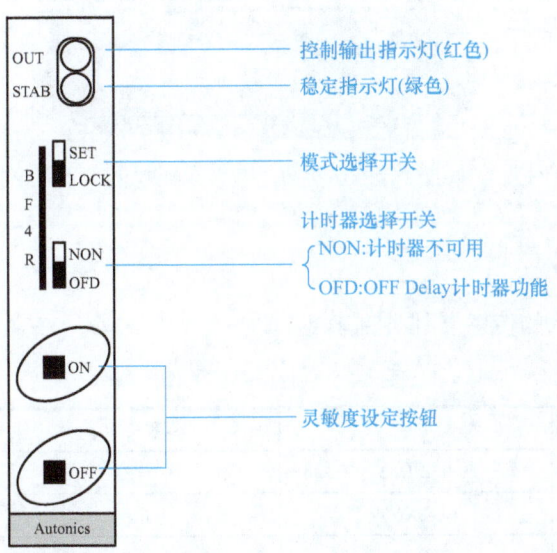

图4-20 放大器的面板说明

灵敏度调节步骤如下：

1）为放大器上电。

2）进行模式选择开关设置，把模式选择开关打到"SET"。

3）确保一对对射光纤头之间无检测目标或阻挡，按下"ON"键。

4）检查 ON 状态稳定指示灯（绿色）STAB 闪烁。

5）当对射光纤头之间有检测目标时，按下"OFF"键。

注意：将模式选择开关置于"LOCK"模式，可防止有意或无意触动设定按钮，造成已设定的灵敏度发生改变。

## 项目训练

### 项目实施

工业生产的自动化运行和智能化管理、工业生产流程各环节中设备之间的协作运行以及货物的精细化管理，都需要工业互联网技术协助完成。货物在分拣后电动机是否继续运行、包装盒是否送至码垛平台、产品是否被安放到仓库等操作必须精准把握。那么，如何快速采集这么多货物的信息呢？解决办法是采用一套基于传感器的智能检测系统。

图 4-21 为可用于对开心果进行分拣、称重、包装及码垛的工业互联网实训教学平台。平台使用了多种传感器，下面将进行详细介绍。

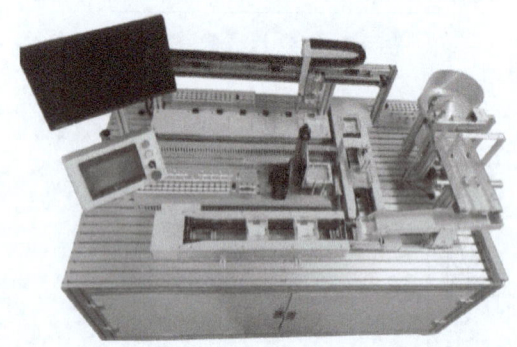

图 4-21　可用于对开心果进行分拣、称重、包装及码垛的工业互联网实训教学平台

### 1. 传感器种类

图 4-21 平台中用到的传感器种类见表 4-1。

表 4-1　图 4-21 平台中用到的传感器种类

| 名称 | 型号 | 数量 | 类型 |
| --- | --- | --- | --- |
| 光电式传感器 | E3Z-D62 | 11 | 漫射式光电 |
| | EE-SX674 | 6 | 槽型光电 |
| 磁性传感器 | CSM-G | 3 | G 型磁性开关 |
| | CSM-H | 9 | H 型磁性开关 |
| | CSM-E | 2 | E 型磁性开关 |
| 光纤传感器 | BF4R | 4 | 光纤放大器 |
| | T610-TZ90° | 2 | 90° 对射光纤头 |
| | FD-620-10 | 2 | 漫射式光纤头 |

项目4 传感器的部署与应用

(续)

| 名称 | 型号 | 数量 | 类型 |
|---|---|---|---|
| 力传感器 | JHBM-H3 | 1 | 力传感器 |
|  | BSQ-3 | 1 | 变送器 |

2. 传感器部署

(1) 送料工位传感器部署

送料工位传感器部署如图4-22~图4-24所示。

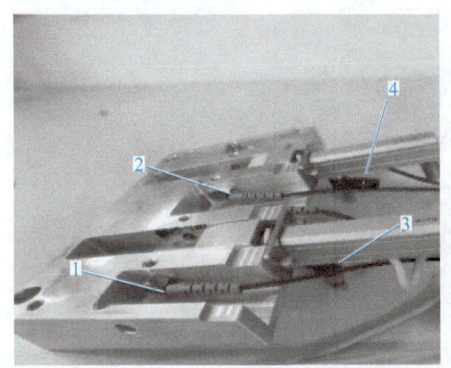

图 4-22 送料工位落料光纤安装

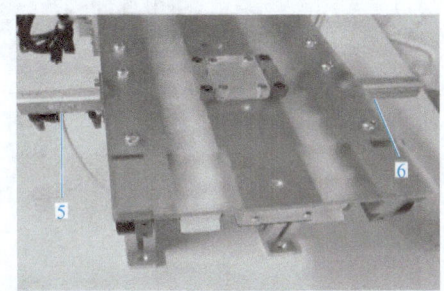

图 4-23 送料工位分拣气缸磁性开关安装

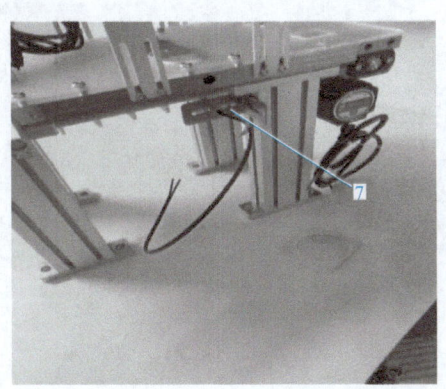

图 4-24 送料工位输送线光纤安装

送料工位传感器(图4-22~图4-24中标号1~7)说明见表4-2。

表 4-2 送料工位传感器说明

| 标号 | 名称 | 类型 | 型号 | 说明 |
|---|---|---|---|---|
| 1 | 1号位落料检测光纤 | 90°对射光纤头 | T610-TZ90° | 落料检测 |
| 2 | 2号位落料检测光纤 | 90°对射光纤头 | T610-TZ90° | 落料检测 |
| 3 | 1号送料气缸伸出位 | 磁性传感器 | CSM-H | 送料气缸伸出位检测 |

（续）

| 标号 | 名称 | 类型 | 型号 | 说明 |
|---|---|---|---|---|
| 4 | 2号送料气缸伸出位 | 磁性传感器 | CSM-H | 送料气缸伸出位检测 |
| 5 | 1号分拣气缸伸出位 | 磁性传感器 | CSM-H | 分拣气缸伸出位检测 |
| 6 | 2号分拣气缸伸出位 | 磁性传感器 | CSM-H | 分拣气缸伸出位检测 |
| 7 | 原点检测光纤 | 漫射式光纤头 | FD-620-10 | 传送带原点检测 |

（2）包装工位传感器部署

包装工位传感器部署如图4-25～图4-28所示。

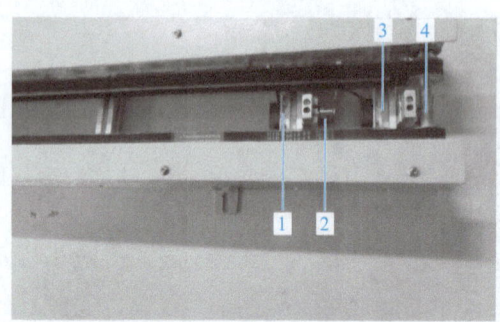

图4-25　料盒输送线传感器安装

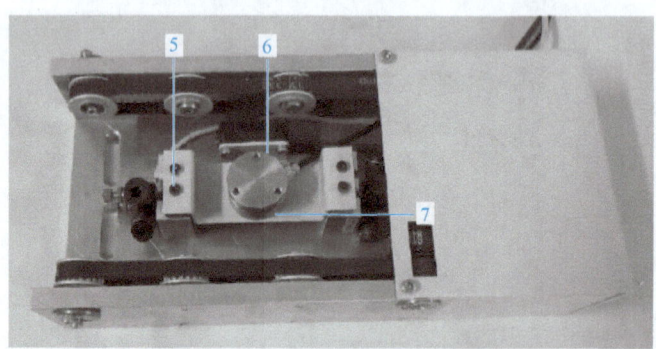

图4-26　称重模块传感器安装

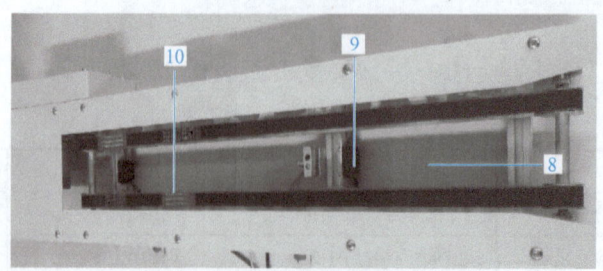

图4-27　运料输送模块传感器安装

## 项目4 传感器的部署与应用

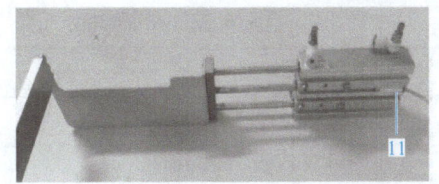

图 4-28　料盒输送气缸缩回位传感器安装

包装工位传感器（图 4-25～图 4-28 中标号 1～11）说明见表 4-3。

表 4-3　包装工位传感器说明

| 标号 | 名称 | 类型 | 型号 | 说明 |
| --- | --- | --- | --- | --- |
| 1 | 阻挡1检测光电 | 光电式传感器 | E3Z-D62 | 料盒到位检测 |
| 2 | 阻挡1气缸伸出位 | 磁性传感器 | CSM-H | 气缸伸出位检测 |
| 3 | 阻挡2检测光电 | 光电式传感器 | E3Z-D62 | 料盒到位检测 |
| 4 | 阻挡2气缸伸出位 | 磁性传感器 | CSM-H | 气缸伸出位检测 |
| 5 | 称重位气缸伸出位 | 磁性传感器 | CSM-H | 分拣气缸伸出位检测 |
| 6 | 称重位检测光电 | 光电式传感器 | E3Z-D62 | 料盒到位检测 |
| 7 | 称重力传感器 | 力传感器 | JHBM-H3 | 物料质量检测 |
| 8 | 阻挡3检测光电 | 光电式传感器 | E3Z-D62 | 料盒到位检测 |
| 9 | 阻挡3气缸伸出位 | 磁性传感器 | CSM-H | 气缸伸出位检测 |
| 10 | 仓储位检测光电 | 光电式传感器 | E3Z-D62 | 料盒到位检测 |
| 11 | 料盒输送气缸缩回位 | 磁性传感器 | CSM-G | 气缸伸出位检测 |

（3）仓储工位传感器部署

仓储工位传感器部署如图 4-29 和图 4-30 所示。

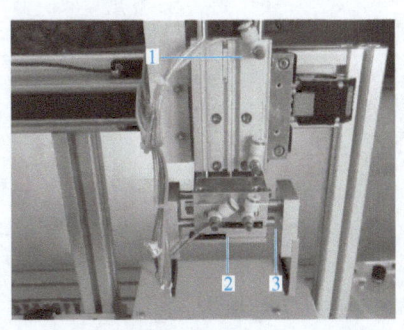

图 4-29　分拣气缸磁性开关安装 1

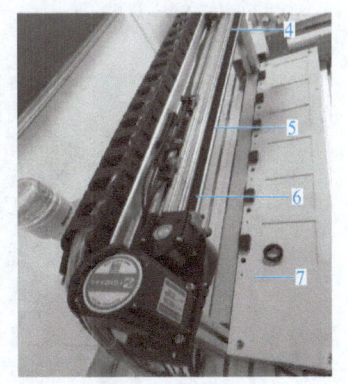

图 4-30　分拣气缸磁性开关安装 2

仓储工位传感器（图 4-29 和图 4-30 中标号 1～7）说明见表 4-4。

表 4-4　仓储工位传感器说明

| 标号 | 名称 | 类型 | 型号 | 说明 |
|---|---|---|---|---|
| 1 | 手爪气缸上升位 | 磁性传感器 | CSM-G | 模组限位检测 |
| 2 | 手爪气缸松开位 | 磁性传感器 | CSM-E | 模组原点检测 |
| 3 | 手爪气缸夹紧位 | 磁性传感器 | CSM-E | 模组限位检测 |
| 4 | 右限位光电 | 光电式传感器 | EE-SX674 | 送料气缸伸出位检测 |
| 5 | 原点光电 | 光电式传感器 | EE-SX674 | 分拣气缸伸出位检测 |
| 6 | 左限位光电 | 光电式传感器 | EE-SX674 | 分拣气缸伸出位检测 |
| 7 | 1~6 仓位检测 | 光电式传感器 | E3Z-D62 | 仓位有无料检测 |

**3. 传感器安装**

（1）E3Z-D62 光电式传感器的安装

E3Z-D62 光电式传感器的安装示意图如图 4-31 所示。将 E3Z-D62 光电式传感器通过螺钉固定在安装孔内。

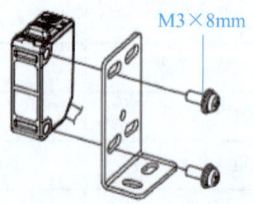

图 4-31　E3Z-D62 光电式传感器的安装示意图

（2）FD-620-10 光纤头的安装

FD-620-10 光纤头的安装示意图如图 4-32 所示。将光纤头放入安装孔内，锁紧固定螺钉，将光纤线安装到光纤放大器中。

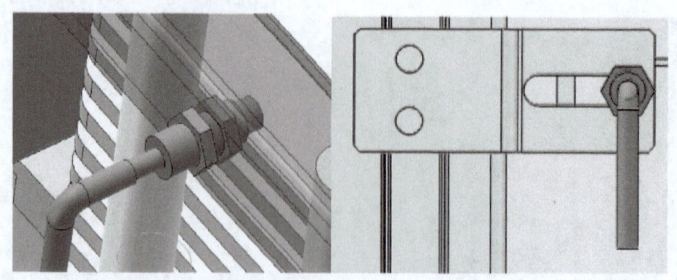

图 4-32　FD-620-10 光纤头的安装示意图

（3）T610-TZ90°光纤头的安装

T610-TZ90°光纤头的安装示意图如图 4-33 所示。将光纤头放入安装孔内，锁紧固定螺钉，将光纤线安装到光纤放大器中。

项目 4　传感器的部署与应用

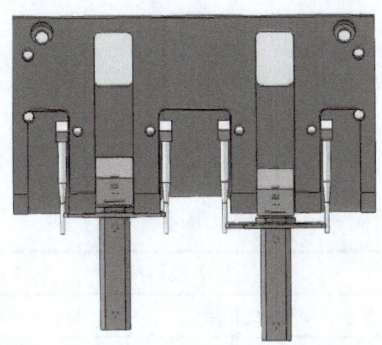

图 4-33　T610-TZ90° 光纤头的安装示意图

（4）磁性传感器的安装

磁性传感器的安装示意图见表 4-5。

表 4-5　磁性传感器的安装示意图

| 型号及图形 | 安装步骤 |
| --- | --- |
| CMSG | 拧紧固定螺钉；固定螺钉；传感器；不可超出底平面；传感器底面；传感器安装槽；导入槽中并调至适当位置；拧紧固定螺钉完成安装 |
| CMSE | 拧紧固定螺钉；固定螺钉；传感器；不可超出底平面；传感器底面；传感器安装槽；导入槽中并调至适当位置；拧紧固定螺钉完成安装 |
| CMSH | 拧紧固定螺钉；固定螺钉；传感器；不可超出底平面；传感器底面；传感器安装槽；导入槽中并调至适当位置；拧紧固定螺钉完成安装 |

### 课外练习

尝试通过网络查看传感器的相关使用参数。

### 项目验收

表 4-6 项目完成指标对照表

| 评价内容 | 具体指标 | 完成情况 |
|---|---|---|
| 综合能力 | 了解传感器在工业互联网中的作用 | |
| | 熟悉传感器应用领域、应用场景 | |
| 专业知识 | 了解传感器技术 | |
| | 熟悉常用传感器的特性和工作原理 | |
| 技术技能 | 掌握传感器的安装、接线与调节 | |
| 工程实践 | 具备较强的传感器工程应用相关能力 | |
| 目标完成 | 完成 ★★　　　　　　　基本完成 ★☆ | 未完成 ☆☆ |
| 学习收获 | | |
| 学习反思 | | |

### 项目小结

传感器是能感受规定的被测量并按照一定的规律转换成可用输出信号的器件或装置。本项目主要介绍了传感器的定义、分类和发展趋势，以及工业互联网中常用的几种典型传感器，并以工业互联网实训教学平台为例，实际演示了工业传感器的部署、安装和调节。

### 课后作业

1. 什么是传感器？传感器通常由哪几部分组成？
2. 常用的传感器分类方法有哪些？
3. 传感器静态特性性能指标主要有哪些？它们各自的定义是什么？

# 项目 5

# PLC 的应用与开发

### 学习目标

1）了解工业控制的基本原理。
2）掌握 SCL 程序常用的基本指令。
3）理解 SCL 编写的程序，并使用 SCL 进行程序优化设计。

### 岗位能力素养

1）具备工业互联网中 PLC 系统控制的综合能力。
2）具备良好的技术文档编制综合能力。

### 项目情景

可编程序控制器（PLC）是集互联网、计算机以及自动控制技术为一体的综合性智能控制技术，主要应用于工业生产领域。随着科技的发展和 PLC 技术的不断成熟，PLC 技术的应用范围越来越广，使用目的逐渐商业化，同时在工业互联网领域也得到了广泛的应用。PLC 技术具有运算与处理速度快、智能化程度高等特点，PLC 技术的应用极大地促进了工业互联网的发展。本项目主要介绍 S7-1200 系列 PLC 在工业互联网中的应用与开发。

### 知识储备

## 5.1 数控车床主轴电动机的 PLC 控制实例

在实际生产过程中，三相交流异步电动机因其结构简单、价格低廉、可靠性高等优点而被广泛应用。但由于在起动过程中需要较大的起动电流，所以大容量的三相交流异步电动机必须采用丫-△起动的方式，这是一种常用的简单减压起动方式。

### 5.1.1 丫-△起动电路

对于正常运行的定子绕组为△联结的笼型异步电动机，如果在起动时将定子绕组改为丫联结，起动完毕后再改回△联结，就可以降低起动电流，减轻起动电流对电网的冲击，这样的起动方式称为丫-△起动。数控车床的主轴电路就是一个典型的丫-△起动电路。

如图 5-1 所示，当主电路的 QS 闭合后，在控制电路中按下 SB2，首先 KM1、KM3、KT 线圈通电，电动机在丫联结下工作。过了一段时间后，进行丫-△转换，KM3 线圈断开，KM2 线圈闭合，电动机在此状态下正常工作。

在整个电路中，总的控制是由组合开关 QS 执行。主电路中用 3 个熔断器、控制电路中用 2 个熔断器对电路进行短路保护。主电路中的热继电器对电路进行过载保护。控制电路中有 3 个接触器 KM1、KM2、KM3，其中 KM1 为主接触器，KM2 为△联结起动接触器，KM3 为丫联结起动接触器。控制电路中有两个按钮 SB1、SB2，分别用于起动和停止控制。控制电路中的时间继电器 KT，在进行 PLC 改造时可使用 PLC 中的定时器代替控制。

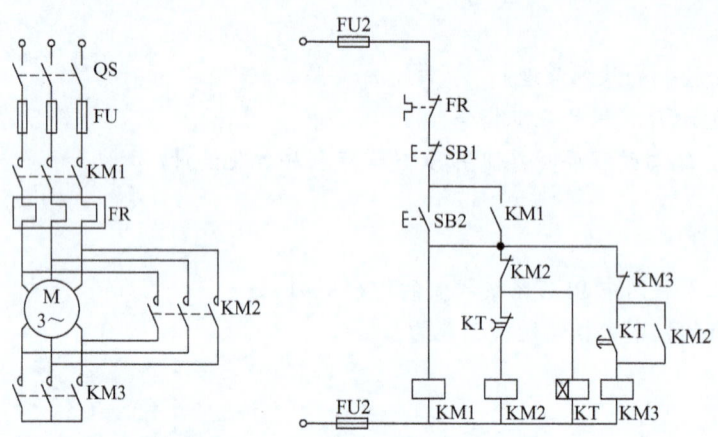

图 5-1　丫-△起动继电器控制电路

## 5.1.2　SCL 程序设计

结构化控制语言（Structured Control Language, SCL）是一种基于 Pascal 的高级编程语言。SCL 基于标准 DIN EN 61131-3—2014（国际标准为 IEC 1131-3），可对用于 PLC 的编程语言进行标准化。SCL 实现了该标准中定义的 ST（结构化文本）语言的 PLCopen 初级水平。语言元素方面，SCL 除了包含 PLC 的典型元素（如输入、输出、定时器或存储器位）外，还包含高级编程语言。

西门子 SCL 支持布尔型、整型、实型等基本数据类型及日期时间、指针、用户自定义数据等复杂数据类型，提供了丰富的运算符构建逻辑表达式、数学表达式、关系表达式等各种表达式，提供了判断、选择、循环等语句用于程序控制，同时还提供了基本指令、扩展指令、工艺指令及通信指令等丰富的指令，用于满足所有 PLC 控制的需求。由于 SCL 具有高级语言的特性，尤其适合应用在数据处理、过程优化、配方管理、数学统计运算等方面。

下面以数控车床主轴电动机的控制为例，通过 SCL 程序设计控制电动机运转。

在 TIA 博途软件中能直接建立 SCL 功能块。新建一个程序块（FB），在新建程序块的对话框中选择 SCL 语言。打开一个 SCL 语言的程序块后，便进入了 SCL 编辑环境，编辑环境窗口如图 5-2 所示。

项目 5　PLC 的应用与开发

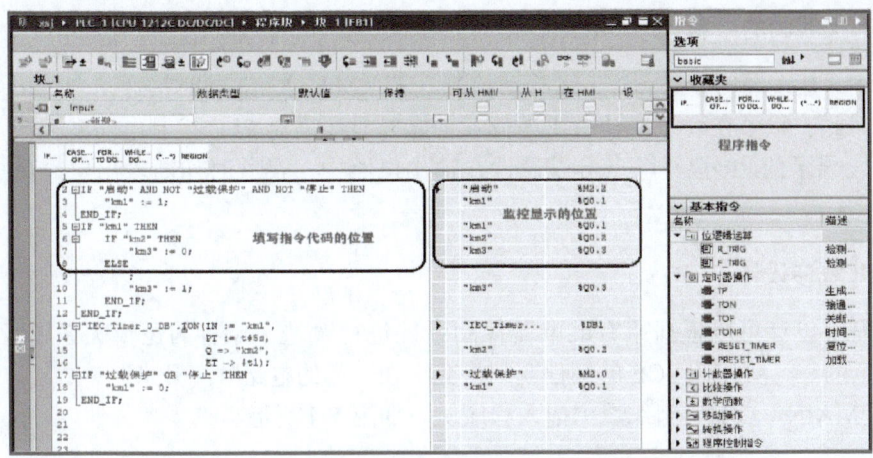

图 5-2　SCL 编辑环境窗口

控制传送带的代码示例如下：

```
IF "StartPushbutton_Left_S1" OR "StartPushbutton_Right_S3" THEN
"MOTOR_ON" := 1;
"MOTOR_OFF" := 0;
END_IF;
IF "StopPushbutton_Left_S2" OR "StopPushbutton_Right_S4" THEN
"MOTOR_ON" := 0;
"MOTOR_OFF" := 1;
END_IF;
```

按下起动按钮"StartPushbutton_Left_S1"或"StartPushbutton_Right_S3"时，将起动传送带电动机。按下停止按钮"StopPushbutton_Left_S2"或"StopPushbutton_Right_S4"时，将停止传送带电动机。

▶ 拓展提升 ◀

在图 5-1 中主电路不变，控制电路利用 PLC 进行设计改造。首先对 Y-△起动继电器控制电路进行分析，然后确定被控对象为 KM1、KM2、KM3，施控元件为 SB1、SB2、FR。

### 1. I/O 信号表

Y-△起动 I/O 信号表见表 5-1。

表 5-1　Y-△起动 I/O 信号表

| 输入信号 ||| 输出信号 |||
|---|---|---|---|---|---|
| 符号 | PLC 地址 | 作用 | 符号 | PLC 地址 | 作用 |
| SB1 | I0.1 | 停止按钮 | KM1 | Q0.1 | 主接触器 |
| SB2 | I0.2 | 起动按钮 | KM2 | Q0.2 | Y 联结起动接触器 |
| FR | I0.0 | 过载保护 | KM3 | Q0.3 | △联结起动接触器 |

## 2. 外部接线图的绘制

绘制外部接线图时，进行丫-△起动控制，若KM2、KM3同时接通，会造成两相短路的情况，因此，除了在程序设计中要进行互锁之外，还需对PLC控制电路的输出端子进行互锁。输入端子的FR常开触点可以设计在输出电路中，过载时切断输出电路的电源，如图5-3所示。

## 3. SCL 程序设计

SCL程序设计可以根据原有继电器控制系统进行改造，原有的逻辑关系不发生改变，但需要注意的是，要按照SCL的编程规则将交织在一起的电路分离开来。

1）在MAIN［OB1］组织块中拖入程序块，如图5-4所示。

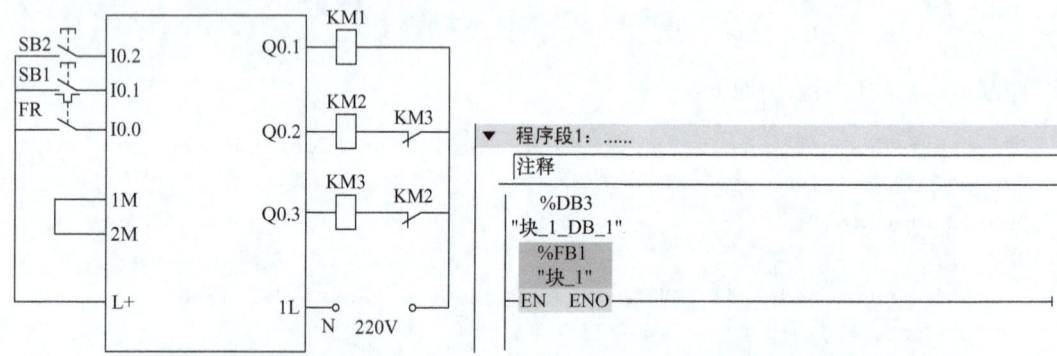

图 5-3　丫-△起动外部接线图　　　　图 5-4　拖入程序块示例

2）新建一个程序块，在新建程序块的对话框中选择SCL语言，SCL程序编写如下：

```
IF "起动" AND NOT "过载保护" AND NOT "停止" THEN
    "km1" := 1;
END_IF;
IF "km1" THEN
    IF "km2" THEN
        "km3" := 0;
    ELSE;
        "km3" := 1;
    END_IF;
END_IF;
"IEC_Timer_0_DB".TON(IN := "km1",
                    PT := t#5s,
                    Q => "km2");
IF "过载保护" OR "停止" THEN
    "km1" := 0;
END_IF;
```

## 4. 调试与运行

1）检查I/O接线是否正确。

项目 5　PLC 的应用与开发

2）检查接触器安装是否合理，互锁是否合适。
3）按下起动按钮，运行程序观察电动机运行是否满足任务要求。
4）调试各种可能出现的情况，如在任何情况下按下停止按钮，系统都要停止。
5）优化程序。

## 5.2　双速电动机的控制

双速电动机是指具有两种极对数的电动机，如 2/4 极对应的同步转速分别为 3000r/min、1500r/min，4/8 极对应的同步转速分别为 1500r/min、750r/min。双速电动机可用于立铣的主轴电动机，可以得到主轴的两级变速，简化变速箱结构；也可用于高层建筑的地下停车库通风机电动机，低速时用以排出室内汽车尾气，火灾时则起动高速，以排出室内的烟气。电动机定子绕组的接法是丫丫／△。

### 5.2.1　双速电动机控制电路

高层建筑的地下停车库通风机电动机采用双速电动机控制，要求：若控制电路正确，通电后，按下低速按钮 SB2，双速电动机定子绕组为△联结，通风机电动机低速运行用以排出室内汽车尾气。按下高速按钮 SB3，双速电动机定子绕组首先接成△联结，经过 5s 延时后，再将双速电动机的定子绕组改为丫丫联结，通风机电动机高速运行用以排出室内的烟气。在排出室内的烟气之后，按下停止按钮 SB1，主轴电动机停止工作。图 5-5 为双速三相交流异步电动机低速、高速自动变速控制电路原理图，要求完成将控制电路改造为 PLC 控制电路。

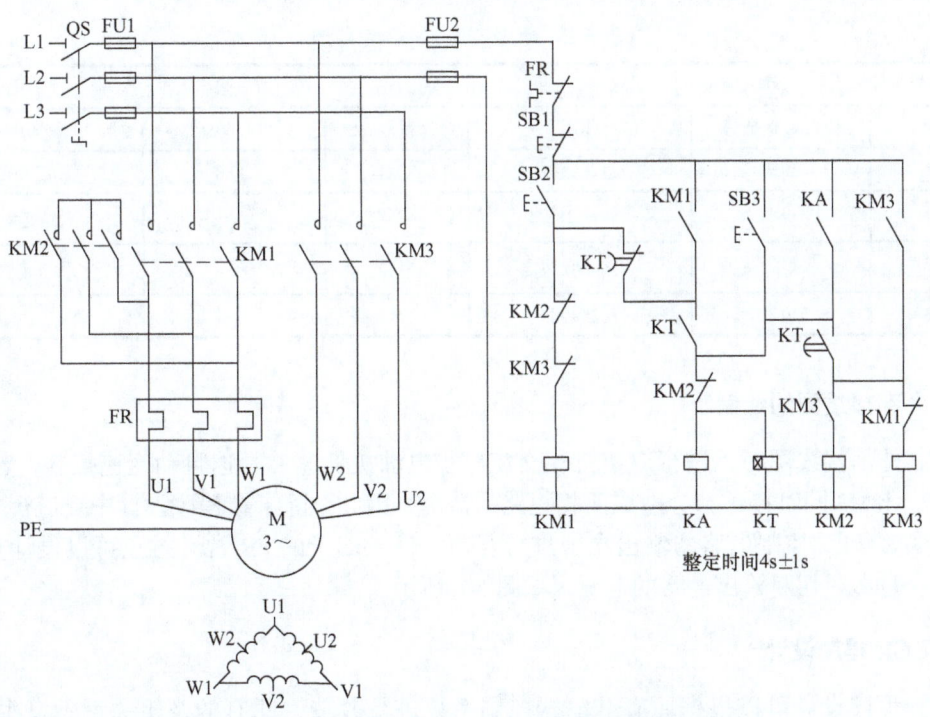

图 5-5　双速三相交流异步电动机低速、高速自动变速控制电路原理图

### 5.2.2 双速电动机控制分析

1）图 5-5 控制电路中，当主电路的三相组合开关 QS 闭合后，在控制电路中按下低速按钮 SB2，KM1 线圈得电，电动机在定子绕组△联结下起动低速工作。若按下停止按钮 SB1，KM1 线圈断电，电动机停止运行。

2）当按下按钮 SB3 时，KM1、KT、KA 线圈得电，过了一段时间后，进行电动机定子绕组△-丫丫联结转换，KM1、KT、KA 线圈断电，KM2 和 KM3 线圈得电，电动机在定子绕组丫丫联结下高速工作。若按下停止按钮 SB1，KM2 和 KM3 线圈断电，电动机停止运行。

3）三相组合开关 QS 控制电路供电。主电路中用 3 个熔断器、控制电路中用 2 个熔断器对电路进行短路保护。主电路中的热继电器对电路进行过载保护。控制电路中有 3 个接触器 KM1、KM2、KM3，其中，KM1 为△联结起动接触器，KM2 和 KM3 为丫丫联结起动接触器。控制电路中有 3 个按钮，分别用于低速、高速、停止控制。控制电路中的时间继电器 KT 在进行 PLC 改造时，可用 PLC 中的定时器代替控制，中间继电器 KA 在进行 PLC 改造时可用 PLC 中的中间继电器代替控制。

▶ 拓展提升 ◀

图 5-5 中主电路不变，控制电路利用 PLC 进行设计改造。首先通过对继电器控制电路的分析，确定被控对象为 KM1、KM2、KM3，施控元件为 SB1、SB2、SB3、FR。

#### 1. I/O 信号表

双速电动机 I/O 信号表见表 5-2。

表 5-2 双速电动机 I/O 信号表

| 输入信号 | | | 输出信号 | | |
| --- | --- | --- | --- | --- | --- |
| 符号 | PLC 地址 | 作用 | 符号 | PLC 地址 | 作用 |
| FR | I0.0 | 过载保护 | KM1 | Q0.0 | △联结起动接触器 |
| SB1 | I0.1 | 停止 | KM2 | Q0.1 | 丫丫联结起动接触器 |
| SB2 | I0.2 | 低速起动 | KM3 | Q0.2 | 丫丫联结起动接触器 |
| SB3 | I0.3 | 高速起动 | | | |

#### 2. 外部接线图的绘制

绘制外部接线图时，进行双速三相交流异步电动机低速、高速自动变速控制，若 KM1 和 KM2、KM3 同时接通，会造成两相短路的情况，因此，除了在程序设计中要进行互锁之外，还需在 PLC 控制电路的输出端子进行互锁。输入端子的 FR 常开触点可以设计在输出电路中，过载时切断输出电路的电源，如图 5-6 所示。

#### 3. SCL 程序设计

SCL 程序设计可以根据原有继电器控制系统进行改造，原有的逻辑关系不发生改变，但需要注意的是，要按照 SCL 的编程规则将交织在一起的电路分离开来，从而可以根据继电器控制系统动作要求编写 SCL 程序。

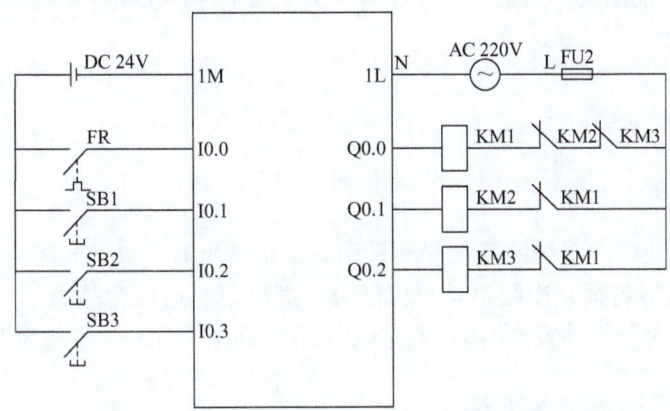

图 5-6　双速三相交流异步电动机低速、高速自动变速外部接线图

1）在 MAIN［OB1］组织块中拖入程序块。
2）新建一个程序块，在新建程序块的对话框中选择 SCL 语言，SCL 程序编写如下：

```
IF "高速起动" THEN
    "高速变量" := 1;
END_IF;
IF "低速起动" OR "高速变量" THEN
    "km1" := 1;
END_IF;
"IEC_Timer_0_DB".TON(IN := "高速变量",
                    PT := t#5s,
                    Q => "km2" );
IF "km2" THEN
    "km1" :=0;
    "km3" :=1;
ELSE;
    "km3" := 0;
END_IF;
IF "过载保护" OR "停止" THEN
    "km1" := 0;
    "km2" := 0;
    "km3" := 0;
    "高速变量" :=0;
END_IF;
```

4. 调试与运行

1）检查 I/O 接线是否正确。
2）检查接触器安装是否合理，互锁是否合适。

3）按下起动按钮，运行程序观察电动机运行作是否满足任务要求。
4）调试各种可能出现的情况，如在任何情况下按下停止按钮，系统都能停止运行。
5）优化程序。

### 项目训练

#### 项目实施

传统的食品行业中，坚果的筛选往往采用人工筛选出病、虫、异物，效率低、无标准；特别是发霉、变质等特征，肉眼更是难以区分，甚至可能造成食品的二次污染。基于工业互联网技术可完成对坚果的智能筛选，下面以工业互联网实训教学平台为例介绍。

#### 训练一：送料分拣控制系统

将产品（坚果或圆球）放入料仓中进行单个分拣，产品散件在缓冲推料机构的驱动下进行散落排序，排序后的产品在输送线的驱动下到达相机识别区。通过相机拍照识别产品是否合格，合格产品进入自动传动滑轨，通过自动吹气装置封装在物料盒内；不合格产品通过滑轨进入排除机构区，由分拣气缸电磁阀进行剔除。

**1. 主要组成与功能**

图 5-7 为送料分拣组件结构。

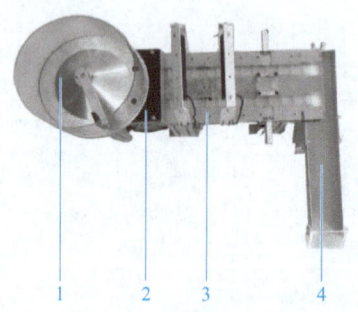

图 5-7　送料分拣组件结构
1—料仓分拣机构　2—缓冲推料机构　3—输送线机构　4—自动滑轨机构

1）料仓分拣机构将一堆杂乱的产品有序地送入指定位置。
2）缓冲推料机构将有序的产品单个推入输送线的沟槽内，保证每个沟槽内只有 1 个产品。
3）输送线机构将缓冲推料机构推至输送线上的产品输送至相机指定位置，识别是否为合格品。若产品不合格，则产品通过滑轨进入排除机构区，由分拣电磁阀进行剔除；若产品合格，则产品进入自动传动滑轨机构区。
4）自动滑轨机构运输的合格产品在自动吹气装置驱动下坠落到物料盒内。

## 2. 主要指标

1）圆柱形料仓能够储存至少 1000 个坚果（核桃、夏威夷果等）或者球类产品，适应产品直径 25～30mm。

2）直流电动机驱动料仓，能够让料仓内产品依次排队出仓，流转到同步带系统。

3）同步带宽度 20～30mm，采用双同步带结构，每个同步带上每隔 30mm 设有挡板，能够分离料仓中的产品。

4）同步带由 57 步进电动机驱动，分步运动，运行速度为 50～200mm/s（可调整），与料仓出料速度保持一致。

5）具有分拣机构，能够分拣不合格品。

6）自动倾斜滑道，转移合格产品到下一个生产单元。

7）2 套气动阻挡定位机构，能够阻挡料盒，控制料盒间距，按顺序送出料盒。

8）1 套光电检测传感器，检测料盒到位情况。

9）铝合金框架，采用 2080 欧标铝型材。

10）具有导向机构，能够对料盒导向。

11）亚克力料盒 6 套。

## 3. 气动控制回路原理图

气动控制回路为送料分拣系统的执行机构，其逻辑控制功能由 PLC 实现。送料分拣系统气动控制回路工作原理如图 5-8 所示。

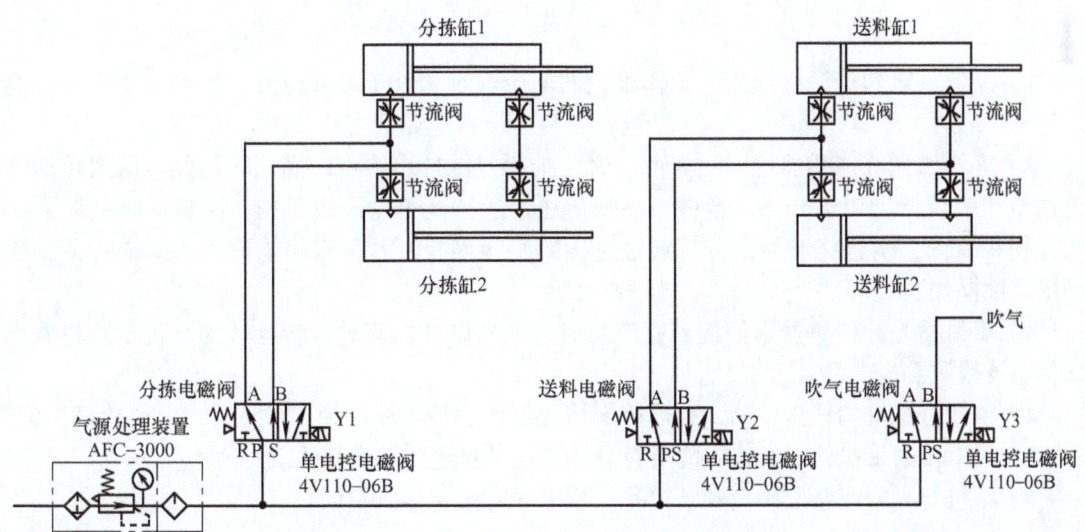

图 5-8 送料分拣系统气动控制回路工作原理

## 4. 流程图

图 5-9 为送料分拣系统流程图，具体流程如下：

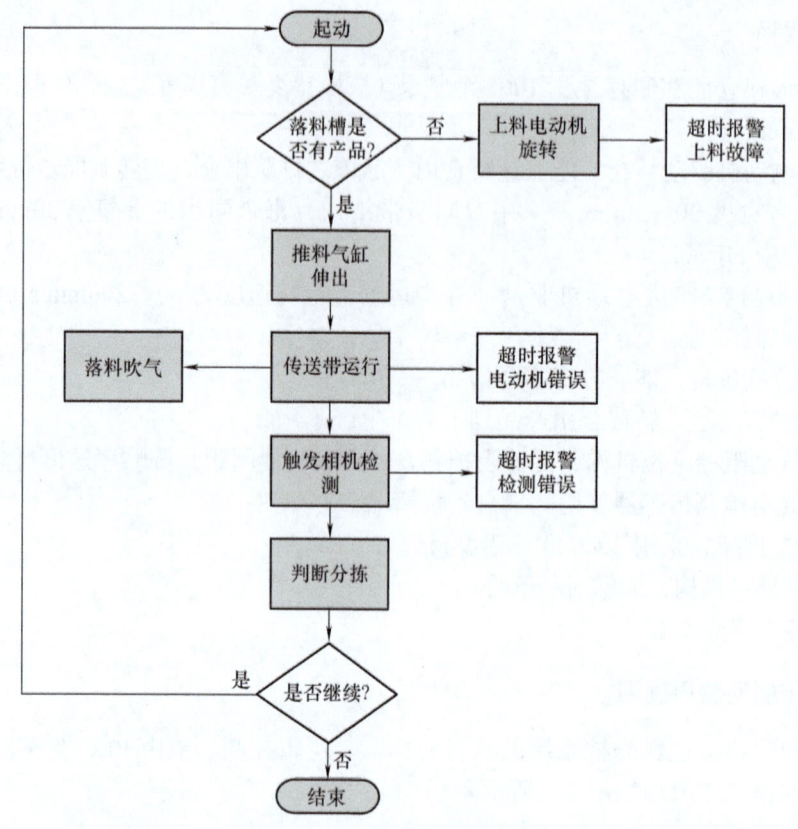

图 5-9　送料分拣系统流程图

1）设备上电和气源接通后，工作单元的两个气缸均处于缩回位置，且料仓内有足够的待加工产品。

2）落料槽光纤传感器检测到有产品时，推料气缸伸出，将产品从转盘经过滑道传送带运送至相机位置，相机分拣，合格产品经传送带运行至自动滑轨机构，由自动吹气装置封装在物料盒内，不合格产品由分拣气缸电磁阀直接剔除。若没有停止信号，则进行下一次推出工件操作。

3）落料槽光纤传感器未检测到有产品时，上料电动机旋转，转盘转动，直至落料槽光纤传感器检测到有产品。

4）料仓分拣机构转盘转动，3s后落料槽光纤传感器未检测到有产品时，上料故障报警。

5）滑道传送带机构运行，未能落料分拣，电动机超时报警错误。

6）相机超时未能触发检测判断产品，相机超时报警检测错误。

**5. POKE 指令应用**

POKE 指令的功能是写入存储地址，用于在不指定数据类型的情况下将存储地址写入标准存储区。

（1）SCL 程序

```
// 将 MD90 的值写入到 DB5.DBD10 中
```

```
POKE(area:=16#84,
dbNumber:=5,
byteoffset:=10,
value:="DWord_M90",
ENO=>ENO);
```

（2）参数说明

POKE 指令有 4 个参数：area、dbNumber、byteOffset 和 value，各参数说明如下。

1）area：字节型数据（Byte），用来指定访问存储区的类型。其取值包括：16#81 表示输入缓存区（I），16#82 表示输出缓存区（Q），16#83 表示位存储区（M），16#84 表示数据块（DB），16#1 表示外设输入（PI）。其中，16#84 只能访问标准的数据块；16#1 对外设的读取，只能在 S7-1500 系列 PLC 中使用。

2）dbNumber：双整型数据（DInt），用来指定数据块的编号，仅在访问数据块时使用，访问其他存储区时设置为 0。

3）byteOffset：双整型数据（DInt），用来指定写入数据的地址偏移量。

4）value：可以为字节型、整型、双整型数据，用来表示要写入的数据值及类型。value 必须为变量，不能为常量。POKE 指令根据 value 的数据类型决定写入多少字节。

### 6. 送料分拣系统 PLC 控制

根据送料分拣系统的 I/O 信号分配和任务要求，送料分拣系统 PLC 选用西门子 CPU 1214C DC/DC/DC。

（1）I/O 信号表

送料分拣系统 I/O 信号表见表 5-3。

表 5-3　送料分拣系统 I/O 信号表

| 输入 | | 输出 | |
|---|---|---|---|
| 地址 | 名称 | 地址 | 名称 |
| I0.0 | 1 号位落料检测光纤传感器 | Q0.0 | 脉冲输出 |
| I0.1 | 2 号位落料检测光纤传感器 | Q0.1 | 方向输出 |
| I0.2 | 2 号送料气缸伸出位传感器 | Q0.2 | 上料电动机控制继电器 |
| I0.3 | 原点检测光纤传感器 | Q0.4 | 送料缸电磁阀 |
| I0.4 | 1 号送料气缸伸出位传感器 | Q0.5 | 1 号分拣缸电磁阀 |
| I0.5 | 1 号分拣气缸伸出位传感器 | Q0.6 | 2 号分拣缸电磁阀 |
| I0.6 | 2 号分拣气缸伸出位传感器 | Q0.7 | 吹气电磁阀 |

（2）电气接线原理图的绘制

图 5-10 为送料分拣系统电气接线原理图。

（3）SCL 程序设计

SCL 程序由两部分组成，一部分是系统 MAIN；另一部分是 FB、FC 模块。

PLC 上电后应首先进入初始状态检查阶段，确认系统已经准备就绪后，才允许系统投入运行，这样可及时发现存在的问题，避免出现事故。例如，若两个气缸在上电和气源接入时不在初始位置，这是气动回路连接错误的缘故，显然在这种情况下不允许系统投入运行，通常的 PLC 控制系统往往有这种常规的要求。

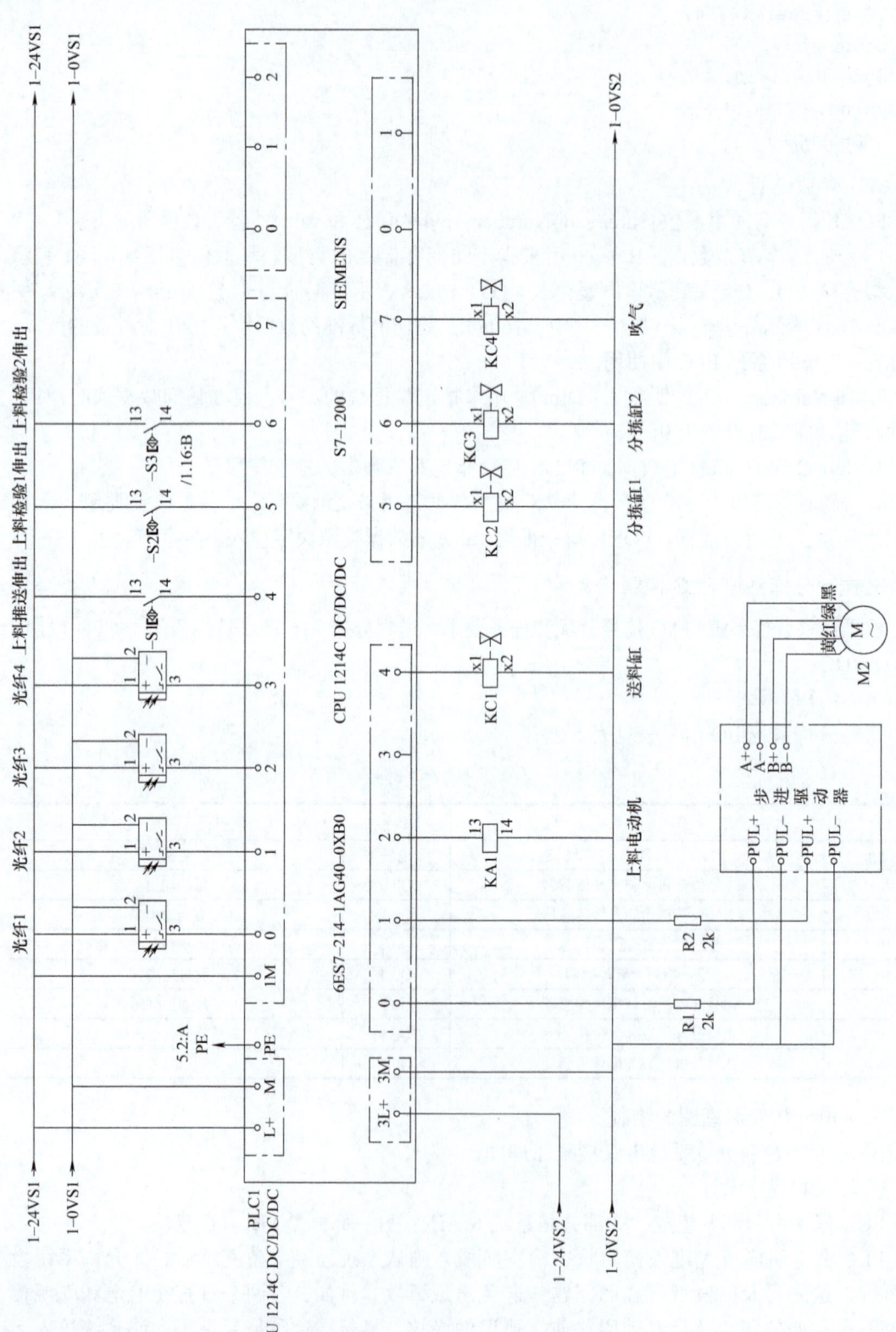

图 5-10 送料分拣系统电气接线原理图

## 项目 5　PLC 的应用与开发

送料分拣系统运行的主要过程是供料控制,它是一个顺序控制过程。如果没有停止要求,顺序控制过程将周而复始地不断循环。

1) MAIN [OB1]。送料分拣系统程序段设计如图 5-11 所示。

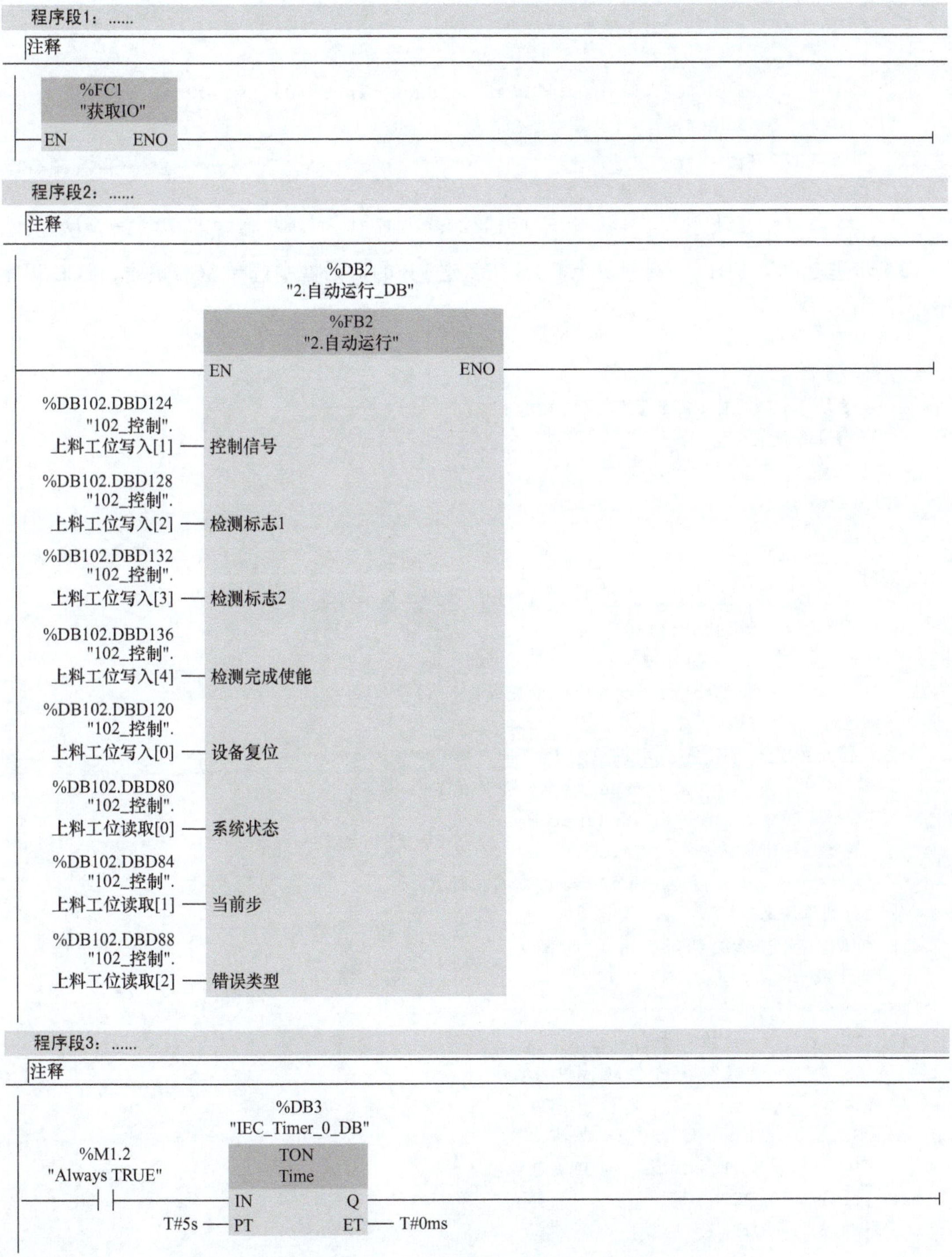

程序段 1:……
注释

```
       %FC1
      "获取IO"
  — EN    ENO —
```

程序段 2:……
注释

```
                          %DB2
                      "2.自动运行_DB"
                          %FB2
                       "2.自动运行"
                    — EN       ENO —
%DB102.DBD124
  "102_控制".
 上料工位写入[1] — 控制信号

%DB102.DBD128
  "102_控制".
 上料工位写入[2] — 检测标志1

%DB102.DBD132
  "102_控制".
 上料工位写入[3] — 检测标志2

%DB102.DBD136
  "102_控制".
 上料工位写入[4] — 检测完成使能

%DB102.DBD120
  "102_控制".
 上料工位写入[0] — 设备复位

%DB102.DBD80
  "102_控制".
 上料工位读取[0] — 系统状态

%DB102.DBD84
  "102_控制".
 上料工位读取[1] — 当前步

%DB102.DBD88
  "102_控制".
 上料工位读取[2] — 错误类型
```

程序段 3:……
注释

```
                        %DB3
                   "IEC_Timer_0_DB"
                         TON
   %M1.2              Time
 "Always TRUE"
    — | |—————————— IN       Q ——————————
              T#5s — PT      ET — T#0ms
```

图 5-11　送料分拣系统程序段设计

2）获取 IO［FC1］。新建一个 FC 块，在新建 FC 块的对话框中选择 SCL 语言，SCL 程序编写如下：

```
// 读取 I/O 信号
POKE (area := 16#84,
    dbNumber := 101,
    byteOffset := 4,
    value := PEEK_WORD (area := 16#81, dbNumber := 0, byteOffset := 0));
POKE (area := 16#84,
    dbNumber := 101,
    byteOffset := 6,
    value := PEEK_WORD (area := 16#82, dbNumber := 0, byteOffset := 0));
```

3）步进起动［FB1］。新建一个 FB，在新建 FB 的对话框中选择 SCL 语言，SCL 程序编写如下：

```
// 起动复位
IF #运行 = FALSE OR #复位 = TRUE THEN
    #停止轴使能 := 0;
    #完成 := 0;
END_IF;
// 轴使能
#MC_Power_Instance (Axis := "轴_1",
            Enable := "102_控制".上料工位读取［0］<> 5,
            StartMode := 1,
            StopMode := 0,
            Status => #轴使能完成);
// 轴运行
#MC_MoveRelative_Instance (Axis := "轴_1",
                Execute := #运行,
                Distance := 31,
                Velocity := 55,
                Busy => #相对运行中);
// 运行到位停止
IF #运行 = 1 AND #T0.Q = 1 THEN
    #完成 := 1;
END_IF;
#T0.TON (IN := #检测开关 = 1,
     PT := "103_配置".原点检测延时);
// 停止轴
#MC_Halt_Instance (Axis := "轴_1",
            Execute := #T0.Q = 1);
IF #运行 = 0 THEN
    #完成 := 0;
END_IF;
```

项目 5　PLC 的应用与开发

步进起动 FB 变量表如图 5-12 所示。

| 名称 | 数据类型 | 默认值 | 保持 |
| --- | --- | --- | --- |
| ▼ Input | | | |
| 　检测开关 | Bool | false | 非保持 |
| 　运行 | Bool | false | 非保持 |
| 　复位 | Bool | false | 非保持 |
| ▼ Output | | | |
| 　完成 | Bool | false | 非保持 |
| ▼ InOut | | | |
| 　<新增> | | | |
| ▼ Static | | | |
| 　▶ MC_Power_Instance | MC_Power | | |
| 　▶ MC_MoveRelative_Inst... | MC_MoveRelative | | |
| 　▶ MC_Halt_Instance | MC_Halt | | |
| 　▶ T0 | IEC_TIMER | | 非保持 |
| ▼ Temp | | | |
| 　轴使能完成 | Bool | | |
| 　停止轴使能 | Bool | | |
| 　停止轴完成 | Bool | | |
| 　相对运行中 | Bool | | |
| 　运行完成 | Bool | | |

图 5-12　步进起动 FB 变量表

4）自动运行 [FB2]。新建一个 FB，在新建 FB 的对话框中选择 SCL 语言，SCL 程序具体见本书配套源代码资料。图 5-13 为自动运行 FB 变量表。

| 名称 | 数据类型 | 默认值 | 保持 |
| --- | --- | --- | --- |
| ▼ Input | | | |
| 　控制信号 | DInt | 0 | 非保持 |
| 　检测标志1 | DInt | 0 | 非保持 |
| 　检测标志2 | DInt | 0 | 非保持 |
| ▼ Output | | | |
| 　<新增> | | | |
| ▼ InOut | | | |
| 　检测完成使能 | DInt | 0 | 非保持 |
| 　设备复位 | DInt | 0 | 非保持 |
| 　系统状态 | DInt | 0 | 非保持 |
| 　当前步 | DInt | 0 | 非保持 |
| 　错误类型 | DInt | 0 | 非保持 |
| ▼ Static | | | |
| 　▶ T | Array[0..14] of IEC_... | | 非保持 |
| 　传送运行 | Bool | false | 非保持 |
| 　传送复位 | Bool | false | 非保持 |
| 　传送运行完成 | Bool | false | 非保持 |
| 　▶ 1.步进起动_Instance | "1.步进起动" | | |

图 5-13　自动运行 FB 变量表

5）调试与运行。
设备运行步骤如下：
① 起动送料系统电源。

② 等待称重与包装系统称重位料盒就位信号。
③ 称重位检测料盒就位信号到位，送料电动机运转送产品。
④ 落料槽光纤检测是否有产品。
⑤ 推料气缸伸出推产品，传送带运行。
⑥ 产品运送至相机分拣区，合格产品由传送带运行至下一工位，不合格产品由分拣气缸直接剔除。

送料分拣系统运行状态信息表见表 5-4。

表 5-4 送料分拣系统运行状态信息表

| 名称 | 编号 | 类型 | 备注 |
| --- | --- | --- | --- |
| 系统状态 | 1 | 停止 | |
| | 2 | 运行 | |
| | 3 | 故障 | 故障排除完毕后，需对单站进行复位，下同 |
| | 4 | 复位中 | |
| | 5 | 急停 | |
| 当前步 | 1 | 供料 | |
| | 2 | 推料 | |
| | 3 | 输送 | |
| | 4 | 检测 | |
| | 5 | 检测存储 | |
| | 6 | 分拣 | |
| 故障类型 | 1 | 供料故障 | 电动机堵住、不转，物料缺料 |
| | 2 | 拍照故障 | 上位软件状态错误 |
| | 3 | 分拣故障 | 分拣气缸卡住，磁性开关未到位 |
| | 4 | 输送故障 | 输送电动机故障，原点传感器未检测到 |

送料分拣系统运行过程中，蜂鸣器连续报警且红灯常亮，表示出现故障，故障处理参考运行状态信息表故障编号，排除故障后复位即可继续运行。

### 训练二：称重与包装系统

将满载的料盒产品运输到称重组件上进行称重，达到设定的重量后，送出满载料盒到包装线上。若未达到设定重量，再次装料，并将包装线满载的料盒放置包装盖。

**1. 主要组成与功能**

输送线组件的作用是运送料盒到指定位置。输送线组件由直流电动机驱动一套同步带，带动料盒运行。阻挡气缸用于固定料盒，在指定的工作位置布置阻挡气缸，能让料盒停止在此位置，完成工作任务后放行料盒，如图 5-14 所示。

项目 5　PLC 的应用与开发

图 5-14　输送线组件结构

包装线组件的作用是运送满载的料盒到包装位置，与料盒输送线结构完全一致。

称重组件用于对坚果称重，达到设定的重量后，送出满载料盒到包装线上，接收新的料盒继续下一个动作。称重组件通过同步带输送线接收空料盒，到达称重位后，举升气缸升起，称重传感器举起料盒，送料分拣组件向料盒中送产品，到达目标重量后，停止送产品，平移气缸将满载料盒送到包装线上，如图 5-15 所示。

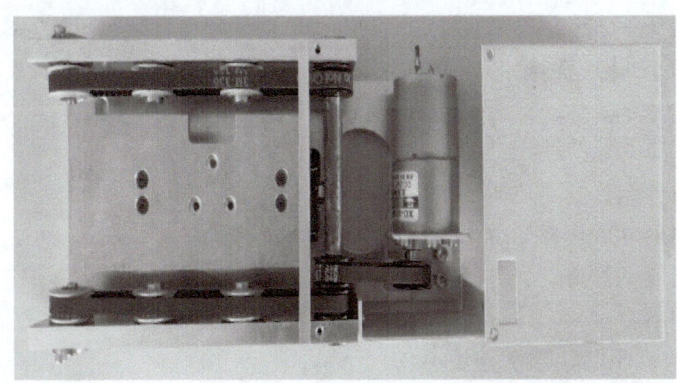

图 5-15　称重组件结构

包装组件用于向满载的料盒上放置包装盖。包装组件有一个包装盖料仓，料仓能够自动送料；利用真空吸盘抓取包装盖，气缸带动吸盘到输送线料盒正上方进行封盖包装，如图 5-16 所示。

### 2. 主要指标

（1）料盒输送

① 双带输送机构，采用同步轮系统。

② 直流电动机驱动，移动速度 20～50mm/s。

③ 2 套气动阻挡定位机构，能够阻挡料盒，控制料盒间距，按顺序送出料盒。

④ 2 套光电检测传感器，检测料盒到位情况。

⑤ 铝合金框架，采用 2080 欧标铝型材。

105

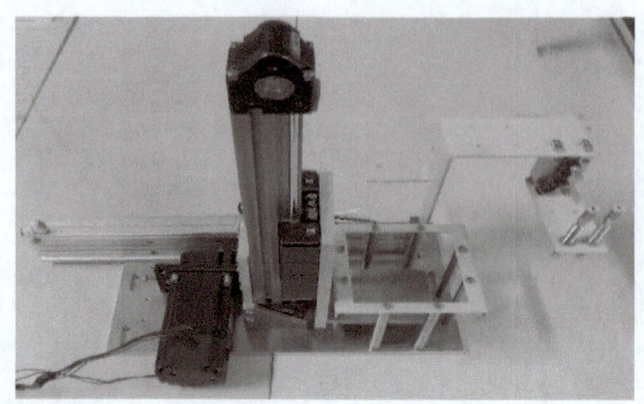

图 5-16　包装组件结构

⑥具有导向机构，能够对料盒导向。

⑦亚克力料盒 6 套。

（2）称重模块

①双带输送机构，采用同步轮系统。

②直流电动机驱动，移动速度 20～50mm/s。

③气动平移机构，能够转移料盒。

④称重传感器量程 5kg，灵敏度 $1.5×（1±0.1）$ mV/V，综合精度 0.1%F.S。

⑤1 套气动举升机构，称重时托举料盒。

⑥1 套光电检测传感器，检测料盒到位情况。

（3）包装模块

①同步带直线模组，行程 200mm。

②模组型材规格 40mm×40mm，铝合金+轴承钢材质。

③重复定位精度 0.1mm。

④最大负载 80N。

⑤57 步进电动机驱动，移动速度 0～0.5m/s。

⑥能够存储 10 个料盒盖。

⑦负压吸盘组件 1 套。

（4）输送线模块

①双带输送机构，采用同步轮系统。

②直流电动机驱动，移动速度 20～50mm/s。

③1 套气动阻挡定位机构，能够阻挡料盒，控制料盒间距，按顺序送出料盒。

④2 套光电检测传感器，检测料盒到位情况。

⑤铝合金框架，采用 2080 欧标铝型材。

⑥具有导向机构，能够对料盒导向。

3. 气动控制回路原理图

气动控制回路是称重与包装系统的执行机构，其逻辑控制功能由 PLC 实现。称重与包装系统气动控制回路工作原理如图 5-17 所示。

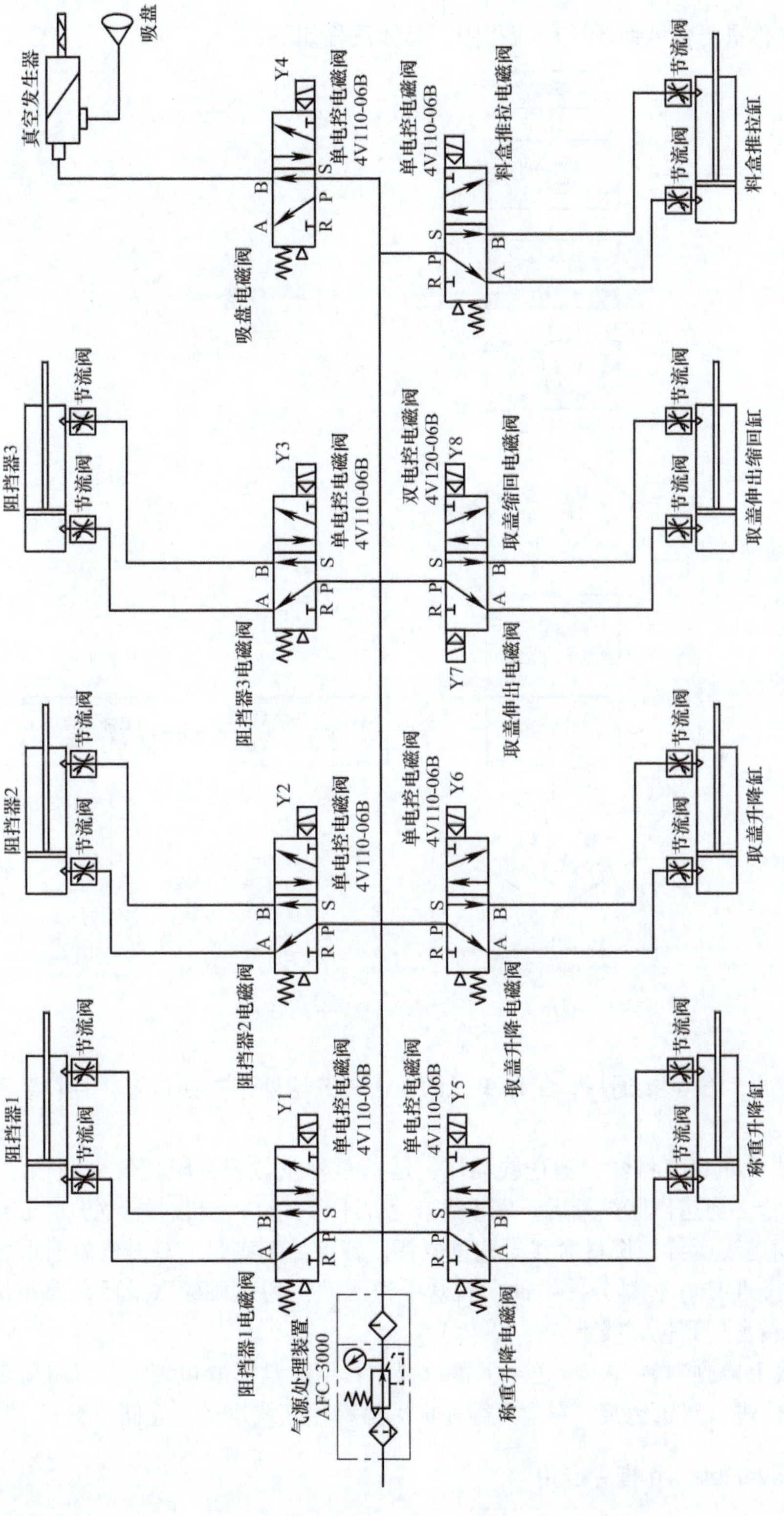

# 项目 5　PLC 的应用与开发

图 5-17　称重与包装系统气动控制回路工作原理

**4. 流程图**

图 5-18 为称重与包装系统工作流程图，具体流程如下：

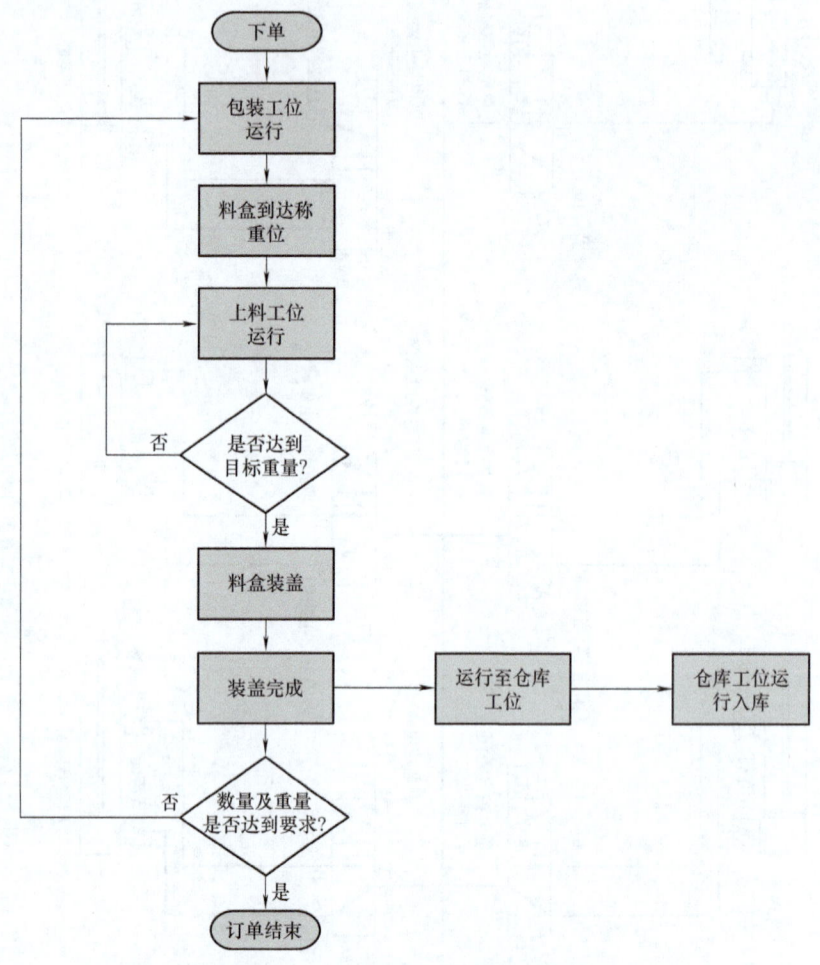

图 5-18　称重与包装系统工作流程图

1）设备上电和气源接通后，工作单元的 4 个气缸均处于缩回位置，且包装系统内有足够的料盒。

2）输送线检测到有料盒，输送线动作，运行至称重位置，阻挡气缸动作，固定料盒，输送线停止运行，到达目标重量后，停止送产品，平移气缸将满载料盒送到包装线。

3）料盒输送线运行，将料盒移至称重位置，若重量不满足，举升气缸升起，称重传感器举起料盒准备生产，送料分拣组件向料盒中送产品，到达目标重量后，停止送产品，平移气缸将满载料盒送到包装线上。

4）包装线上检测到料盒，运送至上盖位置，真空吸盘抓取包装盖，气缸带动吸盘到输送线料盒正上方进行封盖包装，料盒上盖完成后运料输送线运送至仓储位置。

**5. MC_MoveRelative 指令应用**

MC_MoveRelative 指令的功能是轴的相对定位，用于起动相对于起始位置的定位运动。

（1）要求

1）定位轴工艺对象已正确组态。

2）轴已启用。

（2）SCL 程序

```
"MC_MoveRelative_DB"(Axis:=_param_fb_in_,
                     Execute:=_bool_in_,
                     Distance:=_real_in_,
                     Velocity:=_real_in_,
                     Done=>_bool_out_,
                     Busy=>_bool_out_,);
```

MC_MoveRelative 指令有 6 个参数：Axis、Execute、Distance、Velocity、Done、Busy，各参数说明如下：

1）Axis：轴工艺对象。

2）Execute：上升沿时起动命令。

3）Distance：定位操作的移动距离。限值：$-1.0E12 \leqslant Distance \leqslant 1.0E12$。

4）Velocity：轴的速度，由于所组态的加速度和减速度以及要途经的距离等原因，不会始终保持这一速度。限值：起动 / 停止速度 $\leqslant$ Velocity $\leqslant$ 最大速度。

5）Done：目标位置已到达。

6）Busy：命令正在执行。

### 6. 称重与包装系统 PLC 控制

根据称重与包装系统的 I/O 信号分配和任务要求，称重与包装系统 PLC 选用西门子 CPU 1214C DC/DC/DC。

（1）I/O 信号表

称重与包装系统 I/O 信号表见表 5-5。

表 5-5　称重与包装系统 I/O 信号表

| 输入 | | 输出 | |
|---|---|---|---|
| 地址 | 名称 | 地址 | 名称 |
| I0.0 | 原点光电式传感器 | Q0.0 | 步进 2 脉冲 |
| I0.1 | 左极限光电式传感器 | Q0.1 | 步进 2 方向 |
| I0.2 | 右极限光电式传感器 | Q0.2 | 电动机抱闸 |
| I0.3 | 阻挡 1 检测光电式传感器 | Q0.3 | 料盒输送电动机 |
| I0.4 | 阻挡 2 检测光电式传感器 | Q0.4 | 运料输送电动机 |
| I0.5 | 称重位检测光电式传感器 | Q0.5 | 称重输送电动机 |
| I0.6 | 阻挡 3 检测光电式传感器 | Q0.6 | 阻挡器 1 电磁阀 |
| I0.7 | 仓储位检测光电式传感器 | Q0.7 | 阻挡器 2 电磁阀 |
| I1.0 | 阻挡 1 气缸伸出位传感器 | Q1.0 | 阻挡器 3 电磁阀 |

(续)

| 输入 | | 输出 | |
|---|---|---|---|
| I1.1 | 阻挡 2 气缸伸出位传感器 | Q1.1 | 吸盘电磁阀 |
| I1.2 | 称重气缸伸出位传感器 | Q2.0 | 称重升降电磁阀 |
| I1.3 | 阻挡 3 气缸伸出位传感器 | Q2.1 | 取盖升降电磁阀 |
| I1.4 | 输送气缸缩回位传感器 | Q2.2 | 取盖伸出电磁阀 |
| I1.5 | 上盖气缸上升位传感器 | Q2.3 | 取盖缩回电磁阀 |
| I2.0 | 上盖气缸伸出位传感器 | Q2.4 | 料盒推拉电磁阀 |
| I2.1 | 盒盖检测光纤传感器 | | |

（2）电气接线原理图的绘制

称重与包装系统电气接线原理图如图 5-19 所示。

（3）SCL 程序设计

SCL 程序由两部分组成，一部分是系统 MAIN，另一部分是 FB、FC 模块。

PLC 上电后应首先进入初始状态检查阶段，确认系统已经准备就绪后，才允许系统投入运行，这样可及时发现存在问题，避免出现事故。例如，若 4 个气缸在上电和气源接入时不在初始位置，这是气动回路连接错误的缘故，显然在这种情况下不允许系统投入运行。通常的 PLC 控制系统往往有这种常规的要求。

如果没有停止要求，控制过程将周而复始地不断循环。

图 5-20 为称重与包装系统程序段设计。

1）MAIN［OB1］。SCL 程序编写如下：

```
    value := PEEK_WORD(area := 16#81, dbNumber := 0, byteOffset := 0));
POKE (area := 16#84,
    dbNumber := 101,
    byteOffset := 10,
    value := PEEK_WORD(area := 16#81, dbNumber := 0, byteOffset := 0));
POKE (area := 16#84,
    dbNumber := 101,
    byteOffset := 12,
    value := PEEK_WORD(area := 16#82, dbNumber := 0, byteOffset := 0));
POKE (area := 16#84,
    dbNumber := 101,
    byteOffset := 14,
    value := PEEK_WORD(area := 16#82, dbNumber := 0, byteOffset := 0));
```

2）步进起动［FB1］。SCL 程序编写如下：

```
// 速度设置
# 轴当前位置 := "轴_1".ActualPosition;
```

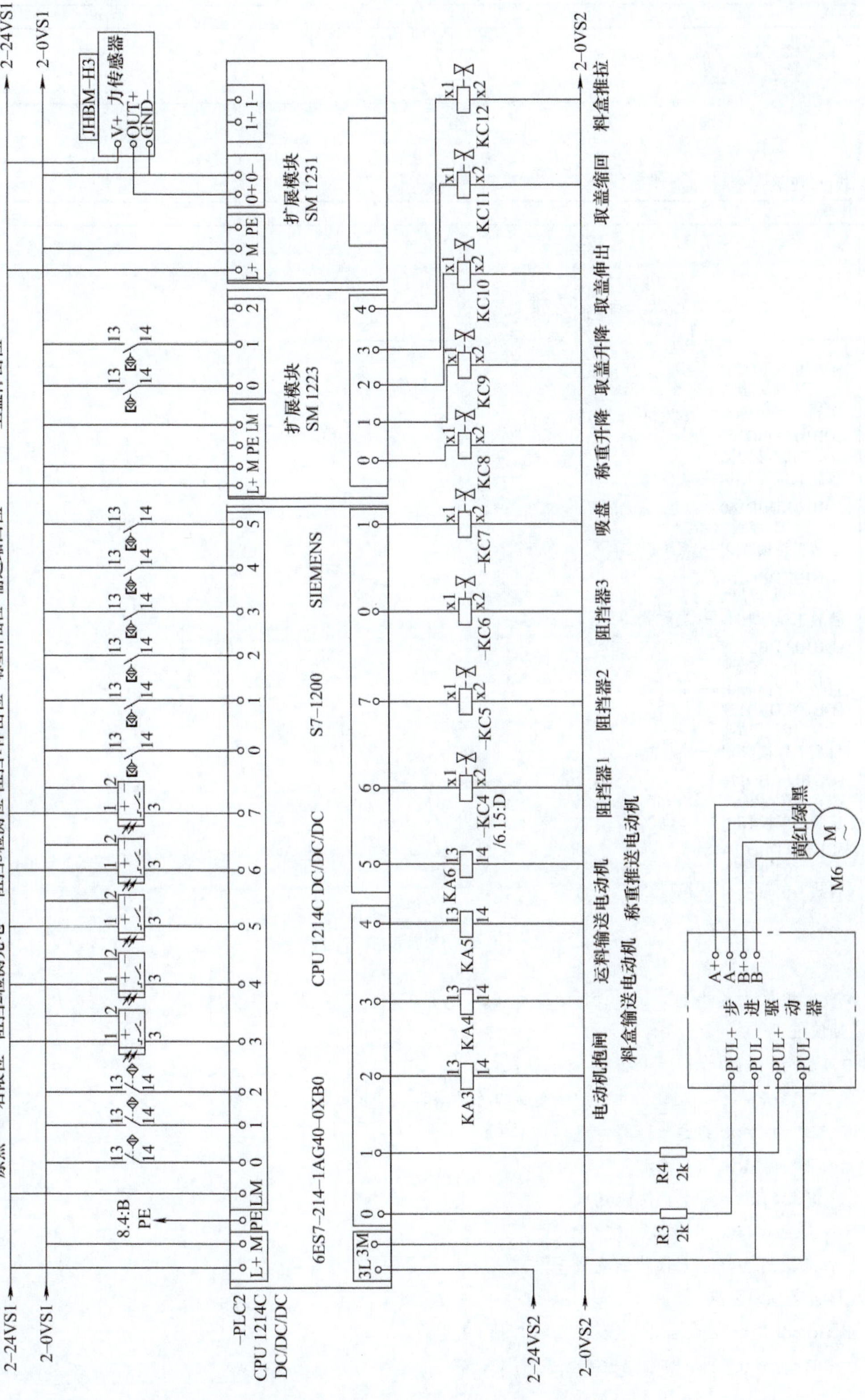

## 项目 5  PLC 的应用与开发

图 5-19 称重与包装系统电气接线原理图

```
程序段1: ......
注释

    ┌─────────────────┐
    │     %FC1        │
    │    "获取IO"     │
    ┤ EN        ENO ├──
    └─────────────────┘

程序段2: ......
注释

                        %DB2
                      "2.自动运行_DB"
                         %FB2
                       "2.自动运行"
                     ┌──────────────────┐
                     ┤ EN          ENO ├──
%DB102.DBD208        │                  │
  "102_控制".        │                  │
包装工位写入[2]──────┤实时力值...       │
%DB102.DBD200        │                  │
  "102_控制".        │                  │
包装工位写入[0]──────┤设备复...         │
%DB102.DBD160        │                  │
  "102_控制".        │                  │
包装工位读取[0]──────┤系统状...         │
%DB102.DBD164        │                  │
  "102_控制".        │                  │
包装工位读取[1]──────┤当前步            │
%DB102.DBD168        │                  │
  "102_控制".        │                  │
包装工位读取[2]──────┤错误类...         │
%DB102.DBD172        │                  │
  "102_控制".        │                  │
包装工位读取[3]──────┤实时力...         │
%DB102.DBD176        │                  │
  "102_控制".        │                  │
包装工位读取[4]──────┤盒盖数...         │
%DB102.DBD204        │                  │
  "102_控制".        │                  │
包装工位写入[1]──────┤控制信...         │
                     └──────────────────┘
```

图 5-20 称重与包装系统程序段设计

```
#轴当前速度 := "轴_1".ActualVelocity;
// 轴使能
#MC_Power_Instance(Axis := "轴_1",
    Enable := "102_控制".包装工位读取[0] <> 5,
    StartMode := 1,
    StopMode := 0,
    Status => #轴使能完成,
    Error => "步进出错");
"电动机抱闸" := #轴使能完成;
// 上电直接回原点
#MC_Home_Instance_1(Axis := "轴_1",
    Execute := "FirstScan",
    Position := #轴当前位置,
```

## 项目 5　PLC 的应用与开发

```
        Mode := 1);
// 复位
IF #复位 = TRUE THEN
        #完成 := 0;
END_IF;
#MC_Home_Instance(Axis := "轴_1",
        Execute := #复位 = 1 OR "手动回原点" = 1,
        Position := 0,
        Mode := 3,
        Done => #回原点完成);
IF #复位 = TRUE AND #回原点完成 = 1 THEN
        #完成_1 := 1;
ELSE
        #完成_1 := 0;
END_IF;
#MC_Reset_Instance(Axis := "轴_1",
        Execute := "报警清除");
#MC_MoveJog_Instance(Axis := "轴_1",
        JogForward := "手动正传",
        JogBackward := "手动反转",
        Velocity := 10.0);
// 轴运行
IF #运行 = 1 THEN
    IF #T0.Q = 1 THEN
        #运行使能 := 1;
    END_IF;
    IF #运行使能 = 0 AND #检测开关 = 1 THEN
        #完成 := 1;
    ELSE
        #完成 := 0;
    END_IF;
END_IF;
#MC_MoveRelative_Instance(Axis := "轴_1",
        Execute := #运行使能,
        Distance := #相对运行距离,
        Velocity := 20.0,
        Done => #相对运行完成,
        Busy => #相对运行中);
IF #相对运行完成 = 1 THEN
        #运行使能 := 0;
END_IF;
        #T0.TON(IN:=#运行使能=0AND#检测开关=0AND#相对运行完成=0,PT:="103_配置".
盒盖检测延时);
```

```
// 运行到位停止
IF #检测开关 = 1 THEN
    #完成 := 1;
END_IF;
// 剩余物料计算
#物料数 := REAL_TO_DINT((10 * #相对运行距离 - #轴当前位置) / #相对运行距离);
```

图 5-21 为步进起动 FB 变量表。

| 名称 | 数据类型 | 默认值 | 保持 |
| --- | --- | --- | --- |
| ▼ Input | | | |
|    检测开关 | Bool | false | 非保持 |
|    运行 | Bool | false | 非保持 |
|    复位 | Bool | false | 非保持 |
| ▼ Output | | | |
|    完成 | Bool | false | 非保持 |
|    完成_1 | Bool | false | 非保持 |
|    物料数 | DInt | 0 | 非保持 |
| ▼ InOut | | | |
|    <新增> | | | |
| ▼ Static | | | |
|   ▶ MC_Power_Instance | MC_Power | | |
|   ▶ MC_MoveRelative_Inst... | MC_MoveRelative | | |
|   ▶ MC_Halt_Instance | MC_Halt | | |
|   ▶ MC_Home_Instance | MC_Home | | |
|   ▶ MC_Home_Instance_1 | MC_Home | | |
|   ▶ MC_Reset_Instance | MC_Reset | | |
|   ▶ MC_MoveJog_Instance | MC_MoveJog | | |
|     轴当前位置 | Real | 0.0 | 保持 |
|     轴当前速度 | Real | 0.0 | 保持 |
|     相对运行距离 | Real | 5.5 | 保持 |
|   ▶ T0 | IEC_TIMER | | 非保持 |
| ▼ Temp | | | |
|    轴使能完成 | Bool | | |
|    运行使能 | Bool | | |
|    相对运行中 | Bool | | |
|    相对运行完成 | Bool | | |
|    运行完成 | Bool | | |
|    回原点完成 | Bool | | |
|   ▶ M | Array[0..4] of Bool | | |

图 5-21　步进起动 FB 变量表

3）自动运行［FB2］。图 5-22 为自动运行 FB 变量表。
4）调试与运行。
设备运行步骤如下：
①启动称重与包装系统电源。
②全复位后放入盒盖，料盒至相应位置。
③循环启动，料盒输送线运行，料盒至称重位置。
④称重位数量满足，运料输送线运行运送料盒至上盖位置，吸盘为料盒盖入盒盖，料

# 项目 5 PLC 的应用与开发

盒上盖完成后，由运料输送线运送至仓储位置。

| 名称 | 数据类型 | 默认值 | 保持 |
|---|---|---|---|
| ▼ Input | | | |
| <新增> | | | |
| ▼ Output | | | |
| <新增> | | | |
| ▼ InOut | | | |
| 实时力值归零 | DInt | 0 | 非保持 |
| 设备复位 | DInt | 0 | 非保持 |
| 系统状态 | DInt | 0 | 非保持 |
| 当前步 | DInt | 0 | 非保持 |
| 错误类型 | DInt | 0 | 非保持 |
| 实时力值 | DInt | 0 | 非保持 |
| 盒盖数量 | DInt | 0 | 非保持 |
| 控制信号 | DInt | 0 | 非保持 |
| ▼ Static | | | |
| ▶ 力值 | Array[0..3] of Real | | 保持 |
| ▶ T | Array[0..29] of IEC_... | | 非保持 |
| 步进运行完成 | Bool | false | 非保持 |
| 步进复位完成 | Bool | false | 非保持 |
| ▶ 标志位 | Array[0..3] of DInt | | 非保持 |
| ▶ 1.步进起动_Instance | "1.步进起动" | | |
| ▶ P | Array[0..9] of R_TRIG | | |
| ▶ M | Array[0..9] of Bool | | 非保持 |

图 5-22 自动运行 FB 变量表

称重与包装系统运行状态信息表见表 5-6。

表 5-6 称重与包装系统运行状态信息表

| 名称 | 编号 | 类型 | 备注 |
|---|---|---|---|
| 系统状态 | 1 | 停止 | |
| | 2 | 运行 | |
| | 3 | 故障 | |
| | 4 | 复位中 | |
| | 5 | 急停 | |
| 当前步 | 1 | 供盒 | |
| | 2 | 称重上升 | |
| | 3 | 称重 | |
| | 4 | 输送 | |
| | 5 | 装盖缩回 | |
| | 6 | 装盖下降 | |
| | 7 | 装盖吸取 | |
| | 8 | 装盖上升 | |
| | 9 | 装盖伸出 | |

115

(续)

| 名称 | 编号 | 类型 | 备注 |
|---|---|---|---|
| 当前步 | 10 | 装盖下降 | |
| | 11 | 装盖松开 | |
| | 12 | 装盖上升 | |
| | 13 | 传送 | |
| 故障类型 | 1 | 供盒故障 | 检查电动机不转，料盒缺料 |
| | 2 | 供盒故障 | 检查盒盖缺料 |
| | 3 | 电动机故障 | 电动机报警，越程 |
| | 4 | 系统故障 | 单步运行超时，更改检测时间 |
| 电动机状态 | | | 步进电动机报警指示 |

称重与包装系统运行过程中，蜂鸣器连续报警且红灯常亮，表示出现故障，故障处理参考运行状态信息表故障编号，排除故障后复位即可继续运行。

### 训练三：码垛系统

机械手爪运行至仓储检测位置抓取已上盖的料盒，机械手爪将料盒输送至空余仓储系统。

**1. 主要组成与功能**

码垛系统结构如图 5-23 所示。

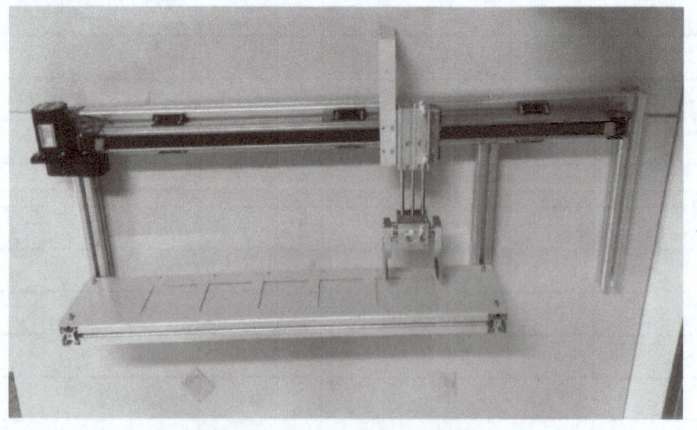

图 5-23　码垛系统结构

1）料盒货架机构用来存放料盒入库位置。
2）机械手爪机构用来搬运料盒到指定位置。

**2. 主要指标**

1）同步带直线模组，行程 800mm。

## 项目 5　PLC 的应用与开发

2）模组型材规格 40mm×40mm，铝合金＋轴承钢材质。

3）重复定位精度 0.1mm。

4）最大负载 80N。

5）57 步进电动机驱动，移动速度 0～0.5m/s。

6）1 套气动夹具，能够从输送线上夹取料盒。

7）6 套仓位料盒货架，钣金结构。

8）具有限位保护和防碰撞保护。

### 3. 气动控制回路原理图

气动控制回路是码垛系统的执行机构，其逻辑控制功能由 PLC 实现。码垛系统气动控制回路工作原理如图 5-24 所示。

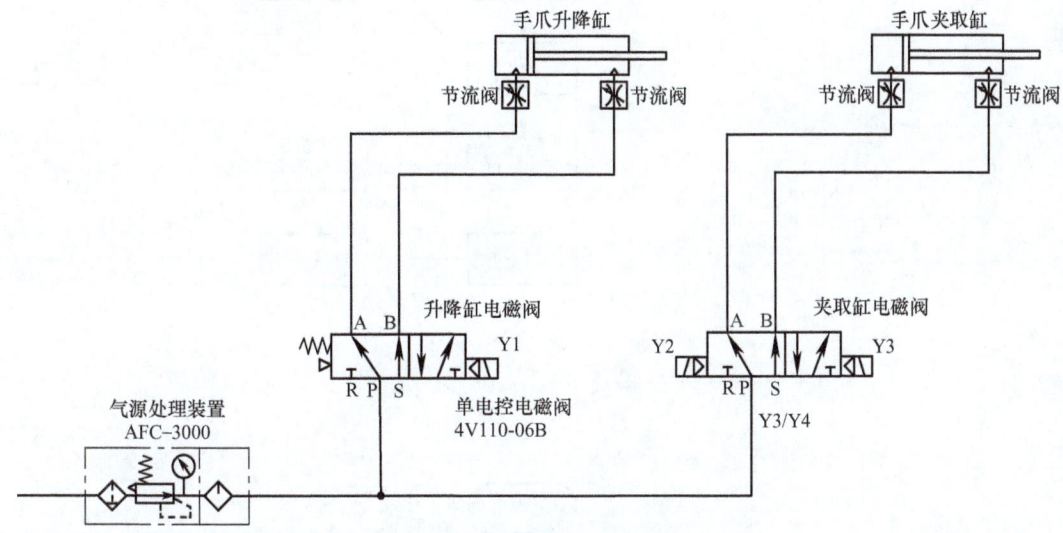

图 5-24　码垛系统气动控制回路工作原理

### 4. 流程图

码垛系统工作流程图如图 5-25 所示。

1）设备上电和气源接通后，工作单元的两个气缸均处于缩回位置，且码垛系统内有足够的料盒。

2）仓库位置检测到有料盒，并且料盒已上盖，机械手爪运行至仓储检测位置抓取料盒，机械手爪首先下降，下降到位后机械手爪夹紧，夹紧到位后机械手爪上升，上升到位后机械手爪输送料盒至空余仓储系统，机械手爪首先放料下降，下降到位后机械手爪放料松开，放料松开到位后机械手爪上升。若没有停止信号，则进行下一次推出工件操作。

3）仓库位置检测到有料盒，若料盒未上盖，则仓位故障报警。

### 5. MC_Power 指令

MC_Power 指令为运动控制指令，可启用或禁用轴。

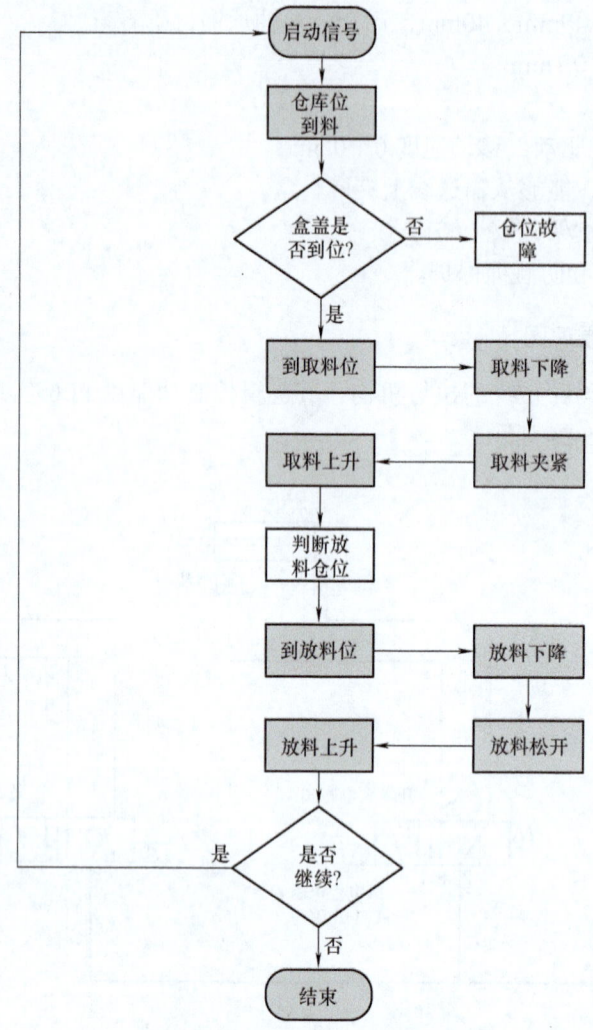

图 5-25 码垛系统工作流程图

(1) 要求

1) 定位轴工艺对象已正确组态。

2) 没有待解决的启用/禁止错误。

(2) 超驰响应

1) 运动控制指令无法中止 MC_Power 指令的执行。

2) 禁用轴(输入参数"Enable"=FALSE)之后,将根据所选"StopMode"中止相关工艺对象的所有运动控制指令。

(3) SCL 程序

```
"MC_Power_DB"(Axis:=_param_fb_in_,
        Enable:=_bool_in_,
        StartMode:=_int_in_,
        StopMode:=_int_in_,
        Status=>_bool_out_,);
```

## 项目 5　PLC 的应用与开发

MC_Power 指令有 5 个参数：Axis、Enable、StartMode、StopMode、Status，各参数说明如下：

1）Axis：轴工艺对象。

2）Enable：1= 轴已启用；0= 根据组态的"StopMode"中断当前所有作业，停止并禁用轴。

3）StartMode：1= 启用位置受控的定位轴；0= 启用位置不受控的定位轴。

4）StopMode：0= 紧急停止；1= 立即停止；2= 带有加速度变化率控制的紧急停止。

5）Status：轴的使能状态。0= 禁用轴，轴不会执行运动控制指令也不会接收任何新指令（MC_Reset 指令例外）；1= 轴已启用，轴已就绪，可以执行运动控制指令。

### 6. 码垛系统 PLC 控制

根据码垛系统的 I/O 信号分配和任务要求，码垛系统 PLC 选用西门子 CPU 1214C DC/DC/DC。

（1）I/O 信号表

码垛系统 I/O 信号表见表 5-7。

表 5-7　码垛系统 I/O 信号表

| 输入 | | 输出 | |
|---|---|---|---|
| 地址 | 名称 | 地址 | 名称 |
| I0.0 | 原点光电式传感器 | Q0.0 | 步进 3 脉冲 |
| I0.1 | 左限位光电式传感器 | Q0.1 | 步进 3 方向 |
| I0.2 | 右限位光电式传感器 | Q0.2 | 手爪升降电磁阀 |
| I0.3 | 手爪气缸上升位限位开关 | Q0.3 | 手爪夹紧电磁阀 |
| I0.4 | 手爪气缸夹紧位限位开关 | Q0.4 | 手爪松开电磁阀 |
| I0.5 | 手爪气缸松开位限位开关 | Q0.5 | 备用 |
| I0.6 | 仓储位置 1 检测光电式限位传感器 | Q0.6 | 备用 |
| I0.7 | 仓储位置 2 检测光电式传感器 | Q0.7 | 备用 |
| I1.0 | 仓储位置 3 检测光电式传感器 | Q1.0 | 备用 |
| I1.1 | 仓储位置 4 检测光电式传感器 | | |
| I1.2 | 仓储位置 5 检测光电式传感器 | | |
| I1.3 | 仓储位置 6 检测光电式传感器 | | |

（2）电气接线原理图的绘制

码垛系统电气接线原理图如图 5-26 所示。

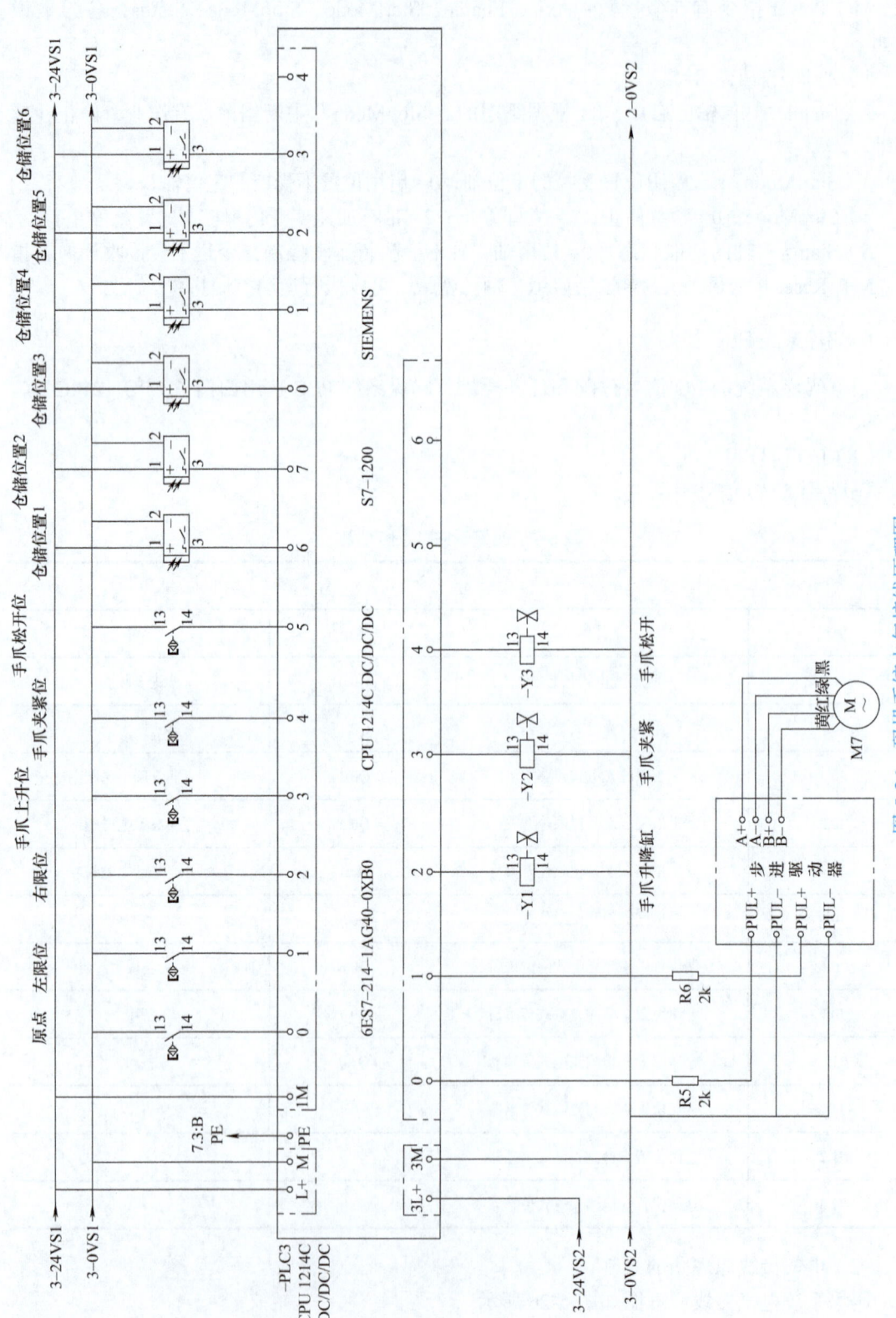

图 5-26 码垛系统电气接线原理图

(3) SCL 程序设计

1) MAIN [OB1]。图 5-27 为码垛系统程序段设计。

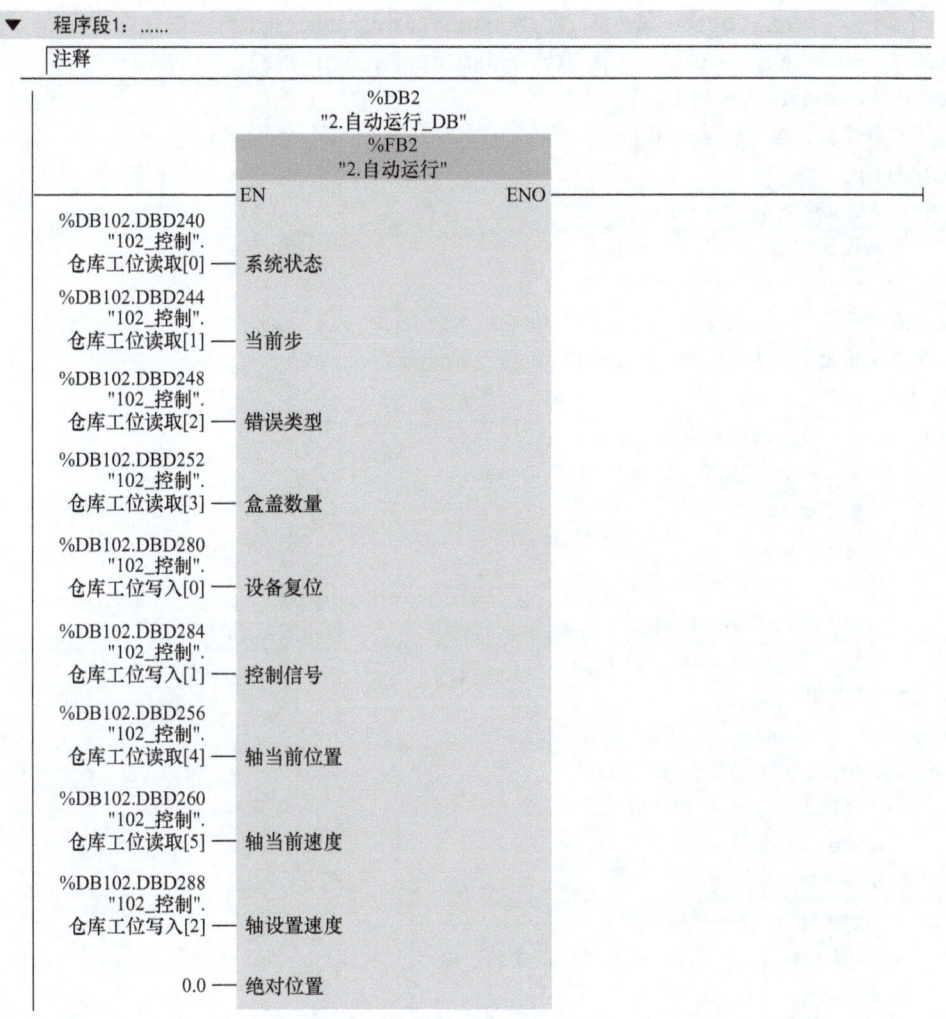

图 5-27　码垛系统程序段设计

2) 获取 IO [FC1]。SCL 程序编写如下：

```
// 读取 I/O 信号
POKE (area := 16#84,
      dbNumber := 101,
      byteOffset := 16,
      value := PEEK_WORD (area := 16#81, dbNumber := 0, byteOffset := 0));
POKE (area := 16#84,
      dbNumber := 101,
      byteOffset := 18,
      value := PEEK_WORD (area := 16#82, dbNumber := 0, byteOffset := 0));
```

3)步进起动[FB1]。SCL 程序编写如下:

```
// 速度设置
#d[0] := REAL_TO_DINT("轴_1".DynamicLimits.MaxVelocity);
#d[1] := REAL_TO_DINT("轴_1".DynamicLimits.MinVelocity);
IF #轴设置速度 > #d[0] THEN
    #轴设置速度 := #d[0];
END_IF;
IF #轴设置速度 < #d[1] THEN
    #轴设置速度 := #d[1];
END_IF;
#轴当前位置 := REAL_TO_DINT("轴_1".ActualPosition);
#轴当前速度 := REAL_TO_DINT("轴_1".ActualVelocity);
// 轴使能
#MC_Power(Axis := "轴_1",
    Enable := "102_控制".仓库工位读取[0] <> 5,
    StartMode := 1,
    StopMode := 0,
    Status => #轴使能完成,
    Error => "步进出错",
    ErrorID => #Temp_1);
// 上电直接回原点
#MC_Home_1(Axis := "轴_1",
    Execute := "FirstScan",
    Position := #轴当前位置,
    Mode := 1);
// 复位
#MC_Home(Axis := "轴_1",
    Execute := #复位 = 1 OR "手动回原点" = 1,
    Position := 0,
    Mode := 3,
    Done => #回原点完成);
// 轴运行
#MC_MoveAbs(Axis := "轴_1",
    Execute := #运行,
    Position := #绝对位置,
    Velocity := #轴设置速度,
    Done => #运行完成,
    ErrorID => #Temp_2,
    ErrorInfo => #Temp_3);
#MC_Reset_Instance(Axis := "轴_1",
    Execute := "报警清除");
#MC_MoveJog_Instance(Axis := "轴_1",
```

项目 5　PLC 的应用与开发

```
        JogForward := "手动正转",
        JogBackward := "手动反转",
        Velocity := 100);
//轴运行完成
IF #运行完成 = 1 THEN
        #完成 := 1;
ELSE
        #完成 := 0;
END_IF;
```

图 5-28 为步进起动 FB 变量表。

| 名称 | 数据类型 | 默认值 | 保持 |
| --- | --- | --- | --- |
| ▼ Input | | | |
| 　　运行 | Bool | false | 非保持 |
| 　　复位 | Bool | false | 非保持 |
| ▼ Output | | | |
| 　　回原点完成 | Bool | false | 非保持 |
| 　　完成 | Bool | false | 非保持 |
| ▼ InOut | | | |
| 　　轴当前位置 | DInt | 0 | 保持 |
| 　　轴当前速度 | DInt | 0 | 保持 |
| 　　轴设置速度 | DInt | 0 | 保持 |
| 　　绝对位置 | Real | 0.0 | 保持 |
| ▼ Static | | | |
| 　　▶ MC_Power | MC_Power | | |
| 　　▶ MC_MoveAbs | MC_MoveAbsolute | | |
| 　　▶ MC_Home | MC_Home | | |
| 　　▶ MC_Home_1 | MC_Home | | |
| 　　▶ MC_Reset_Instance | MC_Reset | | |
| 　　▶ MC_MoveJog_Instance | MC_MoveJog | | |
| 　　▶ T0 | IEC_TIMER | | 非保持 |
| ▼ Temp | | | |
| 　　Temp_1 | Word | | |
| 　　Temp_2 | Word | | |
| 　　Temp_3 | Word | | |
| 　　轴使能完成 | Bool | | |
| 　　运行完成 | Bool | | |
| 　　▶ d | Array[0..1] of DInt | | |

图 5-28　步进起动 FB 变量表

4）自动运行[FB2]。图 5-29 为自动运行 FB 变量表。
5）调试与运行。
设备运行步骤如下：
① 启动仓储系统电源。
② 全复位后仓储位检测到信号，机械手爪运行至仓储检测位置抓取料盒。
③ 机械手爪将料盒输送至空余仓储系统。
码垛系统运行状态信息表见表 5-8。

| 名称 | 数据类型 | 默认值 | 保持 |
|---|---|---|---|
| ▼ Input | | | |
| <新增> | | | |
| ▼ Output | | | |
| <新增> | | | |
| ▼ InOut | | | |
| 系统状态 | DInt | 0 | 非保持 |
| 当前步 | DInt | 0 | 非保持 |
| 错误类型 | DInt | 0 | 非保持 |
| 盒盖数量 | DInt | 0 | 非保持 |
| 设备复位 | DInt | 0 | 非保持 |
| 控制信号 | DInt | 0 | 非保持 |
| 轴当前位置 | DInt | 0 | 保持 |
| 轴当前速度 | DInt | 0 | 保持 |
| 轴设置速度 | DInt | 0 | 保持 |
| 绝对位置 | Real | 0.0 | 保持 |
| ▼ Static | | | |
| 轴复位完成 | Bool | false | 非保持 |
| ▶ 力值 | Array[0..3] of Real | | 非保持 |
| ▶ T | Array[0..19] of IEC_... | | 非保持 |
| ▶ P | Array[0..9] of R_TRIG | | |
| ▶ d | Array[0..4] of DInt | | 非保持 |
| ▶ 入库位 | Array[0..8] of Real | | 非保持 |
| 步进起动 | Bool | false | 非保持 |
| 步进完成 | Bool | false | 非保持 |
| 步进复位 | Bool | false | 非保持 |
| ▶ 1_步进起动_Instance | "1_步进起动" | | |
| ▼ Temp | | | |
| ▶ b | Array[1..6] of Bool | | |
| ▶ d1 | Array[0..6] of DInt | | |

图 5-29 自动运行 FB 变量表

表 5-8 码垛系统运行状态信息表

| 名称 | 编号 | 类型 | 备注 |
|---|---|---|---|
| 系统状态 | 1 | 停止 | |
| | 2 | 运行 | |
| | 3 | 故障 | |
| | 4 | 复位中 | |
| | 5 | 急停 | |
| 当前步 | 1 | 到取料位 | |
| | 2 | 取料下降 | |
| | 3 | 取料夹紧 | |
| | 4 | 取料上升 | |
| | 5 | 到放货位 | |
| | 6 | 放料下降 | |
| | 7 | 放料松开 | |
| | 8 | 放料上升 | |

## 项目 5　PLC 的应用与开发

（续）

| 名称 | 编号 | 类型 | 备注 |
|---|---|---|---|
| 故障类型 | 1 | 电动机故障 | 电动机报警，越程，速度过慢 |
| | 2 | 无 | |
| | 3 | 仓位故障 | 检查仓位是否充足 |
| | 4 | 系统故障 | 单步运行超时，更改检测时间 |

码垛系统运行过程中，蜂鸣器连续报警且红灯常亮，表示出现故障，故障处理参考码垛系统运行状态信息表故障编号，排除故障后复位即可继续运行。

### ▶ 项目验收 ◀

表 5-9　项目完成指标对照表

| 评价内容 | 具体指标 | | 完成情况 |
|---|---|---|---|
| 综合能力 | 熟悉 1~2 个工业 PLC 应用场景，了解 PLC 控制设计方法 | | |
| | 了解产品控制常用技术，熟悉 SCL 编程语言 | | |
| | 具备良好的技术文档编制能力 | | |
| 专业知识 | 熟悉 PLC 控制设计流程 | | |
| | 熟悉 SCL 编程语言相关知识 | | |
| 技术技能 | 掌握 SCL 编程语言的使用 | | |
| 工程实践 | 具备工业互联网中设备系统控制实施经验 | | |
| 目标完成 | 完成★★ | 基本完成★☆ | 未完成☆☆ |
| 学习收获 | | | |
| 学习反思 | | | |

### ▶ 项目小结

本项目主要介绍了工业互联网中 PLC 的应用与开发，简要介绍了控制电路的分析方法和 SCL 程序的调试与运行，以工业互联网实训教学平台为例，通过实验操作重点介绍了 PLC 在送料分拣控制系统、称重与包装系统和码垛系统中的应用。

### ▶ 课后作业

1. 利用 SCL 编程语言设计电动机正反转程序，即按下正转按钮电动机正向运行；按下反转按钮电动机反向运行；需要设置电动机正反转互锁功能。

2. 利用 SCL 编程语言设计三条运输带控制程序。如图 5-30 所示，三条运输带顺序相连，为了避免运送的物料在 1 号和 2 号运输带上堆积，按下起动按钮，1 号运输带开始运行，3s 后 2 号运输带自动起动，再过 3s 后 3 号运输带自动起动。停机顺序与起动顺序刚好相反，即按下停止按钮后，3 号运输带停机，3s 后 2 号运输带停机，再过 3s 停 1 号运输带。

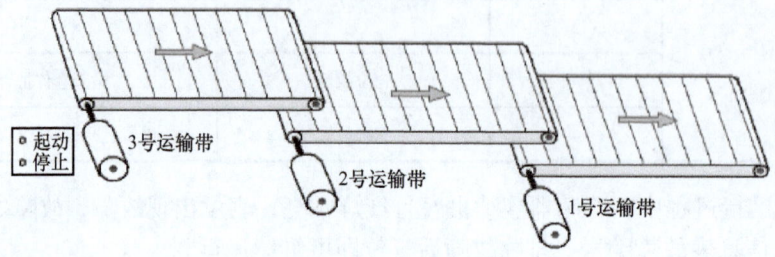

图 5-30　三条运输带示意图

# 项目 6

# 工业互联网中的数据库服务

## 学习目标

1）了解 MongoDB 数据库。
2）理解 MongoDB 数据库在工业互联网中的作用。
3）熟练掌握 MongoDB 数据库的基本操作。
4）熟练掌握 Pymongo 包的基本操作。

## 岗位能力素养

1）具备工业互联网中数据库设计的综合能力。
2）具备良好的技术文档编制综合能力。
3）具备应用和管理 MongoDB 数据库的能力。

## 项目情景

在完成工业互联网基础设备的安装与管理等学习内容之后，接下来，读者需要掌握工业互联网的核心服务——数据库服务，从而有效地收集、管理和维护工业数据。在完成本项目学习后，读者最终应该能够在工业互联网中完成数据库的安装、创建用户并为用户配置权限、创建数据库以及完成对数据的增删改查系列操作。

## 知识储备

## 6.1 认识 MongoDB 数据库

### 6.1.1 MongoDB 数据库

**1. MongoDB 简介**

MongoDB 是当前 NoSQL 数据库产品中最热门的一种，由 C++ 语言开发。它支持的数据结构非常松散，类似 json 的 bson 格式，因此可以存储比较复杂的数据类型。MongoDB 是一个高性能、开源、面向集合、无模式的文档型数据库，可以实现类似关系数据库单表查询的绝大部分功能，而且还支持对数据建立索引。

要想学会使用 MongoDB 数据库，首先应了解 MongoDB 的基本结构。MongoDB 的逻辑结构是一种层次结构，主要由文档（document）、集合（collection）、数据库（database）三部分组成，如图 6-1 所示。

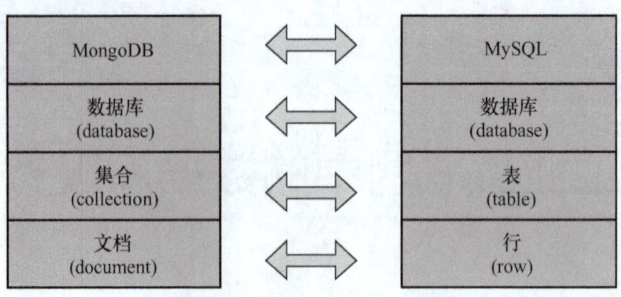

图 6-1　MongoDB 组成

文档是 MongoDB 中数据的基本单元，类似关系型数据库管理系统 MySQL 中的行。多个键及其关联的值有序地放置在一起便是文档。文档的键可以使用任意 UTF-8 字符组成的字符串，但是不能含有 \0（空字符）、. 和 $。文档中的值可以是不同数据类型，甚至可以是整个嵌入的文档。MongoDB 不但区分类型，也区分大小写。另外，在 MongoDB 文档中，不能有重复的键。

例如，文档可以表示为

{"Name"："xiaowang"，"Number"：3}

集合就是一组无模式的文档，也就是说一个集合里面的文档可以是各式各样的。集合类似关系数据库管理系统中的表，每个集合都有一个唯一的标识名，并且可以包含无限数目的文档。

例如，下面 3 个文档可以在同一个集合里面：

{"Name"："xiaowang"}

{"Number"：3}

{"Score"：89}

集合可以有自己的名字，集合名可以满足任意 UTF-8 字符串。但集合名不能是空字符串，不能含有 \0 字符（空字符），不能以"system."开头，不能含有字符 $。

MongoDB 的多个集合可以组成数据库。与集合一样，数据库也需要用名字来标识，数据库名最终会变成文件系统中的文件。数据库名可以满足任意 UTF-8 字符串。但数据库名不能是空字符串，不能含有空格、.、$、/、\ 和 \0（空字符），应全部小写。

单个 MongoDB 可以容纳多个独立的数据库，如图 6-2 所示。

### 2. MongoDB 的特点

MongoDB 最大的特点是它支持的查询语言非常强大，其语法有点类似于面向对象的查询语言，几乎可以实现类似关系数据库单表查询的绝大部分功能，而且还支持对数据建立索引。它是一个面向集合的、模式自由的文档型数据库。

MongoDB 的具体特点总结如下：

1）面向集合存储，易于存储对象类型的数据。

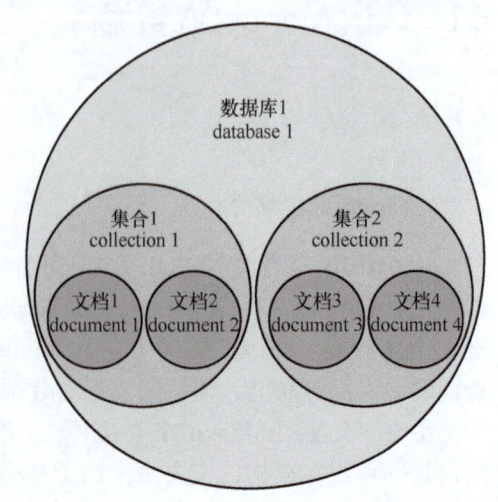

图 6-2　MongoDB 实例

2）模式自由。

3）支持动态查询。

4）支持完全索引，包含内部对象。

5）支持复制和故障恢复。

6）使用高效的二进制数据存储，包括大型对象（如视频等）。

7）自动处理碎片，以支持云计算层次的扩展性。

8）支持 Python、PHP、Ruby、Java、C、C#、JavaScript、Perl 及 C++ 语言的驱动程序，社区中也提供了对 Erlang 及 .NET 等平台的驱动程序。

9）文件存储格式为 BSON（一种 json 的扩展）。

### 6.1.2　MongoDB 在工业互联网中的作用

工业互联网涉及大量工业数据，对于处理庞大数据库的项目来说，放弃 SQL Server 等关系型数据库，转而选择 MongoDB 是个非常不错的决定。

1）面向文档且架构更为灵活。工业互联网以提高工业生产力为目的，主要工作为工业数据的提取以及人工智能模式处理。虽然采集到的数据呈现大批量、多态性，但是开发者不愿意在数据库设计上花费大量的时间。MongoDB 使用了 BSON 文档存储格式，方便简洁。

2）可扩展性。工业数据种类和数量繁多，需要一款可扩展的数据库。MongoDB 可以智能地水平扩展，可以通过复制与分片技术构建集群拓扑。

3）基于位置的查询功能。MongoDB 是具有地理空间信息功能的 NoSQL 数据库，在开发包含位置追踪类、基于位置的事件追踪等位置功能的应用时，它会是很好的选择。

4）综合查询。MongoDB 可利用现有且合适的索引，提供强大的查询功能，并允许用户查询嵌套/植入对象与数组。

5）日志管理。系统运行过程中产生的日志信息，一般种类较多、范围较大、内容也比较杂乱。通过 MongoDB 可以将这些杂乱的日志进行收集管理，不仅方便管理，查找或者导出也会变得非常容易。

> **拓展提升**

下面介绍在 centOS 下安装和部署 MongoDB 的步骤。

**1. 安装 MongoDB**

1）下载 MongoDB 文件。如果在虚拟机上安装 MongoDB，可以首先在本地机上登录 www.mongodb.com 网站，选择 MongoDB Community Server，选择版本和操作系统，会在下面出现网址。复制该网址，在 centOS 7 环境中下载 MongoDB，安装 MongoDB 需要在 centOS 7 环境中执行命令：

［root@localhost ~］# wget https://fastdl.mongodb.org/linux/mongodb-linux-x86_64-4.0.1.tgz

2）解压文件。输入命令：

# tar -zxvf mongodb-linux-x86_64-4.0.1.tgz -C /usr/local

3）更改解压包名称。输入命令：

```
[root@localhost ~]#cd /usr/local/
[root@localhost local]#mv mongodb-linux-x86_64-4.0.1 mongodb
```

4）在 MongoDB 的安装目录下创建 logs、db 文件夹，以及 mongodb.conf 文件，输入命令：

```
# touch mongodb.conf
# mkdir logs db
#chmod 777 db
#chmod 777 log
```

5）在 logs 下创建 mongodb.log 文件。输入命令：

```
# touch mongodb.log
```

6）修改 mongodb.conf 文件，配置文档目录，输入命令：

```
# vim mongodb.conf
```

修改内容如下：

```
port=27017 // 端口
dbpath= /usr/local/mongodb/db // 数据库存文件存放目录
logpath= /usr/local/mongodb/log/mongodb.log // 日志文件存放路径
logappend=true // 使用追加的方式写日志
fork=true // 以守护进程的方式运行，创建服务器进程
maxConns=100 // 最大同时链接数
noauth=true // 不启用验证
jostorageEngine=wiredTiger // 存储引擎，有 mmapv1、wiretiger、mongorocks
bind_ip = 0.0.0.0
```

7）添加环境变量。进入操作系统主目录的"/etc"中添加环境变量，输入命令：

```
#vim /etc/profile
```

开始编辑，在"export PATH USER LOGNAME MAIL HOSTNAME HISTSIZE HISTCONTROL"一行的上面添加以下内容：

```
export PATH=/usr/local/mongodb/bin:$PATH
```

8）需要设置生效，输入命令：

```
# cd
# source /etc/profile
```

### 2. 启动 MongoDB

启动 MongoDB 服务，输入命令：

```
# mongod --config /usr/local/mongodb/mongodb.conf
```

### 3. 链接 MongoDB 数据库

输入命令：

```
mongo 127.0.0.1，或者 mongo
```

**注意**：在链接和使用 MongoDB 数据库时，也可以通过可视化工具 MongoVUE 来完成。

## 项目 6　工业互联网中的数据库服务

## 6.2　MongoDB 数据库的应用

### 6.2.1　MongoDB 的数据类型

MongoDB 是用 C++ 语言编写的非关系型数据库，具有高性能、易部署、易使用等优点，存储数据十分方便。MongoDB 的数据类型见表 6-1。

表 6-1　MongoDB 数据类型

| 数据类型 | 描述 |
| --- | --- |
| Object ID | 文档 ID |
| String | 字符串 |
| Boolean | 一个布尔值，true 或 false |
| Integer | 整数可以是 32 位或 64 位，取决于服务器 |
| Double | 浮点值 |
| Array | 数组或列表 |
| Null | 存储 null 值 |
| Timestamp | 时间戳，表示从 1970-1-1 到现在的总秒数 |
| Date | 存储当前日期或时间的 Unix 时间格式 |

### 6.2.2　MongoDB 的基本操作

**1. 数据库的基本操作**

（1）创建数据库
MongoDB 创建数据库的命令格式：
use DATABASE_NAME;     //DATABASE_NAME 为数据库名称
如果数据库不存在，则创建数据库，否则切换到指定数据库。
（2）删除数据库
MongoDB 删除数据库的命令格式：
use DATABASE_NAME;   // 先切换到要删除的库下
db.dropDatabase();   // 删除数据库
删除当前数据库，默认为 test，可以使用 db 命令查看当前数据库名。
（3）查看数据库
MongoDB 查看数据库的命令格式：
show dbs;

**2. 集合的基本操作**

（1）创建集合
步骤一：进入数据库，输入命令：
use DATABASE_NAME;

步骤二：创建集合。MongoDB 中使用 createCollection () 方法来创建集合。输入命令：
`db.createCollection(name, options)`
参数说明如下：
1）name: 要创建的集合名称。
2）options: 可选参数，指定有关内存大小及索引的选项，具体见表 6-2。

表 6-2 options 参数说明

| 字段 | 类型 | 描述 |
| --- | --- | --- |
| size | 数值 | 为固定集合指定一个最大字节数 |
| max | 数值 | 指定固定集合中包含文档的最大数量 |
| autoIndexID | 布尔 | 默认为 false，如果为 true，自动在 _id 字段创建索引 |
| capped | 布尔 | 如果为 true，则创建固定大小的集合，当达到最大值时，会自动覆盖最早的文档，同时必须指定 size 参数 |

实例：
`db.createCollection("test",{capped:true, autoIndexID:true, size:100})`

（2）集合中数据插入

`db.CollectionName.insert({})   //CollectionName 为集合名称`

当第一个文档插入时，集合就会被创建并包含该文档。其实，在 MongoDB 中，也可以不用直接创建集合，因为当插入一些文档时，MongoDB 会自动创建集合。

实例：`db.student.insert({name:"Lilei"})`

（3）删除集合

`db.CollectionName.drop()   //CollectionName 为集合名称`

（4）查看集合

`show collections;`

（5）集合的重命名

`db.role.renameCollection('user');// 将 role 重命名为 user`

### 3. 文档的基本操作

（1）插入文档

insert () 方法是向文档中插入数据最基本的方法，该方法参数接受 1 个文档，将文档加入到目标集合中。命令格式：

`db. 集合名称 .insert({})`

实例：

`db.example.insert({name:"xxx",age:25}) // 将文档 {name:"xxx",age:25} 插入集合 example 中`

除了 insert () 方法外，还可使用 batchInsert () 方法实现批量插入，该方法与 insert () 方法不同之处在于它接受 1 个文档数组作为参数。

实例：

`db.example.batchInsert([{name:"aaa",age:20},{name:"bbb",age:25},{name:"ccc",age:30}])    // 在集合 example 中插入 {name:"aaa",age:20}、{name:`

项目6 工业互联网中的数据库服务

"bbb",age:25} 和 {name:"ccc",age:30} 3 个文档

（2）删除文档

1) remove () 方法。命令格式：

```
db.collection.remove (
  <query>,
  {
  justOne: <boolean>,
  writeConcern: <document>
  }
  )
```

所有参数都为可选参数，如果全为空，则表示删除集合里的所有文档。

参数说明如下：

① query:（可选）删除文档的条件。
② justOne:（可选）如果设为 true 或 1，则只删除 1 个文档。
③ writeConcern:（可选）抛出异常的级别。

2) deleteOne () 方法。命令格式：

```
db.collection.deleteOne (
    <filter>,
    {
       writeConcern: <document>,
       collation: <document>
    }
)
```

参数说明如下：

① filter：使用查询运算符指定删除条件。
② writeConcern：抛出异常的级别。
③ collation：查询结果的排序规则。

deleteOne () 只能删除匹配到的第一条记录，即使匹配到多条记录，也只删除一条记录。

3) deleteMany () 方法。命令格式：

```
db.collection.deleteMany (
    <filter>,
    {
       writeConcern: <document>,
       collation: <document>
    }
)
```

deleteMany() 方法的用法同 deleteOne()，只是删除所有符合条件的文档。

（3）文档的修改

命令格式：

db.collection.update (query, update, upsert, multi)

参数说明如下：

1）query：定位要更新的数据，相当于 SQL 中的 where 子句。

2）update：将要更新的数据，相当于 SQL 中的 set 内容。

3）upsert：默认为 false，当 query 未找到文档时，则无法修改；为 true 时，则插入对应文档。

4）multi：默认为 false，当 query 找到多个文档时，则只更新第一条；为 true 时，则全部更新。multi 的主要功能是更新一个文档数据。

（4）文档的查找

1）find () 方法。命令格式：

db.集合名称.find()

要从 MongoDB 集合查询数据，需要使用 find () 方法。find () 方法显示文档时是没有结构化的。

2）findOne () 函数。MongoDB Shell 为了避免游标可能带来的开销，提供了一个 findOne () 函数。该函数和 find () 一样，不过它返回的是游标里的第一条数据，或者返回 null，即空数据。

3）pretty () 方法。要以格式化的方式显示结果，可以使用 pretty () 方法。命令格式：db.集合名称.find().pretty ()

**4. 用户账户管理**

（1）用户创建

命令格式：

```
db.createUser (
      { user: "<name>",
        pwd: "<cleartext password>",
        roles: [
              {role: "<role>",
               db: "<database>" .
           } | "<role>",
...
         ]
      }
)
```

参数说明如下：

1）user：用户名。

2）pwd：密码。

3）roles：指定用户的角色，可以用一个空数组给新用户设定空角色。role 角色可以选择以下其中一种：超级用户角色 root，数据库管理角色 dbAdmin、dbOwner、userAdmin，集群管理角色 clusterAdmin、clusterMonitor、hostManager，备份恢复角色 backup、restore，所

## 项目 6　工业互联网中的数据库服务

有数据库角色 readAnyDatabase、readWriteAnyDatabase、userAdminAnyDatabase、dbAdminAnyDatabase，具体角色描述见表 6-3。

表 6-3　roles 角色描述

| 角色类型 | 描述 |
| --- | --- |
| root | 提供对所有资源的访问权限 |
| dbAdmin | 可读写当前数据库信息，以及删除、修改统计信息 |
| dbOwner | 可以执行任何形式的操作 |
| userAdmin | 可在当前数据库中创建和修改用户账户 |
| clusterAdmin | 管理 MongoDB 数据库，包括创建、链接、删除等 |
| clusterMonitor | 提供对监视工具的只读访问权限 |
| hostManager | 提供监视和管理服务器的能力 |
| backup | 可备份数据 |
| restore | 对非系统集合的转换 |
| readAnyDatabase | 读取任何集合的数据 |
| readWriteAnyDatabase | 读取和写入任何集合的数据 |
| userAdminAnyDatabase | 可在任何数据库中创建和修改用户账户 |
| dbAdminAnyDatabase | 可读写任何数据库信息，以及删除、修改统计信息 |

MongoDB 用户账户与 MongoDB 数据库相对应，必须在指定库中授权以及验证（auth），必须开启 auth 参数，认证通过后才能访问数据库。命令格式：

>db.auth（"用户名"，"密码"）

（2）查看用户信息

show users;　　　　　//查看当前数据库的用户信息

（3）修改用户账户

MongoDB 提供了一些修改用户账户的方法，见表 6-4。

表 6-4　常见修改用户账户的方法

| 方法 | 描述 |
| --- | --- |
| db.changeUserPassword（username, password） | 修改用户的密码 |
| db.grantRolesToUser（username,roles, writeConcern） | 授权用户角色列表 |
| db.updateRole（rolename, update, writeConcern） | 更新用户定义的角色 |
| db.revokeRolesFromUser（username, [ {role,db} ] ） | 移除用户的权限 |

（4）删除用户账户

MongoDB 提供了以下三种方法：

1）db.removeUser（username）：低于 2.6 版本的删除用户的方法，高于 2.6 版本不建议使用，虽然也能够删除用户，但会报不建议使用的警告。

2）db.dropUser（username）：db.removeUser（username）的替代方法。

3）db.dropAllUsers（）：删除当前数据的所有用户。删除用户账户时，需要注意的是删除某个数据库的用户，需要先切换到该数据库，否则删除不成功。

### 5. MongodDB 备份与恢复

（1）MongodDB 备份
命令格式：

```
mongodump -h <dbhost> -d <dbname> -o <dbdirectory>
```

参数说明如下：

1）-h：MongDB 所在服务器地址，如 127.0.0.1 或 localhost，当然也可以指定端口号：127.0.0.1:27017。

2）-d：需要备份的数据库实例名称，如 users。

3）-o：指定备份的数据存放的目录位置，如 /root/mongdbbakup/，当然该目录需要提前建立，在备份完成后，系统自动在 /root/mongdbbakup/ 目录下建立一个以备份数据库命名的目录，目录里面存放该数据库实例的备份数据。数据以 json 的格式存储文件。

（2）MongodDB 恢复
命令格式：

```
mongorestore -host <:port> -d <path>--dir
```

参数说明如下：

1）-host <:port>,-h<:port>:MongoDB 所在服务器地址，默认为 localhost:27017。

2）-db,-d: 需要恢复的数据库实例，如 test，当然这个名称也可以和备份时不一样，如 test2。

3）<path>:mongorestore 最后的一个参数，设置备份数据库所在位置，如 c:\data\dump\test。

4）--dir: 指定备份的目录。

**注意**：不能同时指定 <path> 和 --dir 选项，--dir 也可以设置备份目录。

### 拓展提升

在 test 数据库下创建名为 test_user、密码为 123456 的用户账户，数据库下创建集合 example，插入一条或多条数据，查看指定的数据，并对数据库进行备份。

首先，进入 test 数据库，输入命令：

```
> use test
```

创建用户名为 test_user、密码为 123456 的用户账户，输入命令：

```
> db.createUser(
  {
    user: "test_user",
    pwd: "123456",
    roles:[ { role: "readWrite", db: "admin" } ]
  }
)
```

项目 6　工业互联网中的数据库服务

查看创建的管理员用户，输入命令：

> show users

验证用户是否能用，输入命令：

> db.auth("test_user","123456")

**注意：** 返回 1 即为成功。

用户创建完成后，在配置文件中开启用户验证重启服务。重新登录，指定用户名和密码链接到指定的 MongoDB 数据库。输入命令：

```
# mongo 127.0.0.1:27017/test  -u "test_user" -p "123456"
> db.createCollection("example");
> db.example.insert(     // 在当前数据库下的 example 集合下新增一条数据
... {
...     "name": "Lilei",
...     "rank": "第 1 名"
... }
... );
for(var i=2; i<=10; i++ ){   // 通过 for 循环插入数据
...     db.example.insert({
...         "rank": "第" + i + "名"
...     });
... }
> db.example.find();
> db.example.count();  // 统计当前数据库下 example 的所有数据条数
> db.example.find({"rank": {$gte: 3}});  // 取出 rank≥3 的数据
> mongodump -h 127.0.0.1:27017 -d test -o /home/mongodump/   // 将数据库备份到
/home/mongodump/ 目录下
```

## 项目训练

### 项目实施

实际中，对于 MongoDB 数据库的操作是与其他开发语言相互融合的。下面以 Python 作为开发语言、MongoDB 作为数据库，介绍如何使用 PyMongo 来实现对 MongoDB 的使用。

**1. PyMongo 的基本操作**

PyMongo 是 Python 操作 MongoDB 的工具包。

（1）PyMongo 的安装

1）安装 Python，设置环境变量，安装 PyCharm。

2）安装 Python 包管理工具 pip。

3）用 pip 安装 PyMongo。

安装命令：

```
python -m pip install pymongo
conn = pymonge.MomgoClient("localhost",27017)
```

（2）创建数据库链接对象

```
import pymongo
conn = pymongo.MongoClient(host="localhost",port=27017)
```

**注意**：MongoClient () 返回一个 MongoDB 的链接对象 conn。

（3）指定数据库

```
db = conn.test          // 指定 test 数据库
```

（4）指定集合

```
collection = db.goods    // 指定 goods 集合
```

（5）插入一个文档

```
result = collection.insert_one({'addr': "china"})
```

（6）插入多个文档

insert_many () 方法返回 InsertManyResult 对象，该对象包含 inserted_ids 属性，该属性保存着所有插入文档的 id 值。输入命令：

```
list = [{'name':'lilei','age':20},
        {'name':'hanmeimei','age':18}]
many = collection.insert_many(list)
```

（7）更新文档

使用 replace_one () 方法在 Collection 中替换一个文档：

```
collection.replace_one({'addr': "china"},{'addr': "America"})
```

（8）删除文档

使用 delete_one () 方法在 Collection 中删除一个文档：

```
collection.delete_one({'addr': "America"})
```

（9）查询文档

```
collection.find({'addr': "America"})
```

### 2. 工业互联网平台数据库操作

（1）定义数据结构

```
from pymongo import IndexModel, ASCENDING
from pymongo.write_concern import WriteConcern
from pymodm import MongoModel, fields
class TaskCategory(MongoModel):    // 定义任务类型，对应任务管理界面中的内容
```

```python
        name = fields.CharField()                 // 任务名称
        service_uri = fields.CharField()          // 人工智能模型的服务地址
        class Meta:
            write_concern = WriteConcern(j=True)
            connection_alias = 'FireEye'
            indexes = [
                IndexModel(                       // 创建索引,确保名字唯一
                    [
                        ('name', ASCENDING)
                    ],
                    unique=True
                )
            ]
    class ImageCategory(MongoModel):    // 定义图片类型,对应任务管理界面图片类型中的内容
        QUALIFY_NONE = 0        // 图片内容为空
        QUALIFY_VALID = 1       // 图片内容被判断为合格,槽位中待检测对象会被保留
        QUALIFY_INVALID = 2     // 图片内容被判断为不合格,槽位中待检测对象会被剔除
        parent = fields.ReferenceField(TaskCategory) // 任务类型,每个图片类型都对应
一个任务类型,一个任务类型下会包含多个图片类型
            on_delete=fields.ReferenceField.CASCADE)
        name = fields.CharField()    // 图片类型的名称,如开心果、花生
        code = fields.IntegerField()    // 人工智能模型返回的代码
        qualify = fields.IntegerField(default=QUALIFY_NONE) // 该图片类型与生产线操
作的映射关系,值为 QUALIFY_NONE、QUALIFY_VALID、QUALIFY_INVALID 中的一个
        class Meta:
            connection_alias = 'FireEye'
            indexes = [
                IndexModel(
                    [
                        ('parent', ASCENDING),
                        ('name', ASCENDING)
                    ],
                    unique=True
                )
            ]
    class Platform(MongoModel):      // 对应生产线管理界面中的内容
        name = fields.CharField()    // 生产线名称
        platform_key = fields.CharField(blank=True) // 生产线口令,每个设备需要在配置
文件中设定该口令,否则服务端的认证将无法通过
        task_category = fields.ReferenceField(TaskCategory) // 该生产线执行的任务
        class Meta:
            write_concern = WriteConcern(j=True)
            connection_alias = 'FireEye'
```

```python
        indexes = [
            IndexModel(
                [
                    ('name', ASCENDING)
                ],
                unique=True
            )
        ]
class Image(MongoModel):       // 对应每个图片
    pixels = fields.ListField() // 像素值
    size = fields.ListField()    // 尺寸,长×宽
    mode = fields.CharField()    // 模式,一般是RGB
    time = fields.DateTimeField()   // 上传时间
    task_category = fields.ReferenceField(TaskCategory, // 对应的任务类别
on_delete=fields.ReferenceField.CASCADE,blank=True)
    label = fields.ReferenceField(ImageCategory, // 人工智能判断的图片所属类别
on_delete=fields.ReferenceField.CASCADE,blank=True)
    truth = fields.ReferenceField(ImageCategory, // 人工设定的图片所属类别
on_delete=fields.ReferenceField.CASCADE,blank=True)
    platform = fields.ReferenceField(Platform) // 对应生产线
    slot = fields.CharField()    // 槽位
    confidence = fields.IntegerField() // 人工智能模型认为有多大概率是当前判断结果
    class Meta:
        connection_alias = 'FireEye'
class ErrorInfo(MongoModel):     // 故障信息
    platform = fields.ReferenceField(Platform) // 故障所在生产线
    time = fields.DateTimeField()   // 发生时间
    code = fields.CharField()    // 故障代码
    description = fields.CharField()   // 故障描述
    action = fields.CharField() // 采取措施
    status = fields.CharField() // 故障状态,一般为待处理、处理中、完成、废弃
    class Meta:
        connection_alias = 'FireEye'
class DeviceSignal(MongoModel): // 设备信号,对应生产管理界面中I\\O信号标签下的
                                     内容
    platform = fields.ReferenceField(Platform) // 生产线
    master_io = fields.DictField(blank=True)    // 总控站信号
    loader_io = fields.DictField(blank=True)    // 上料工位信号
    packer_io = fields.DictField(blank=True)    // 包装工位信号
    warehouse_io = fields.DictField(blank=True) // 仓库工位信号
    time = fields.DateTimeField()
    class Meta:
        connection_alias = 'FireEye'
```

```python
class DeviceStatus(MongoModel):  // 设备状态，对应生产管理界面中工位状态标签下的内容
    platform = fields.ReferenceField(Platform)  // 生产线
    master_status = fields.DictField(blank=True)      // 总控站状态
    loader_status = fields.DictField(blank=True)      // 上料工位状态
    packer_status = fields.DictField(blank=True)      // 包装工位状态
    warehouse_status = fields.DictField(blank=True)   // 仓库工位状态
    time = fields.DateTimeField()
    class Meta:
        connection_alias = 'FireEye'


class DeviceCommand(MongoModel):  // 设备命令，对应生产管理界面中控制命令标签下的内容
    platform = fields.ReferenceField(Platform)  // 各属性与上面类似
    master_command = fields.DictField(blank=True)
    loader_command = fields.DictField(blank=True)
    packer_command = fields.DictField(blank=True)
    warehouse_command = fields.DictField(blank=True)
    time = fields.DateTimeField()
    status = fields.CharField()
    class Meta:
        connection_alias = 'FireEye'

class UserProfile(MongoModel):  // 用户画像
    username = fields.CharField(blank=False)  // 用户名
    passwd_salted = fields.CharField()  //md5 加密后的密码
    roles = fields.ListField(field=fields.CharField())  // 角色
    class Meta:
        connection_alias = 'FireEye'
        write_concern = WriteConcern(j=True)
        indexes = [
            IndexModel(
                [
                    ('username', ASCENDING)
                ],
                unique=True
            )
        ]
```

（2）基本操作

```python
from pymongo import IndexModel, ASCENDING
from pymongo.write_concern import WriteConcern
from pymodm import MongoModel, fields
from pymodm.fields import ObjectId
from pymodm.connection import connect
class TaskCategory(MongoModel):
```

```
        name = fields.CharField()
        service_uri = fields.CharField()
        class Meta:
            write_concern = WriteConcern(j=True)
            connection_alias = 'FireEye'
            indexes = [
                IndexModel(
                    [
                        ('name', ASCENDING)
                    ],
                    unique=True
                )
            ]
def add_task_category(name, service_uri):
    category = TaskCategory(name=name, service_uri=service_uri)
  category.save()
        return str(category._id)
def get_task_category(category_id):
    category = TaskCategory.objects.get(
        {'_id': {'$eq': ObjectId(category_id)}})
    return category
def delete_task_category(category_id):
     TaskCategory.objects.raw(
        {'_id':{'$eq':ObjectId(category_id)}}).delete()
if __name__ == '__main__':
    connect('mongodb://username:password@localhost:27017/TestDB',    // 根据自己的情
                                                                        况修改

    alias="FireEye",connect=False)
    // 添加
    category_id = add_task_category("玻璃球", "localhost:8080")
    // 获取
    category = get_task_category(category_id)
    // 修改
    category.service_uri = 'localhost:10000'
    category.save()
    // 删除
    delete_task_category(category_id)
```

### 课外练习

尝试比较 MongoDB 数据库与其他常用数据库之间的区别。

## 项目 6　工业互联网中的数据库服务

### 项目验收

表 6-5　项目完成指标对照表

| 评价内容 | 具体指标 | | 完成情况 |
|---|---|---|---|
| 综合能力 | 了解产品需求，熟悉数据库设计流程 | | |
| | 具备良好的技术文档编制能力 | | |
| 专业知识 | 熟悉 MongoDB 数据库编程语言 | | |
| 技术技能 | 掌握 PyMongo 的使用 | | |
| 工程实践 | 具备工业互联网中数据库的运行与管理经验 | | |
| 目标完成 | 完成★★ | 基本完成★☆ | 未完成☆☆ |
| 学习收获 | | | |
| 学习反思 | | | |

### 项目小结

数据库服务是工业互联网的基础支撑服务，为工业互联网中大数据分析等关键技术提供源数据。本项目主要介绍了非关系型数据库 MongoDB 的安装与基本操作，以工业互联网实训教学平台为例，介绍了 Python 操作 MongoDB 的工具包 PyMongo 的知识内容。

### 课后作业

1. 简述关系型数据库与非关系型数据库的区别。
2. MongoDB 的特点是什么？
3. 简述 CentOS 下安装 MongoDB 数据库的操作步骤。
4. 创建 test 数据库，在数据库下创建名为 test_user、密码为 123456 的用户账户，数据库下创建集合 test_collection，插入一条或多条数据，查看插入的数据。

# 项目 7

# 工业互联网中的 Web 开发

### 学习目标

1) 了解并掌握 Web 前端开发框架 React 及其基础知识。
2) 掌握如何在 React 中创建开发项目。
3) 了解并理解 react-router。
4) 掌握 antd 组件库的引入使用。
5) 掌握 Restful API 的相关知识。

### 岗位能力素养

1) 具备工业互联网中 Web 前端设计的综合能力。
2) 具备良好的技术文档编制综合能力。

### 项目情景

工业互联网可以连接机器、人等工业要素，实现数据的智能交互，提高工业生产效率。在完成工业基础设备组装后，还需要利用 Web 开发技术，设计和构建良好的用户界面，以便于工业数据的收集和传送，以及操作人员对工业平台进行操作。

### 知识储备

## 7.1 Web 前端框架基础

### 7.1.1 认识 React

前端开发是创建 Web 界面或 App 等前端界面呈现给用户的过程，通过 HTML、CSS 及 JavaScript 以及衍生出来的各种技术、框架、解决方案来实现互联网产品的用户界面交互。随着高性能移动终端设备的出现和无线网络的普及，HTML5、Node.js 的广泛应用，各类 Web 框架类库层出不穷，前端框架也在不断地迭代和变化，目前形成了 React、Vue、Angular 三大主流框架。

React 起源于 Facebook 的内部项目，用来架设 Instagram 的网站，并于 2013 年 5 月开源。React 官方网址为 https://zh-hans.reactjs.org/。

React 是一个前端开发框架，用于构建用户界面的 JavaScript 库，主要用于构建 UI，更专注于 MVC 中的 V（视图）。React 通过虚拟 DOM，拥有较高的性能，解决了跨浏览器兼容的问题，可用于 Web 界面、手机端、App 应用、PC 端软件开发中。

## 7.1.2 React 基础知识

### 1. React 和 React DOM

React 设计之初是使用 JSX 描述 UI,所以解耦了和 DOM 的操作,把逻辑和 DOM 分开。React 只负责逻辑层,对数据进行处理。React DOM 则负责渲染层,完成 DOM 的实际渲染。

### 2. JSX

JSX 是一种 JavaScript 的语法扩展。React 使用 JSX 来替代常规的 JavaScript,很好地描述了 UI 应有的交互的本质形式。

JSX 语法具有以下规则:

1)JSX 标签中包含多个子元素时,需要在外面包裹一层根元素,可以采用缩进和加括号的方式方便代码读写。如

```
const element = (
    <div>
        <h1>Hello!</h1>
        <h2>React!.</h2>
    </div>
);
```

2)单标签必须闭合,如 <img/>、<input/>、<br/>。

3)React DOM 使用 camelCase(小驼峰命名)来定义属性的名称,所以 JSX 里的 class 需要写成 className,如 <div className="top"> </div>。

4)在 JSX 语法中,可以在 {} 里面包裹 JS 代码,如

```
var a = "Hello React!";
let b = <div>{a}</div>
```

Babel 会把 JSX 转译成一个名为 React.createElement () 的函数调用。React.createElement () 实际上创建了一个对象,这个对象被称为 React 元素,描述了用户在屏幕上看到的内容。React 通过读取这些对象来构建 DOM 以及保持随时更新。

### 3. 元素渲染

元素是用户看到的内容。要想将一个 React 元素渲染到根 DOM 节点中,只需要把它们一起传入 ReactDOM.render ()。React 元素是不可变对象,一旦被创建,就无法更改它的子元素或者属性。

### 4. 组件

组件是由元素构成的,类似于 JavaScript 函数。它接受任意的入参(即 props),并返回用于描述界面内容的 React 元素。定义组件的方式有使用函数声明和通过 class 声明两种,但不论是哪种方式,自身的 props 都不能修改。

**5. state 和 setState**

React 把组件看成是一个状态机（state machine）。state 可以根据与用户交互来实现不同状态，当 state 发生改变时，需要根据新的 state 重新渲染用户界面，让用户界面和数据保持一致。在 React 中，使用 setState 完成数据改变，对 view 层进行渲染。如初始化状态 state 输入命令：

```
this.state = {
    count:0
    };
```

使用 setState 更新状态输入命令：

```
this.setState = ({
    count : this.state.count+1
    } );
```

**6. React 组件生命周期**

React 组件生命周期可分成三个状态：
1）Mounting：已插入真实 DOM。
2）Updating：正在被重新渲染。
3）Unmounting：已移出真实 DOM。

React 组件生命周期的方法包括：
1）componentWillMount：组件将要挂载。
2）componentDidMount：组件已经挂载。
3）componentWillReceiveProps：父组件传递的属性有变化，进行相应响应。
4）shouldComponentUpdate：组件是否需要更新，返回一个布尔值。
5）componentWillUpdate：组件将要更新。
6）componentDidUpdate：组件已经更新。
7）componentWillUnmount：组件已经移除。

**7. React 交互——Axios 交互方法**

Axios 是一个基于 Promise 的 HTTP 库，可用在浏览器和 Node.js 中。Axios 安装方法如下：
1）使用 npm： $ npm install axios。
2）使用 bower： $ bower install axios。
3）使用 cdn： <script src="https://unpkg.com/axios/dist/axios.min.js"> </script>。

**8. React Router**

在 Web 应用开发中，路由系统是不可或缺的一部分。在单界面应用中，通过路由跳转实现界面的跳转，从而改变界面内容，保持用户界面与 URL 同步。React Router 是完整的 React 路由解决方案，是一个基于 React 之上的强大路由库，它可以让用户向应用中快速地

## 项目 7　工业互联网中的 Web 开发

添加视图和数据流，同时保持用户界面与 URL 间的同步。React Router 秉承 React 一切皆组件的原则，路由也是组件，具有分布式配置、包含式配置的特点。React Router 官方网址：https://reactrouter.com/。

1）安装 React Router：

`npm install react-router-dom --save`

2）React Router 的写法：
① 引入顶层路由组件包裹根组件。
② 引入 Link 组件编写路由导航，to 指定跳转目标的路径。

`<Link to="/"> 首页 </Link>`

③ 引入 Route 组件编写导航配置，path 配置路径，component 配置路径所对应的组件。

`<Route exact path="/" component={Home}> </Route>`

④ 编写导航配置对应的 component 组件。

### 7.1.3　antd

antd 是蚂蚁金服开源的组件库，是基于 Ant Design 设计体系的 React UI 组件库，开箱即用，用于研发企业级中后台产品。antd 为 Web 应用提供了丰富的基础 UI 组件，除了官方组件，还提供了社区组件作为补充，提高了开发效率。antd 官方网址：https://ant.design/index-cn。

antd 的组件包含通用组件、布局组件、导航组件、数据录入组件、数据展示组件、反馈组件和其他组件。每种组件中又包含了不同类型，并提供源码，用户可以直接复制使用，如图 7-1 所示。

图 7-1　antd 官网组件界面

### 7.1.4 RESTful API

REST（Representational State Transfer）是表述性状态转化，首次出现在 2000 年 Roy Fielding 的博士论文中，是一组软件架构约束条件和原则，一种针对网络应用的设计和开发方式，可以降低开发的复杂性，提高系统的可伸缩性。满足这些约束条件和原则的应用程序或设计框架就是 RESTful 框架。

在 REST 规则中，有两个基础概念：对象和行为。对象就是要操作的对象，如添加用户的操作，那么对象就是 user。四种常用的行为分别是查看、创建、更新、删除，利用 HTTP 现有方法对应这四种行为分别是 GET 查看、POST 创建、PUT 更新、DELETE 删除。那么，RESTful 可以简单理解为用 URL 定位资源，用 HTTP 动词（GET、POST、PUT、DELETE）描述操作。

▶ 拓展提升 ◀

**1. 安装 create-react-app 脚手架并搭建项目**

（1）安装 Node.js 环境

登录 Node.js 官网：https://nodejs.org/en/，下载安装 Node.js，如图 7-2 所示。安装完成后，输入"node-v"查看版本号，如果可以正常显示版本号，即表示 Node.js 安装成功。

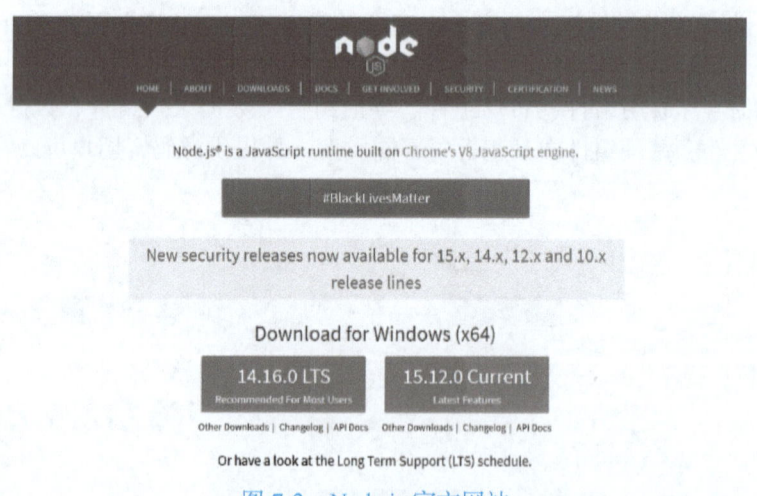

图 7-2　Node.js 官方网站

安装成功后会自动配置环境变量。npm 是 Node.js 自带的包管理工具，输入 npm-v 正常显示版本号即表示 npm 安装成功。

全局安装 Webpack：npm install webpack -g，或者全局安装 yarn：npm install yarn -g。

（2）安装 create-react-app 脚手架并搭建项目

1）全局安装命令：

`npm install-g create-react-app`，或者 `yarn add create-react-app -g`

2）安装后查看版本：

## 项目 7　工业互联网中的 Web 开发

```
create-react-app -- version
```

3）创建项目，创建同时会自动下载依赖：

```
create--react-app 项目名
```

4）创建完成后直接单击"cd 项目名"，在当前项目执行 npm start 或者 yarn start，启动项目，如图 7-3 所示。

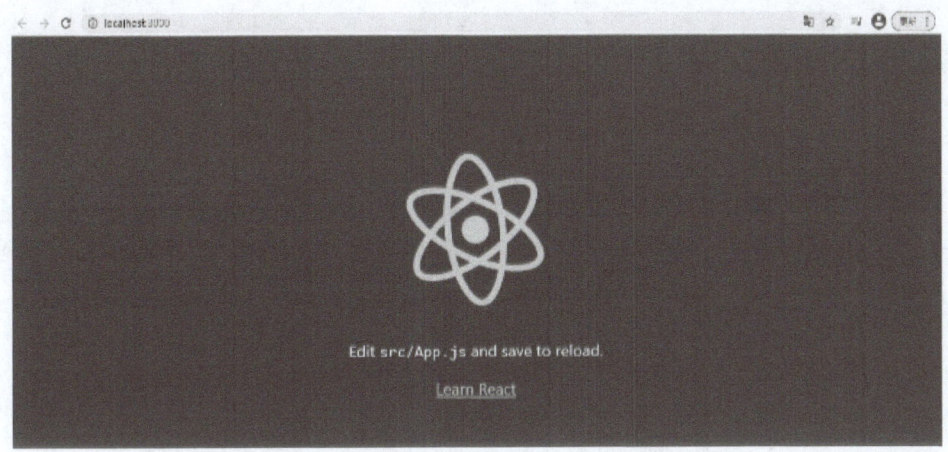

图 7-3　启动项目

5）打开项目文件夹，删除 src 文件夹中的文件，并创建入口 JS 文件 index.js 和 App.js。
6）在 index.js 中，引入 React、React DOM，接下来开始项目开发。

```
import React from 'react'
import ReactDOM from 'react-dom'
import App from './App'
```

### 2. antd 组件库使用

（1）引入使用 antd 组件库
1）安装命令：npm install antd – save。
2）在 antd 官网选择需要的按钮组件 primary，复制组件代码到 App.js 文件：

```
import React,{Component} from 'react';
import ReactDOM from 'react-dom'
import './App.css';
import Button from 'antd/lib/button';
import "antd/dist/ants.css";           // 引入了 antd 全部样式
```

**注意**：在 App.js 文件中需引入库。
3）App.js 文件代码：

```
export default class App extends Component{
    render(){
```

```
            return (
                <div>
                    <p>antd 按钮组件 </p>
                    <Button type="primary"> 按钮 </Button>
                </div>
            )
        }
    }
```

4）index.js 文件代码：

```
import React form 'react'
import ReactDOM from 'react-dom'
import App from './App'
```

`ReactDOM.render (<App></App>, document.getElementById(elementld:'root'))`

5）重新启动项目 npm start，在浏览器中可以看到界面上的蓝色按钮组件，如图 7-4 所示。

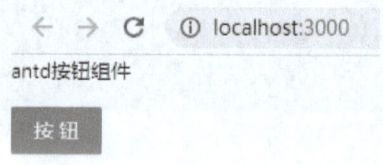

图 7-4　重新启动项目 npm start

（2）antd 按需加载的配置

在上面的操作中，使用 import "antd/dist/antd.css" 引入了 antd 全部样式，这对于前端性能来说是有隐患的，所以需要通过对 create-react-app 的默认配置进行自定义，实现对 antd 按需加载的配置。

1）更改启动插件。引入 react-app-rewired 并修改 package.json 里的启动配置，由于新的 react-app-rewired@2.X 版本的关系，还需要安装 customize-cra。安装命令：

`yarn add react-app-rewired customize-cra。`

2）修改 package.json 文件代码：

修改前
```
"scripts":{
 "start":"react-scripts start",
 "build":"react-scripts build",
 "test":"react-scripts test",
 "eject":"react-scripts eject"
 },
```

修改后
```
"scripts":{
 "start":"react-app-rewired start",
 "build":"react-app-rewired build",
 "test":"react-app-rewired test",
 "eject":"react-scripts eject"
 },
```

3）在项目根目录创建一个 config-overrides.js 文件，用于修改默认配置。

4）安装 bable-plugin-import 插件，安装命令：

`yarn add bable-plugin-import。`

## 项目 7　工业互联网中的 Web 开发

5）修改 config-overrides.js 文件代码：

```
const{override,fixBabelImports}=require('customize-cra');
module.exports=override(
  fixBabelImports(e:'import',s:{
    libraryName:'antd',
    libraryDirectory:'es',
    style:'css',
  }),
);
```

6）按需加载配置成功，重启项目。

7）将前面例子中引入 antd.css 的代码删除，修改引入组件代码：

```
import {Button} from 'antd';
```

## 7.2　React 事件处理

### 7.2.1　事件处理

React 元素的事件处理和 DOM 元素类似，但有一点语法上的不同，即 React 事件绑定属性的命名采用驼峰式写法，而不是小写。

如果采用 JSX 的语法，需要传入一个函数作为事件处理函数，而不是一个字符串（DOM 元素的写法）。

HTML 的通常写法为

```
<button onClick="activateLasers()">
单击按钮
</button>
```

React 中的写法为

```
<button onClick={activateLasers}>
单击按钮
</button>
```

另一个不同是在 React 中不能使用返回 false 的方式阻止默认行为，而必须明确地使用 preventDefault。

例如，在 HTML 中阻止链接默认打开一个新页面，通常的写法为

```
<a href="#" onclick="console.log('单击链接'); return false">
单击链接
</a>
```

React 中的写法为

```
function ActionLink() {
  function handleClick(e) {
    e.preventDefault();
```

```
        console.log('链接被单击');
    }
    return (
        <a href="#" onClick={handleClick}>
            单击链接
        </a>
    );
}
```

其中，e 是一个合成事件。

使用 React 时，通常不需要使用 addEventListener 为一个已创建的 DOM 元素添加监听器，而仅仅需要在这个元素初始渲染的时候提供一个监听器。

当使用 ES6 class 语法来定义一个组件时，事件处理器会成为类的一个方法。例如，下面的 Toggle 组件渲染一个让用户切换开关状态的按钮：

```
class Toggle extends React.Component {
    constructor(props) {
        super(props);
        this.state = {isToggleOn: true};
        // 绑定是必要的，这样 this 才能在回调函数中使用
        this.handleClick = this.handleClick.bind(this);
    }
    handleClick() {
        this.setState(prevState => ({
            isToggleOn: !prevState.isToggleOn
        }));
    }
    render() {
        return (
            <button onClick={this.handleClick}>
                {this.state.isToggleOn ? 'ON' : 'OFF'}
            </button>
        );
    }
}
ReactDOM.render(
    <Toggle />,
    document.getElementById('example')
);
```

**注意**：必须谨慎对待 JSX 回调函数中的 this，类的方法默认是不会绑定 this 的。如果忘记绑定 this.handleClick 并把它传入 onClick，当调用这个函数时 this 的值会是 undefined。

这并不是 React 的特殊行为，它是函数如何在 JavaScript 中运行的一部分。通常情况下，如果没有在方法后面添加 ()，如 onClick={this.handleClick}，就应该为这个方法绑定 this。

项目 7　工业互联网中的 Web 开发

避免使用 bind 的方式有两种。如果正在使用实验性的属性初始化器语法，可以使用属性初始化器来正确地绑定回调函数：

```
class LoggingButton extends React.Component {
  // 这个语法确保了 this 绑定在 handleClick 中
  // 这里只是一个测试
  handleClick = () => {
    console.log('this is:', this);
  }
  render () {
    return (
      <button onClick={this.handleClick}>
        Click me
      </button>
    );
  }
}
```

如果没有使用属性初始化器语法，可以在回调函数中使用箭头函数：

```
class LoggingButton extends React.Component {
  handleClick () {
    console.log('this is:', this);
  }
  render () {
    // 这个语法确保了 this 绑定在 handleClick 中
    return (
      <button onClick={ (e) => this.handleClick(e) }>
        Click me
      </button>
    );
  }
}
```

使用上述语法时，每次 LoggingButton 渲染都会创建一个不同的回调函数。在大多数情况下，这没有问题。然而，如果这个回调函数作为一个属性值传入低阶组件，这些组件可能会进行额外的重新渲染。通常建议在构造函数中绑定或使用属性初始化器语法来避免这类性能问题。

## 7.2.2　向事件处理程序传递参数

通常会为事件处理程序传递额外的参数。例如，若 id 是要删除那一行的 id，以下两种方式都可以向事件处理程序传递参数：

```
<button onClick={ (e) => this.deleteRow(id, e) }>Delete Row</button>
<button onClick={this.deleteRow.bind(this, id)}>Delete Row</button>
```

上述两种方式是等价的。

上面两个例子中，参数 e 作为 React 事件对象将会被作为第二个参数进行传递。通过箭头函数的方式，事件对象必须显式地进行传递，但通过 bind 方式，事件对象以及更多的参数将会被隐式地进行传递。

**注意**：通过 bind 方式向监听函数传递参数，在类组件中定义监听函数，事件对象 e 要排在所传递参数的后面。例如

```
class Popper extends React.Component{
    constructor(){
        super();
        this.state = {name:'Hello world!'};
    }

    preventPop(name, e){     // 事件对象e要放在最后
        e.preventDefault();
        alert(name);
    }
    render(){
        return (
            <div>
                <p>hello</p>
                /*{ 通过 bind() 方法传递参数。}*/
                <a href="https://reactjs.org" onClick={this.preventPop.bind(this,this.state.name) }>Click</a>
            </div>
        );
    }
}
```

### 7.2.3　React 表单与事件

HTML 表单元素与 React 中的其他 DOM 元素有所不同，因为表单元素本身就保留了一些内部状态。在 HTML 中，如 <input>、<textarea> 和 <select> 这类表单元素会维持自身状态，并根据用户输入进行更新。但在 React 中，可变的状态通常保存在组件的状态属性中，并且只能用 setState() 方法进行更新。

下面示例中设置了输入框 input 值 value={this.state.data}，当输入框值发生变化时，可以更新 state，可以使用 onChange 事件来监听 input 的变化，并修改 state：

```
class HelloMessage extends React.Component {
  constructor(props) {
      super(props);
      this.state = {value: 'Helloworld!'};
      this.handleChange = this.handleChange.bind(this);
```

项目 7　工业互联网中的 Web 开发

```
  }
   handleChange(event){
    this.setState({value: event.target.value});
   }
   render(){
    var value = this.state.value;
    return <div>
         <input type="text" value={value} onChange={this.handleChange} />
         <h4>{value}</h4>
        </div>;
   }
  }
  ReactDOM.render(
   <HelloMessage />,
   document.getElementById(.example.)
  );
```

上面的代码将渲染出一个值为 Hello world! 的 input 元素，并通过 onChange 事件响应更新用户输入的值。

下面示例将演示如何在子组件上使用表单。onChange 事件响应将触发 state 的更新，并将更新的值传递到子组件输入框的 value 上来重新渲染界面。需要在父组件通过创建事件句柄（handleChange），并作为 prop（updateStateProp）传递到子组件上。

```
class Content extends React.Component {
   render(){
    return <div>
    <input type="text" value={this.props.myDataProp} onChange={this.props.updateStateProp} />
         <h4>{this.props.myDataProp}</h4>
        </div>;
   }
  }
  class HelloMessage extends React.Component {
   constructor(props){
     super(props);
     this.state = {value: 'HelloWorld!'};
     this.handleChange = this.handleChange.bind(this);
   }
   handleChange(event){
    this.setState({value: event.target.value});
   }
   render(){
    var value = this.state.value;
    return <div
```

```
            <Content myDataProp = {value}
               updateStateProp = {this.handleChange}></Content>
         </div>;
    }
}
ReactDOM.render (
   <HelloMessage />,
   document.getElementById ('example')
);
```

## 拓展提升

1）Select 下拉菜单的应用。在 React 中，不使用 selected 属性，而是在根 select 标签上用 value 属性来表示选中项。

```
<!DOCTYPE html>
<html>
<head>
<meta charset="UTF-8" />
<title>下拉列表</title>
<script src="https://cdn.staticfile.org/react/16.4.0/umd/react.development.js"></script>
<script src="https://cdn.staticfile.org/react-dom/16.4.0/umd/react-dom.development.js"></script>
<script src="https://cdn.staticfile.org/babel-standalone/6.26.0/babel.min.js"></script>
</head>
<body>
<div id="example"></div>
<script type="text/babel">
class FlavorForm extends React.Component {
  constructor (props) {
    super (props);
    this.state = {value: '腾讯'};
    this.handleChange = this.handleChange.bind (this);
    this.handleSubmit = this.handleSubmit.bind (this);
  }

  handleChange (event) {
    this.setState ({value: event.target.value});
  }
  handleSubmit (event) {
    alert ('你最喜欢的网站是:' + this.state.value);
    event.preventDefault ();
```

项目 7　工业互联网中的 Web 开发

```
    }

    render () {
      return (
        <form onSubmit={this.handleSubmit}>
          <label>
          选择您最喜欢的网站
            <select value={this.state.value} onChange={this.handleChange}>
              <option value=" 腾讯 ">QQ</option>
              <option value=" 谷歌 ">Google</option>
              <option value=" 淘宝 ">Taobao</option>
              <option value=" 百度 ">Baidu</option>
            </select>
          </label>
          <input type="submit" value=" 提交 " />
        </form>
      );
    }
  }
  ReactDOM.render (
    <FlavorForm />,
    document.getElementById ('example')
  );
</script>
</body>
</html>
```

2）多表单处理。当需要处理多个 input 元素时，可以通过给每个元素添加一个 name 属性，让处理函数根据 event.target.name 的值来选择做什么。

```
<!DOCTYPE html>
<html>
<head>
<meta charset="UTF-8" />
<title>多表单处理</title>
<script src="https://cdn.staticfile.org/react/16.4.0/umd/react.development.js"></script>
  <script src="https://cdn.staticfile.org/react-dom/16.4.0/umd/react-dom.development.js"></script>
  <script src="https://cdn.staticfile.org/babel-standalone/6.26.0/babel.min.js"></script>
</head>
<body>
<div id="example"></div>
<script type="text/babel">
```

```
class Reservation extends React.Component {
  constructor(props) {
    super(props);
    this.state = {
      isGoing: true,
      numberOfGuests: 5
    };
    this.handleInputChange = this.handleInputChange.bind(this);
  }
  handleInputChange(event) {
    const target = event.target;
    const value = target.type === 'checkbox' ? target.checked : target.value;
    const name = target.name;
    this.setState({
      [name]: value
    });
  }
  render() {
    return (
      <form>
        <label>
          是否离开：
          <input
            name="isGoing"
            type="checkbox"
            checked={this.state.isGoing}
            onChange={this.handleInputChange} />
        </label>
        <br />
        <label>
          访客数：
          <input
            name="numberOfGuests"
            type="number"
            value={this.state.numberOfGuests}
            onChange={this.handleInputChange} />
        </label>
      </form>
    );
  }
}
ReactDOM.render(
```

# 项目 7　工业互联网中的 Web 开发

```
      <Reservation />,
      document.getElementById('example')
    );
  </script>
  </body>
</html>
```

## 项目训练

### 项目实施

**1. 总体介绍**

利用 React 框架，构建一个单页面应用（single-page-app），页面布局如图 7-5 所示。单击左侧导航栏的按钮时，右边的详细内容会发生变动，但标题栏的内容保持不变。

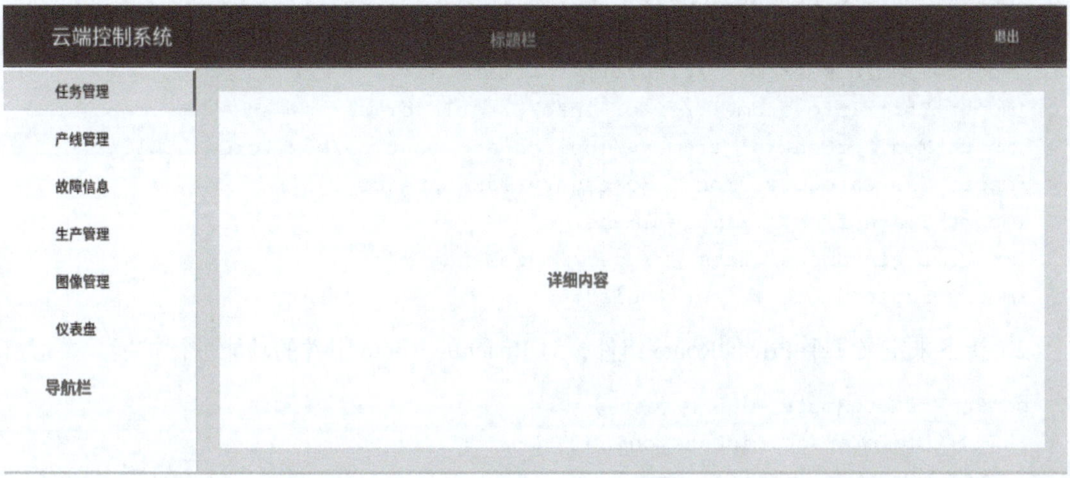

图 7-5　React 构建的页面实例

使用 antd 控件库（https://ant.design/docs/react/introduce-cn）中提供的控件进行页面构建。该控件库中包含了大量常用控件，如按钮、表格、分页等，可以方便开发工作。

解压 code.zip，打开 front_end/src 文件夹。该文件夹包含了 Web 界面的主要源代码，见表 7-1。

表 7-1　front_end/src 文件夹内容

| 子目录或文件 | 用途 |
| --- | --- |
| /category | 任务管理页面 |
| /dashboard | 仪表盘页面 |
| /error_info | 故障信息页面 |
| /image | 图片管理页面 |

（续）

| 子目录或文件 | 用途 |
| --- | --- |
| /monitor_and_control | 生产管理页面 |
| /nav | 导航栏 |
| /platform | 产线管理 |
| /user | 用户登录、权限管理界面 |
| /App.js | Web 程序入口 |

**2. 导航页面**

1）打开 App.js，在文件中导入所有需要的页面和所有依赖。

```
import React from 'react';
import Navigation from './nav/Navigation.js'
import {Route, Switch} from 'react-router-dom'
import 'antd/dist/antd.css';
import {Layout, Typography} from 'antd';
import Platform from './platform/Platform.js';
import ErrorInfo from './error_info/ErrorInfo.js';
import MonitorControl from './monitor_and_control/MonitorControl.js'
import TaskCategory from './category/TaskCategory.js';
import Image from './image/Image.js'
import LoginManager from "./user/LoginManager";
import Login from "./user/Login";
```

2）接下来定义一个 PrivateRoute 组件，对 React 的 Route 组件的功能进行扩展。

```
const PrivateRoute = ({...rest}) => {
    if (LoginManager.isUserLogin()){
        return <Route {...rest} />
    }
    LoginManager.forwardMainPage()
}
```

在该组件中，先调用 LoginManager 类的 isUserLogin 函数来判断用户是否登录。如果用户已经登录，则返回 React 的 Route 组件。Route 组件在 React 中用来构建单页面应用，指导页面根据用户的指令加载相应的内容。如果用户没有登录，会调用 LoginManager 的 forwardMainPage 方法，将页面重定向为登录界面。关于 LoginManager 的详细内容，可以自行阅读源代码。

3）定义 App 组件。在 App 组件的 Render 方法中，调用 LoginManager 的 isUserLogin 方法来判断用户是否已经登录，如果没有则返回登录界面。

```
if(!LoginManager.isUserLogin()){
    return <Login/>
```

## 项目 7　工业互联网中的 Web 开发

}

4）引入 antd 的 Header、Footer、Sider、Content 以及 Title 组件。

```
const {Header, Footer, Sider, Content} = Layout;
const {Title} = Typography;
```

5）在 return 语句中通过 antd 的 Layout 组件构建整个应用的页面布局。

```
<Layout style={{height: '100%'}}>
    ...
</Layout>
```

首先，在 Layout 组件中放入 Header 组件，并在 Header 中放入系统的名称以及退出按钮。

```
<Header>
    <span style={{color: "white", fontSize: '1.5em'}}>云端控制系统 </span>
    <span style={{float: 'right', color: "white"}}>
    <a onClick={LoginManager.logout} style={{color: 'inherit'}}> 退出 </a>
            </span>
</Header>
```

接着，在原来的 Layout 中嵌套一层 Layout，并通过 Sider 组件引入一个 200 像素（width=200）宽的导航栏，并且将背景设为纯白色（#FFF）。

```
<Layout>
    <Sider width={200} style={{background: '#fff'}}>
        <Navigation/>
    </Sider>
    ...
</Layout>
```

在 Sider 中，引入自定义的 Navigation 组件。该组件在 nav 文件夹中的 Navigation.js 文件中定义。

```
render () {
  return (
    <Menu
      mode="inline"
      defaultOpenKeys={['0']}
      defaultSelectedKeys={['0']}
      style={{ height: '100%'}}
    >
      <Menu.Item key='0'>
        <Link to="/task_category"><h1 style={{marginLeft:30}}> 任务管理 </h1>
</Link>
      </Menu.Item>
```

161

```
            <Menu.Item key="1">
              <Link to="/platform"><h1 style={{marginLeft:30}}>产 线 管 理 </h1></
Link>
            </Menu.Item>
            <Menu.Item key="2">
              <Link to="/error_info"><h1 style={{marginLeft:30}}>故障信息 </h1></
Link>
            </Menu.Item>
            <Menu.Item key="3">
              <Link to="/monitor_and_control"><h1 style={{marginLeft:30}}> 生产管理
</h1></Link>
            </Menu.Item>
            <Menu.Item key="4">
              <Link to="/image"><h1 style={{marginLeft:30}}> 图像管理 </h1></Link>
            </Menu.Item>
          </Menu>
        );
       }
```

从 Navigation 组件的 render 函数中,可以看出该组件实际上是通过 antd 的 Menu 组件封装了一个菜单栏。在菜单栏的每一个选项中,都有一个 React 的 Link 组件。该组件将会和前面提到的 Route 组件一起,完成单页面应用中不同内容的切换。

回到 App.js, 在 Sider 组件下方,再嵌入一层 Layout 组件,并在该 Layout 组件中加入 Content 组件。

```
<Layout style={{minHeight: '100%'}}>
    <Content style={{margin: 24, padding: 12, background: '#fff'}}>
        <Switch>
            <PrivateRoute exact path="/task_category" component={TaskCategory}/>
            <PrivateRoute exact path="/platform" component={Platform}/>
            <PrivateRoute exact path="/error_info" component={ErrorInfo}/>
            <PrivateRoute exact path="/monitor_and_control" component=
{MonitorControl}/>
            <PrivateRoute exact path="/image" component={Image}/>
        </Switch>
    </Content>
</Layout>
```

Content 组件对应的是页面中的详细内容部分。在 Content 组件中,引入了 Switch 和 PrivateRoute 组件。前面提到过,PrivateRoute 组件在用户登录过的情况下等于 React 的 Route 组件。其中,每个 PrivateRoute 组件都有一个 path 属性,path 的值对应某一个 url。这里的 path 属性和 Navigation.js 中 Link 组件的 to 属性相对应,指示页面加载相对应的组件内容。例如,如果用户单击了 Navigation 组件中"产线管理"菜单选项,由于该选项中的 Link 组件的 to 属性为 /platform,则 Switch 组件会找到 path=/platform 的 Route 组件所对应的

component 属性，即 Platform，然后加载 Platform 的内容。

### 3. Platform 页面

下面以 Platform 页面为例讲解详细内容的展示，其他页面与此类似，有兴趣的读者可以自行阅读源代码。

1）打开 nav/Platform.js 文件，在文件的开头引入本页面所需要的组件。

```
import React from 'react';
import axios from 'axios'
import 'antd/dist/antd.css';
import { Table, Tag, Button, message } from 'antd';
import PlatformDetails from './PlatformDetails.js'
```

其中，Axios 是一个 HTTP 客户端，下面将用它来调用服务端的 API。PlatformDetails 是有关产线的详细信息页面，将在添加产线和修改产线时以对话框的形式弹出。

2）在 Platform 组件中，定义一个 fetchData 函数。在该函数中，通过 Axios 调用了服务端的任务类别 API（url:api/task_category, HTTP 方法 :get）以及产线 API（api/platform, HTTP 方法 :get），并将所得到的内容放到 state 里面。

```
fetchData = () => {
    axios.get('api/task_category').then(response => {
        let id_name_mapping = {};
        response.data.map(x => id_name_mapping[x.id] = x);
        //console.log(id_name_mapping)
        this.setState({ task_categories: id_name_mapping });
        return id_name_mapping;
    }).then(task_categories => {
        axios.get('api/platform').then(response => {
            let id_platform_mapping = {};
            response.data.map(x => id_platform_mapping[x.id] = x);
            console.log("response.data", id_platform_mapping);
            this.setState({ platforms: id_platform_mapping });
        }).catch(function (error) {
            console.log('Error', error)
        });
    }).catch(function (error) {
        console.log('Error', error)
    });
}
```

3）在 componentWillMount 函数中调用 fetchData 函数。

```
componentWillMount () {
    this.fetchData();
}
```

componentWillMount 是在浏览器将要加载页面内容之前被调用的。在该函数中调用 fetchData 可以保证在执行 render 函数之前所需要的产线和任务信息都已经正确获得。

4）定义 handleDelete 函数。该函数在用户单击删除按钮时被调用。在该函数中，通过 Axios 调用删除产线的 API（url:api/task_category, HTTP 方法 :delete）来删除产线。

```
handleDelete = (e) => {
    let platform_id = e.target.getAttribute('platform_id');
    console.log('platform_id', platform_id)
    axios.delete('api/platform', { data: platform_id }).then(response => {
        message.info('删除成功', 1);
        this.fetchData();
    }
    ).catch(function (error) {
        console.log('error', error);
        message.info(error.message, 2);
        return;
    });
}
```

5）在 Render 方法中，首先获得了通过 fetchData 获取的产线和任务信息，以及引入了 antd 中表格列的 Column 组件。

```
const { platforms, task_categories } = this.state;
const { Column } = Table;
```

6）判断产线信息是否加载成功，如果因为网络等各种原因未能加载成功，将不会加载页面。

```
if (platforms === null) {
    return null;
}
```

7）在 return 语句中，利用 antd 的 Table 组件构建显示产线信息的表格。

```
return (
    <div style={{ 'background': "white" }}>
        <Table
            dataSource={Object.values(platforms)}
            footer={ () => <PlatformDetails updateParent={this.fetchData} />}
        >
            <Column title="编号" dataIndex="id" key="id" />
            <Column title="产线名称" dataIndex="name" key="name" />
            <Column title="任务类别" dataIndex="task_category_id" key="task_category"
                render={ task_category_id => {
                    if (task_categories[task_category_id] !== undefined) {
                        return task_categories[task_category_id].name;
```

```
                    }
                }
            }
        />
        <Column title=" 操作 " dataIndex="id" key="action"
            render={ platform_id =>
                <div>
                    <PlatformDetails platform={platforms[platform_id]}
                        updateParent={this.fetchData} />
                    <Button onClick={this.handleDelete} platform_id={platform_
                        id} >
                        删除
                    </Button>
                </div>
            }
        />
    </Table>
</div>
);
```

其中，Table 元素的 dataSource 属性表示表格内容的数据来源，footer 属性指定表格所显示的脚标内容。通过 PlatformDetails 组件指定 footer 是一个添加按钮。

然后，构建四个 Column 组件，分别表示产线管理页面中的编号、产线名称、任务类别、操作四个列。其中 dataIndex 属性表示 Table 组件的 dataSource 属性中代表该列的属性名称，key 属性是 React 中为了区别多个相同类别组件的标识符，可以认为是该组件的 id。最后一个 Column 中指定了 render 属性，该属性是在当该列的数据不能直接从 dataSource 属性中获取时，通过该属性所指定的函数来获得该列的数据。该函数的参数代表 dataSource 中由 dataIndex 指定的属性的值，该函数的返回值即当前列的内容。

这里为每个产线添加了一个修改（PlatformDetails）和一个删除（Button）按钮。关于 antd 中表格的使用详情，可以参考 https://ant.design/components/table-cn/。

**4. RESTful API 的设计与实现**

（1）RESTful API 服务端

swagger 是一个非常强大、易用的 Restful API 设计工具，个人可以免费使用。

登录 https://editor.swagger.io/ 进入 swagger 编辑器。解压 code.zip，并找到 server/swagger_server/swagger/swagger.yaml 文件，将其中的内容复制粘贴至 swagger 编辑器。可以看到，定义了 7 种 API 类型和 9 种数据类型，可以浏览这些数据类型和 API 了解各自的作用。

然后，单击 swagger 编辑器上方的"generate server"按钮，选择"python-flask"，并且将生成的文件保存在本地。下载的文件名称默认为"python-flask-server.zip"。解压之后如图 7-6 所示。

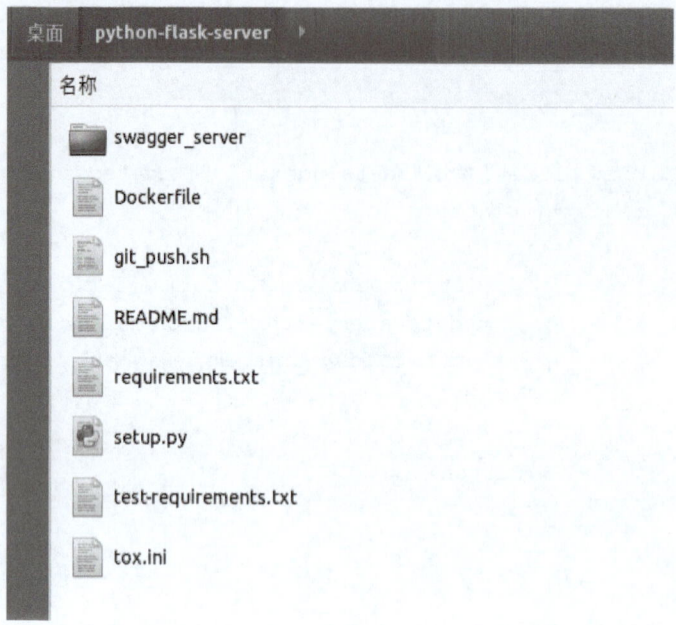

图 7-6　python-flask-server.zip 解压缩

其中，requirements.txt 包含了需要安装的 Python 安装包，可以通过 pip3 install-requirements.txt 安装。

然后，打开 swagger_server，如图 7-7 所示。

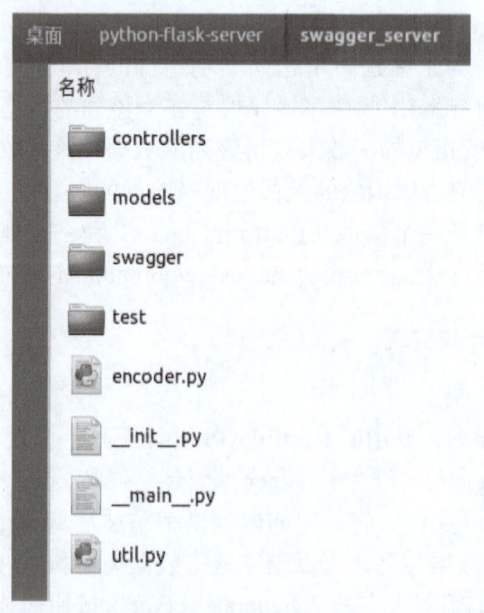

图 7-7　swagger_server

swagger_server 文件夹包含了 swagger 自动生成的代码。其中 models 是根据在 swagger 编辑区中指定的数据类型而生成的代码，controllers 包含了定义的 API 的框架，swagger 文件夹包含了刚刚在 swagger 编辑器内定义的 yaml 文件。

下面以 get 方法、网址为 /task_category 的 API 为例，说明如何构建 Restful API。

在 swagger.yaml 中定义上述 API 的部分代码，如图 7-8 所示。其中第一行 /task_category 表示该 API 的相对网址。在找到结合了部署机器的 IP、端口以及整个服务的根地址之后，就可以得到某个 API 的绝对网址。根地址在 swagger.yaml 文件中通过 basePath 可以找到。如图 7-9 所示，目前定义的根地址为 /api。

```
/task_category:
  get:
    tags:
    - "category"
    summary: "获取任务类别"
    description: "获取任务类别"
    operationId: "get_task_categories"
    produces:
    - "application/json"
    parameters:
    - name: "name"
      in: "query"
      required: false
      type: "string"
    responses:
      200:
        description: "successful operation"
        schema:
          type: "array"
          items:
            $ref: "#/definitions/TaskCategory"
      400:
        description: "Invalid ID supplied"
    x-swagger-router-controller: "swagger_server.controllers.category_controller"
```

图 7-8　swagger.yaml 中定义 API

```
basePath: "/api"
```

图 7-9　定义的根地址 /api

那么，假设这个服务部署在 111.111.111.111 的机器上，端口是 8080，则该 API 的绝对地址为 http://111.111.111.111:8080/api/task_category。

第二行为 HTTP 的方法名称。在 HTTP 中，有四个方法可以选择，分别是 get、post、put、delete。

接下来定义 tag，所有的 API 会根据 tag 显示在 swagger 编辑器的展示区内，同时生成的代码也会根据 tag 放在相同的 python 文件中。

然后，在 operationId 中定义 Python 代码中的方法名称——get_task_categories，结合 tag 称为 category，可以在 swagger_server/controllers/category_controller.py 中找到 get_task_categories 方法，该方法就是需要实现具体业务逻辑的地方。

在 parameters 中，定义了该 API 的输入参数。该 API 只包含一个参数，名称为 name，由 query 的方式传入。该参数是一个可选参数，类型为 String。

在 response 中，定义了返回参数。当函数执行正常时，HTTP 的返回代码为 200，返回的内容包含了一个类型为 TaskCategory 的数组。当函数执行出错时，HTTP 的返回代码是 400。

在 swagger.yaml 的后半部分，给出了 TaskCategory 定义内容，如图 7-10 所示。

```
definitions:
  TaskCategory:
    type: "object"
    properties:
      id:
        type: "string"
      name:
        type: "string"
        description: "任务类型名称"
      service_uri:
        type: "string"
        description: "模型地址"
    example:
      name: "name"
      id: "id"
      service_uri: "gpu-workstation:9595/cnn/100"
```

图 7-10　TaskCategory 定义内容

图 7-10 定义了 TaskCategory 类型的数据结构。可以看到，该类型有 3 个属性，分别为 id、name 和 service_uri。三者均为 String 类型。

接下来，打开 swagger_server/controllers/category_controllers.py，可以看到生成的代码已经自动引用了 TaskCategory 类型：

```
from swagger_server.models.task_category import TaskCategory
```

然后，找到如下部分代码：

```
def get_task_categories(name=None):  # noqa:E501
    """获取任务类别
    获取任务类别 # noqa: E501
    :param name:
    :type name: str
    :rtype: List[TaskCategory]
    """
    return 'do some magic!'
```

这里，swagger 已经生成了该 API 的框架，只需要在该函数内完成相应的业务逻辑即可完成该 API 的编写。在此，实现一个简单的逻辑如下：

```
def get_task_categories(name=None):  # noqa:E501
    """获取任务类别
    获取任务类别 # noqa: E501
    :param name:
```

# 项目 7　工业互联网中的 Web 开发

```
        :type name: str
        :rtype: List[TaskCategory]
        """
        task_category1=TaskCategory(id='1',name="nut",service_uri="localhost:10000")
        task_category2=TaskCategory(id='2',name="fruit",service_uri="localhost:10001")
        task_categories=[task_category1, task_category2]
        if name is not None:
          task_categories = [x for x in task_categories if x.name==name]
        return task_categories
```

然后，打开命令行，将命令行的当前目录切换至 python-flask-server 目录，并且输入如下命令：

PYTHONPATH=.python./swagger_server/_main_.py

如果没有其他问题，应该可以看到如下输出：

```
*Serving Flask app "_main_" (lazy loading)
*Environment: production
 WARNING: Do not use the developent server in a production environment.
 Use a production WSGI server instead.
*Debug mode: off
*Running on http://0.0.0.0:8080/ (Press CTRL+C to quit)
```

其中，最后一行表示该服务正监听 8080 端口。

接下来回到 swagger 编辑器，在展示区打开 GET /task_category，如图 7-11 所示。

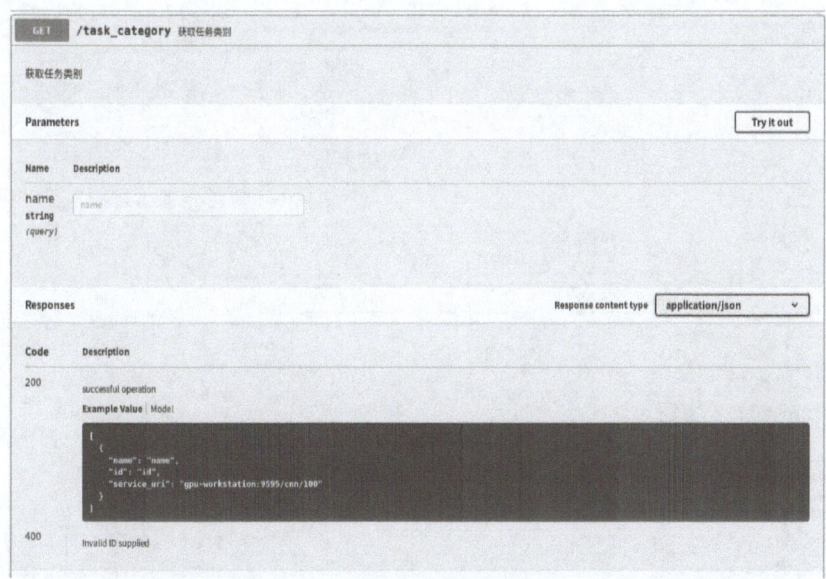

图 7-11　GET /task_category 内容

单击右侧的"Try it out"按钮，在 name 中输入"nut"，并且单击"Execute"，如图 7-12 所示。

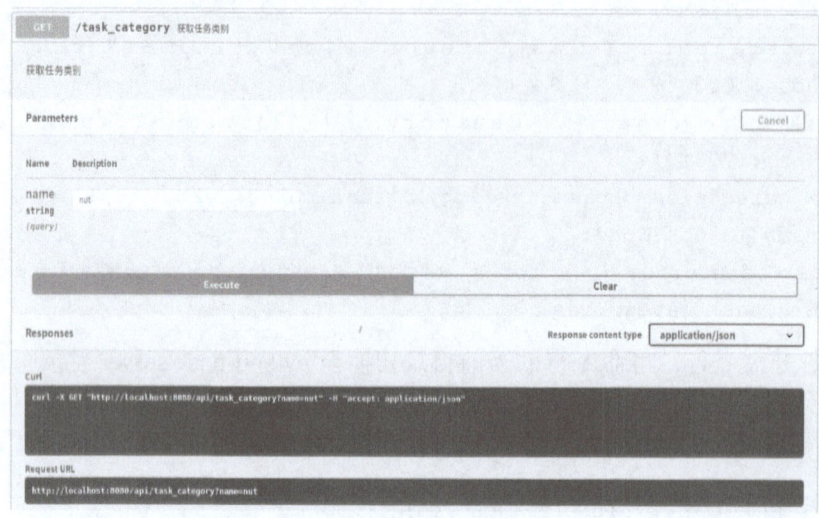

图 7-12　执行界面

将 Curl 文本框中的代码复制到命令行中执行（先要确保安装了 Curl），如图 7-13 所示。可以看出，服务器返回了期望的答案。

（2）Restful API 客户端

在 swagger 编辑器的上方单击"generate client"，然后单击"Python"，并且将生成的文件下载到本地。生成的文件夹默认名为"python-client"。打开该文件夹，可以看到如图 7-14 所示的目录结构。

图 7-13　Curl 代码　　　　　　图 7-14　python-client 文件夹

其中，swagger_client 是生成的客户端代码；README.md 是对该文件夹的说明，里面

## 项目 7　工业互联网中的 Web 开发

包含了样例程序；requirements.txt 里面包含了需要安装的 Python 程序包。

首先通过 pip 安装 Python 程序包，安装命令为

pip3 install-r requirements.txt

然后把当前目录切换到 swagger_client，并新建一个名为 _main_.py 的函数，然后输入以下代码：

```
from_future_import print_function
import time
import swagger_client
from swagger_client.rest import ApiException
from pprint import pprint

conf = swagger clinet.Configuration()
conf.host = "http://localhost:8080/api"
client = swagger_client.ApiClient(conf)
categary_api = swagger_client.CategoryApi(client)

try:
  task_categories = category_api.get_task_categories(name=.nut.)
  pprint(task_categories)
except ApiException as e:
  print(e)
```

把当前目录切换到上级目录，并且输入以下命令：

PYTHONPATH=.python swagger_client/_main_.py

如果一切正常，可以看到返回结果如下：

[{.id.:.1.,.name.:.nut.,.service_uri.:.localhost:10000.}]

### 5. PLC 数据采集与上传

1）软件包介绍。industrial_internet 软件包结构分为四部分：example 文件夹存放主程序模块，modules 文件夹存放被调用的所有子程序模块，document 文件夹存放与底层 PLC 通信的接口地址，package 文件夹存放所有与之相关的第三方库文件，如图 7-15 所示。

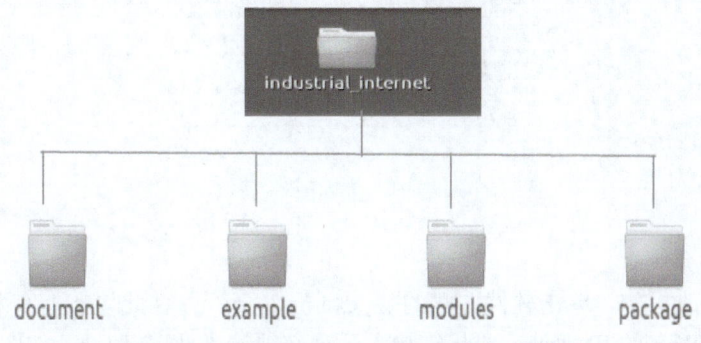

图 7-15　industrial_internet 软件包结构

2）用 pycharm 打开软件。单击"pycharm" 图标，打开软件，在 pycharm 中打开"industrial_internet"文件夹，如图 7-16 所示。

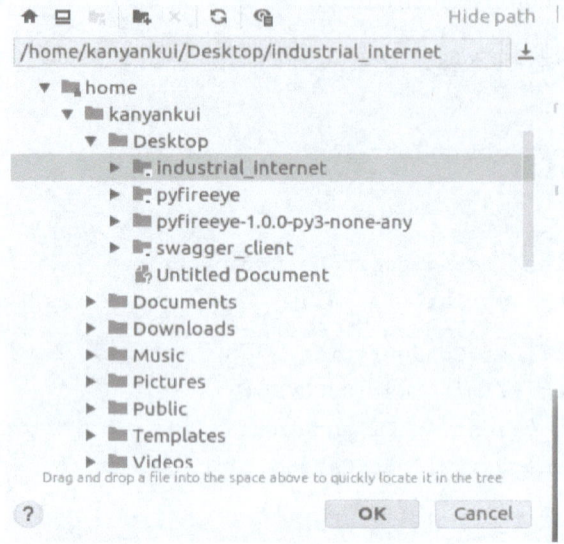

图 7-16　用 pycharm 打开软件

进入主界面，如图 7-17 所示。

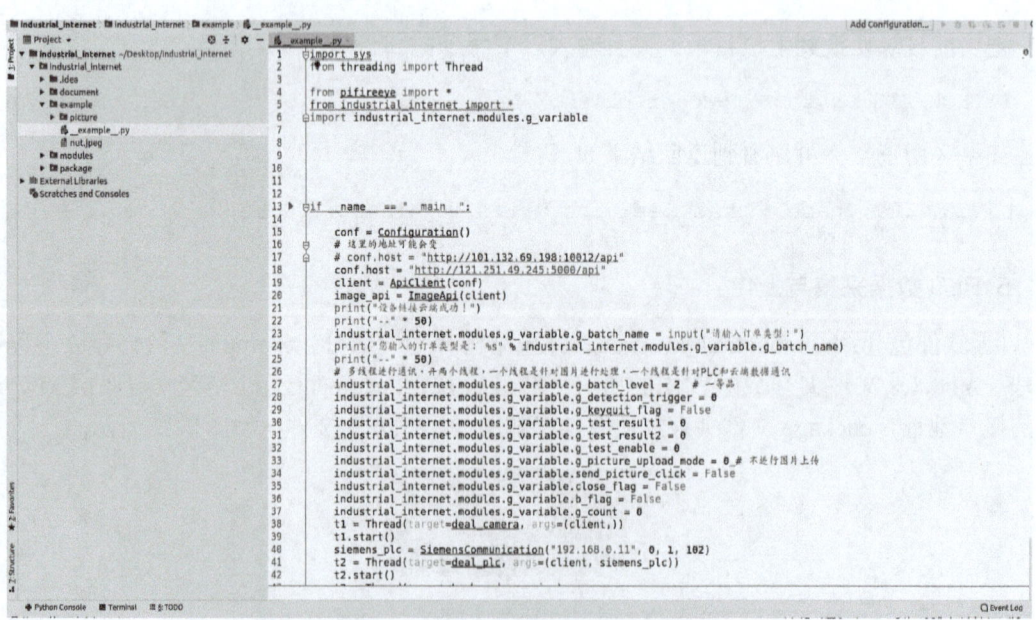

图 7-17　主界面程序

3）软件功能介绍。

① IP 地址修改操作。单击软件左侧的"_example_.py"，在此设备上有两个 IP 地址，第一个是链接云端 Web 的 IP 地址，要想链接上云，必须输入此 IP 地址，如图 7-18 所示。

# 项目 7 工业互联网中的 Web 开发

```
conf.host = "http://121.251.49.245:5000/api"
client = ApiClient(conf)
image_api = ImageApi(client)
```

图 7-18 云端 IP 地址设置

另外一个 IP 地址是和底层电气设备层的链接地址，这个地址是 PLC 主站的 IP 地址，如图 7-19 所示。

```
siemens_plc = SiemensCommunication("192.168.0.11", 0, 1, 102)
t2 = Thread(target=deal_plc, args=(client, siemens_plc))
t2.start()
```

图 7-19 PLC 主站 IP 地址设置

② 多线程方式。采用多线程方式，建立三个独立线程，并行执行 PLC 数据上传和下载、图片采集上传、键盘扫描三个功能。三个方法被封装在 deal_with.py 文件中，如图 7-20 所示。

```
t1 = Thread(target=deal_camera, args=(client,))
t1.start()
siemens_plc = SiemensCommunication("192.168.0.11", 0, 1, 102)
t2 = Thread(target=deal_plc, args=(client, siemens_plc))
t2.start()
t3 = Thread(target=keyboard_scanning)
t3.start()

t1.join()
t2.join()
t3.join()
```

图 7-20 deal_with.py 文件内容

③ 图片采集类。图片采集存放在 take_photo.py 文件中，封装在 TakePhtot 类中，采用 opencv 第三方库，对相机进行识别、拍照。整体类中封装了四个方法，即打开相机、输出视频流、拍摄图片和关闭相机，如图 7-21 所示。

```
import cv2


class TakePhoto(object):
    def __init__(self, num=0):
        self.num = num

    def open_camera(self):
        cap = cv2.VideoCapture(self.num)
        return cap

    def show_photo(self, cap):
        ret_flag, Vshow = cap.read()
        cv2.imshow("Capture_Test", Vshow)
        k = cv2.waitKey(1) & 0xFF   # 每帧数据延时 1ms，延时不能为 0，否则读取的结果会是静态帧
        return Vshow

    def save_photo(self, vshow):
        now_name = "1"
        cv2.imwrite("./picture/nut" + ".jpeg", vshow)

    def close_camera(self, cap):
        # 释放摄像头
        cap.release()
        # 删除建立的全部窗口
        cv2.destroyAllWindows()
```

图 7-21 take_photo.py 文件内容

④ PLC 通信类。PLC 通信类存放在 siemens_communication.py 文件中，封装在 Siemens Communication 类中，通过 snap7 这个第三方库，建立西门子系列 PLC 和 Python 的通信。整个通信数据分为两大块，一个是 io 的通信，一个是双字的通信，通过类中封装的方法分别实现，如图 7-22 所示。

```
import snap7
from pifireeye import *
import struct
import industrial_internet.modules.g_variable
import time

"""
...
"""

"""
...
"""

class SiemensCommunication(object):
    """This is a Siemens PLC memory read and write class"""
    def __init__(self, ip, rack=0, slot=1, tcp_port=102):
        self.ip = ip
        self.rack = rack
        self.slot = slot
        self.tcp_port = tcp_port
        self.s7_client = snap7.client.Client()

    # 链接PLC
    def link_plc(self):...

    # 读取IO信号
    def read_data_io(self, area, db_number, start, size, client):...

    # 读取设备信号
    def read_data_status(self, area, db_number, start, size, client):...

    # 写入信号
    def write_data_status(self, client):...

    # 断开链接
    def client_destroy(self):...
```

图 7-22　siemens_communication.py 文件内容

⑤ 键盘扫描方法。键盘扫描方法被封装在 deal_with.py 中，主要是扫描键盘，跳转到相应的操作当中去，如如何控制设备进入到学习状态，如何进入到检测分选状态等。在程序运行后，输入"s"，按下回车键，显示如图 7-23 所示内容。根据后续内容的需要，选择相应的指令如：

```
'q': 退出所有的线程，程序结束！\n
's': 显示设置信息！\n
'k': 上传训练图片！\n
'c0~2': 选择开心果训练图片的类型，0.不合格　1.二等品　2.一等品\n
'u0~2': 图片的上传模式，0.不上传　1.训练图片上传　2.检测图片上传\n
```

图 7-23　键盘扫描

一等品上传训练图片模式：c2 + u1；
二等品上传训练图片模式：c1 + u1；
不合格品上传训练图片模式：c0 + u1；
检测图片上传：u2；

## 项目7 工业互联网中的 Web 开发

停止所有运行：q。

上传图片至云端测试的步骤如下：

1）按下计算机电源键，启动计算机。

2）计算机启动后，单击桌面 ![icon] 图标进入软件界面，如图 7-24 所示。

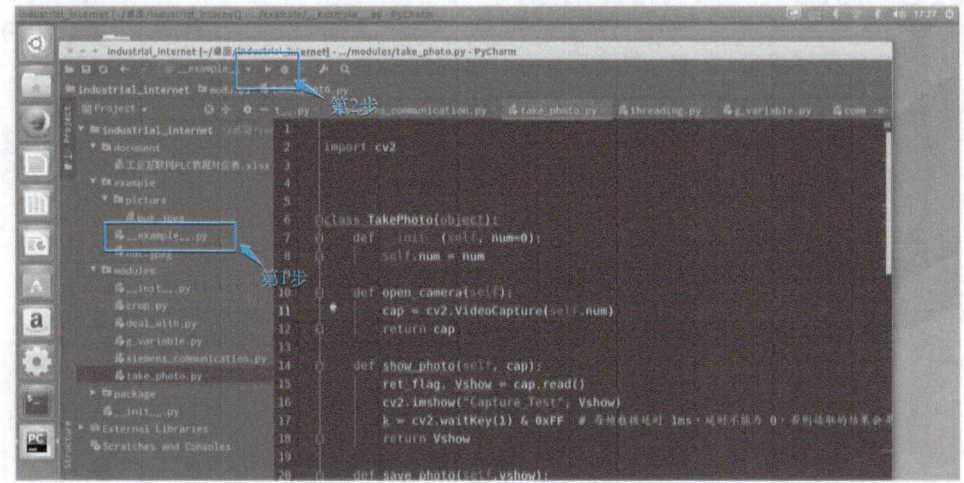

图 7-24　软件界面

3）进入 example.py 界面，输入订单类型，如图 7-25 所示。

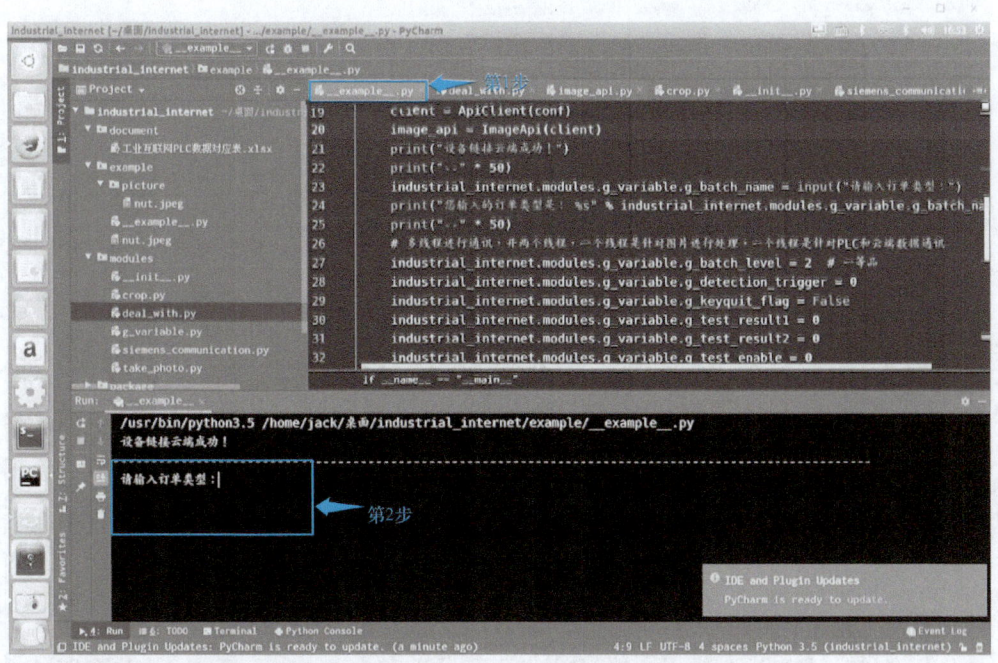

图 7-25　订单类型选择

4）按下回车键，相机自动启动，如图 7-26 所示。

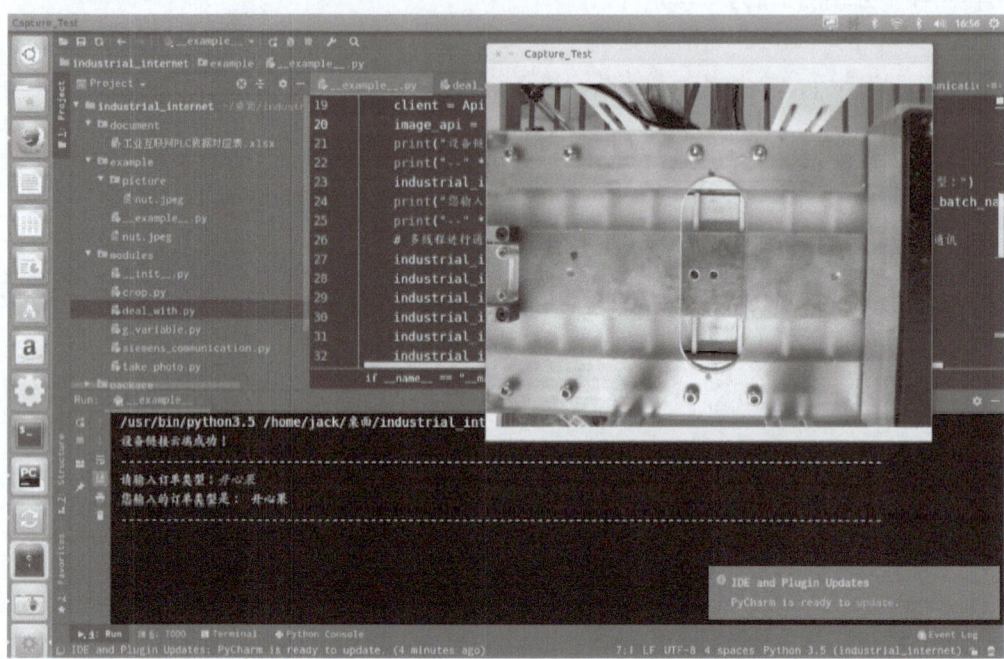

图 7-26　相机自动启动

5）输入"s"（帮助键），按下回车键，显示如图 7-27 所示内容。

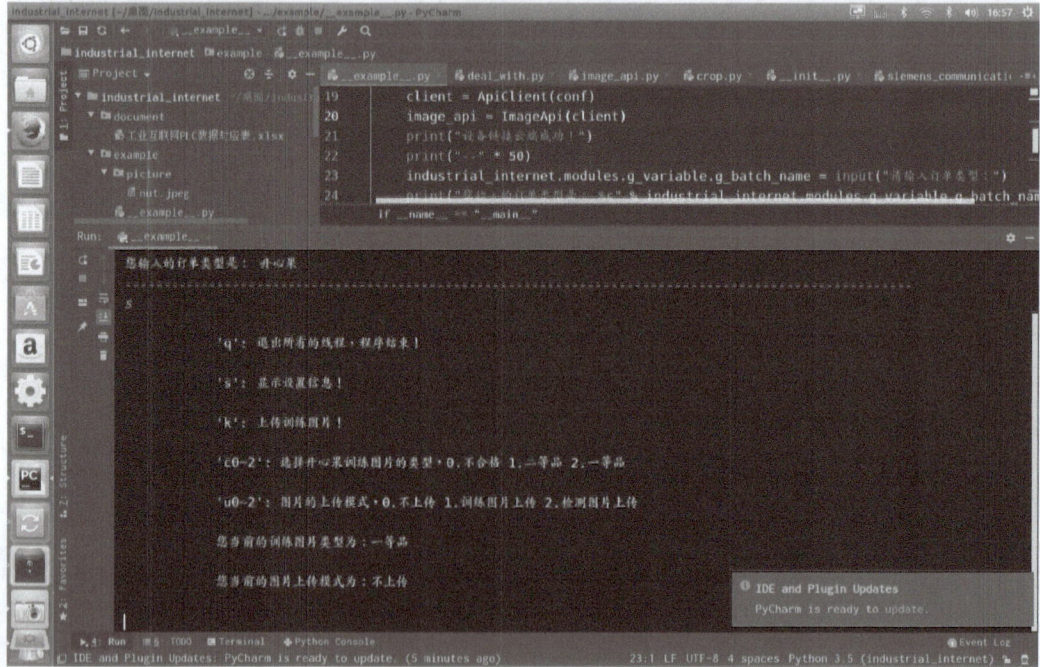

图 7-27　显示内容

## 项目 7　工业互联网中的 Web 开发

6）输入"u1"选择训练图片上传模式，按下回车键，选择输入"c0""c1""c2"上传图片类型，按下回车键。

7）准备物料，触摸屏开启，如图 7-28 所示，选择"上料工位"，"拍照开启"，选择"学习模式"。

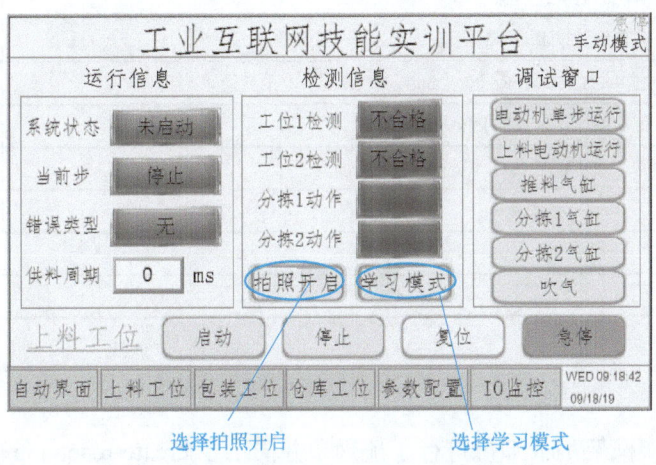

图 7-28　触摸屏信息

8）准备物料倒入送料分拣组件的料仓，单击"启动"按钮，上料工位自动运行上传训练图片，如图 7-29 所示。

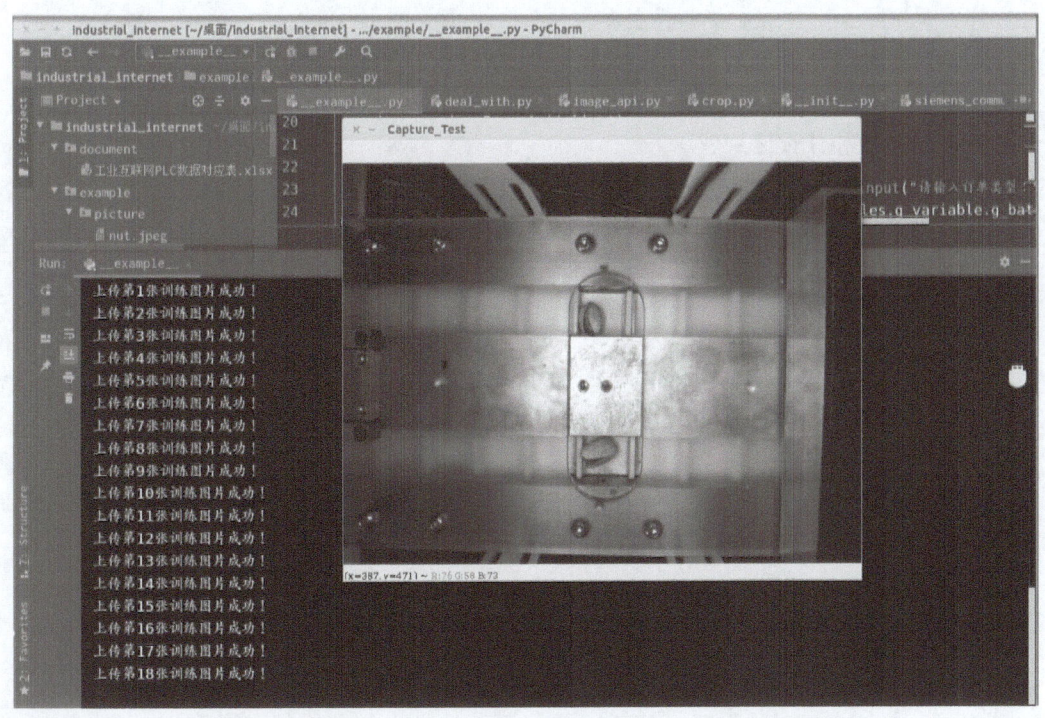

图 7-29　拍照结果

工业互联网技术与应用

### 项目验收

表 7-2 项目完成指标对照表

| 评价内容 | 具体指标 | | 完成情况 |
|---|---|---|---|
| 综合能力 | 了解产品需求，熟悉 Web 前端开发设计 | | |
| | 具备良好的技术文档编制能力 | | |
| 专业知识 | 熟悉 React、React Router、antd、RESTful API 的使用 | | |
| 技术技能 | 掌握前端设计、数据上传等技能操作 | | |
| 工程实践 | 具备工业互联网中 Web 运行与管理经验 | | |
| 目标完成 | 完成★★ | 基本完成★☆ | 未完成☆☆ |
| 学习收获 | | | |
| 学习反思 | | | |

### 项目小结

本项目对 React 框架基本知识进行了梳理，并演示了 create-react-app 脚手架的安装和项目的创建。对 ant-design 组件进行了介绍，并演示了 antd 组件库的引入使用。通过本项目的学习，可以对 React 框架和 antd 组件的操作使用有初步了解，为 Web 项目的开发奠定基础。

### 课后作业

1. 什么是 React？React 有哪些主要特点？
2. 元素和组件有什么区别？如何在 React 中创建组件？
3. 简述 React 组件生命周期的三个状态。
4. 状态和属性有什么区别？
5. 如何使用 antd 组件？

# 项目 8

# Docker 容器技术及应用

> 学习目标

1）了解 Docker 技术的相关概念。
2）掌握 Docker 镜像的操作方法。
3）掌握 Docker 容器的管理方法。
4）掌握 Docker 中网络的连接方法。

> 岗位能力素养

1）具备 Docker 部署与管理的综合能力。
2）具备良好的技术文档编制综合能力。

> 项目情景

工业互联网主要面向的是制造业的数字化、网络化和智能化需求，构建基于海量数据的采集、汇聚分析和服务体系。很多企业都想构建一个属于自己的资源泛在、链接、弹性供给、高效配置的开放式工业互联网平台，那么这样一个平台如何去实现呢？

工业 App 被视为构建工业互联网平台的关键，但同时也成为当前我国工业互联网平台发展的瓶颈之一。我国工业互联网平台发展目前还处于初级阶段，工业 PaaS 平台能力不够，工业互联网平台上所谓的工业 App 基本上都是工业云平台上的软件"移植"而来，依靠工业 PaaS 上的行业机理模型"生长"出来，"原生"工业 App 较少。

企业云上的应用开发要想更好、更快地发展，容器化是一个不错的选择。容器在设计中融入了对云原生应用的支持。云原生应用有一套基准代码，以保证同一套代码容易迁移到不同环境中去运行。在容器中，Dockerfile 也是基准代码的一部分，和应用业务代码保存在同一个代码仓库中，用同一套版本标号。基于容器体系交付的软件产品不再是一个可执行程序，而是一个 Docker 镜像。Docker 镜像的移动性比传统的可执行程序高得多。Docker 的出现正好解决了限制云原生应用构建、交付和运行的瓶颈，使得构建云原生应用成为使用 Docker 的开发者自然而然的选择。

> 知识储备

## 8.1 了解 Docker 技术的相关概念

### 8.1.1 认识 Docker 技术

Docker 是一个基于开源技术构建的项目平台，最初是 PaaS 提供商 dotCloud 公司的一个内部开源项目。Docker 基于 Google 公司的 go 语言实现，后期又由于 Linux 的加入，遵循了 Apache 2.0 协议，并一直将代码开源并托管在 GitHub 上。

Docker 自 2013 年诞生以来受到了广泛的关注，Docker 技术就是基于操作系统级的虚拟化技术。虚拟化技术在计算机中是一种资源管理技术，是将计算机的各种实体资源，如 CPU、内存、存储、网络等进行抽象并转换后呈现出来，进而可以打破实体结构间的不可分割的障碍，使用户可以用比原来组态更好的方式去应用这些资源。在实际生产环境中，虚拟化技术用来解决两个问题，一个是物理硬件性能过剩导致的计算资源闲置的问题，如现在流行的云计算技术就是虚拟化技术的一个体现；另一个是老旧物理硬件设备性能较低，可以通过虚拟化技术来透明化底层物理硬件，进而最大化地应用物理硬件计算资源。

Docker 的基础也是 Linux 容器（Linux Container，LXC）等技术，在 LXC 的基础上 Docker 进行了进一步的封装，让用户不需要去关心容器的管理，使得操作更为简便。用户操作 Docker 的容器就像操作一个快速轻量级的虚拟机一样简单。

通过图 8-1 和图 8-2 对比，可以明显地看出 Docker 和传统的虚拟化技术的不同之处。

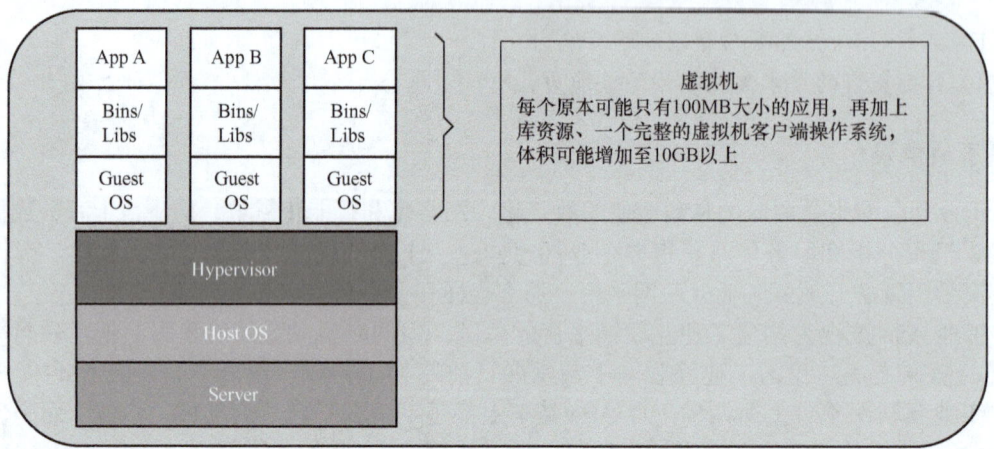

图 8-1　传统的虚拟化技术

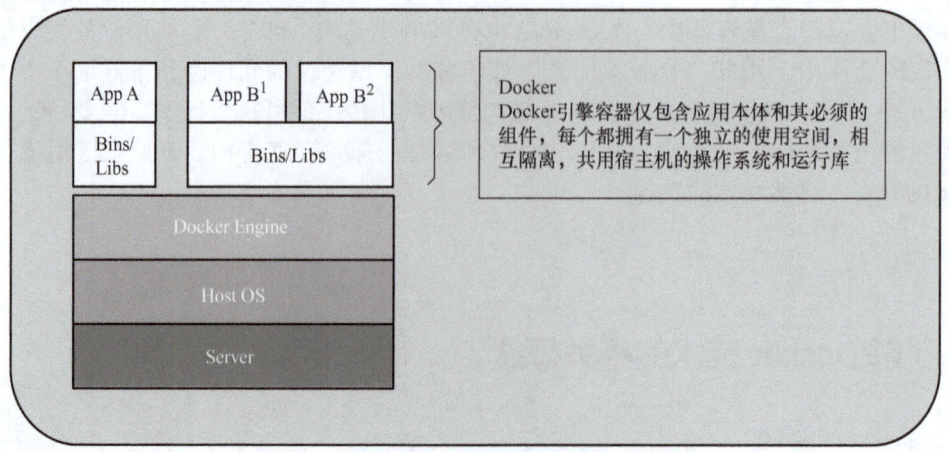

图 8-2　Docker 技术

## 项目 8　Docker 容器技术及应用

传统虚拟化技术是在硬件层面实现，而容器技术是在操作系统层面实现虚拟化，也就是通过内核虚拟化技术（namespaces 及 cgroups 等）来提供容器的资源隔离与安全保障等。由于 Docker 通过操作系统层的虚拟化来实现隔离，所以 Docker 容器在运行时，不需要类似虚拟机（Virutal Machines）那样额外的系统开销，进而可以提高资源利用率。

Docker 就是一个用来构建、运输和运行分布式应用的开放式平台，核心理念是构建（build）、运输（ship）、运行（run），也就是通常所说的"一次构建，处处运行"。

### 8.1.2　Docker 的特点

作为一种新兴的虚拟化技术，Docker 跟传统的虚拟化技术相比具有众多的优势，具体如下：

1）Docker 容器运行速度快，它的启动和停止是秒级实现，相对传统虚拟机方式而言，速度上有非常大的优势。

2）Docker 容器对系统资源的需求很少。一台物理硬件主机上可以运行上千个 Docker 容器，它复用了本地物理主机的内核，因此是一个轻量级的应用。Docker 容器除了运行其中的应用以外，对外基本没有其他的资源消耗，因此可以大大减少系统的额外开销。而传统的虚拟机方式开启一个应用可能需要开启一台虚拟机，系统额外开销非常庞大。

3）Docker 容器操作便捷，可以非常方便地让用户获取、分发和更新需要的应用镜像。

4）Docker 支持自动化创建和部署机制。Docker 通过 Docker file 的配置文件来支持灵活的自动化创建和部署。

5）更高效的资源利用。Docker 容器的运行不需要额外的 hypervisor 支持，它是内核级的虚拟化，因此可以实现更高的性能和效率。

6）更轻松的迁移和扩展。Docker 容器几乎可以在任意的平台上运行，包括物理机、虚拟机、公有云、私有云、个人计算机、服务器等。这种兼容性可以让用户把一个应用程序从一个平台直接迁移到另外一个平台。

7）更简单的更新管理。使用 Docker，只需要小小的修改，就可以替代以往大量的更新工作。所有的修改都以增量的方式被分发和更新，从而实现自动化并且高效的管理。

### 8.1.3　关于 Docker 的三个基本概念

#### 1. Docker Image

镜像（image）就是一个只读的模板，一个镜像可以包含一个完整的操作系统运行环境，里面仅仅安装了用户所需的应用程序，如 Apache、MySQl 等。

镜像可以用来创建 Docker 容器，Docker 通过提供一个 get 的方式，让用户来创建或更新现有的镜像，用户甚至可以通过下载的方式获取一个做好的镜像进行使用。

#### 2. Docker Container

Docker 是利用容器（container）来运行应用的。容器是从镜像创建的一个运行实例，它可以启动、运行、停止和被删除，容器与容器之间是相互隔离的，以此来保障容器使用的安全性，可以把容器理解为一个简化版的 Linux。

### 3. Dcoker Repository

仓库（repository）是集中存放镜像的地方，分为公开仓库（public）和私有仓库（private）两种类型。目前最大的公开仓库就是 Docker Hub，用户可以方便地从其中下载所需要的各类镜像。国内的公开仓库如网易云，可以提供给国内用户稳定而快速的访问需要。用户也可以在本地创建一个自己的私有仓库来存放自己创建好的镜像，使用时只需要从仓库拉下来即可，非常方便和快速。

▶ 拓展提升 ◀

在实际生产环境下，都会把 Docker 安装在 Linux 操作系统中，因此，首先需要安装 CentOS Linux 系统。关于 CentOS 的安装，这里不做过多介绍。

建议采用最小化方式进行安装 CentOS，安装完毕后需要对虚拟机的网络做相关配置和调整，然后就可以通过远程访问（这里使用 SSH）的方式链接到虚拟机上进行操作，远程链接所需要的软件（这里使用 PuTTY），界面比较简洁，操作快捷，还可以根据需要调整输入样式。操作界面如图 8-3 所示。

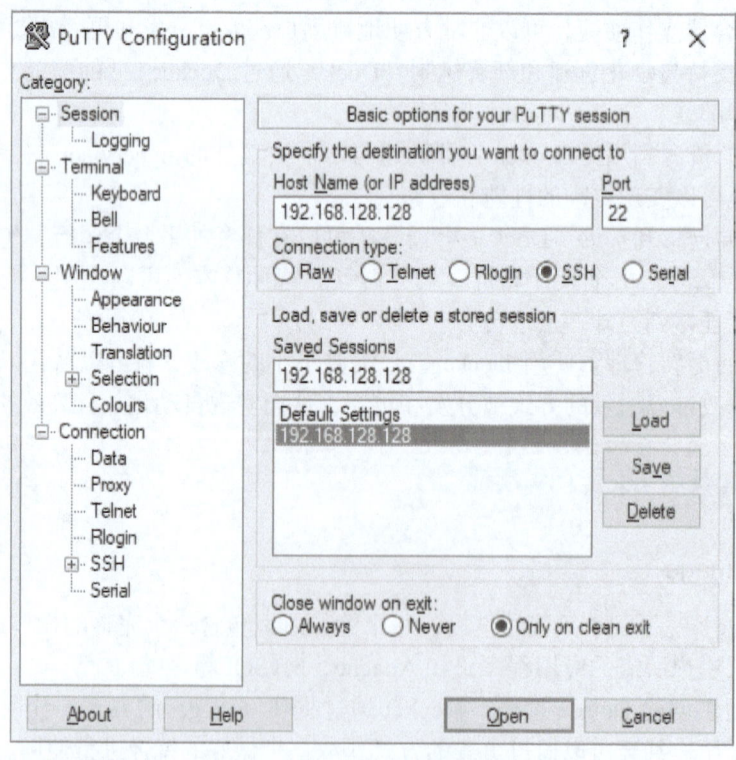

图 8-3　操作界面

首先，对虚拟机的网卡配置文件进行编辑，调整相应参数，方便后期连接使用。输入命令：

［root@localhost ~］#vim /etc/sysconfig/network-scripts/ifcfg-ens33

## 项目 8　Docker 容器技术及应用

这里根据 VMware 网络环境，选择 NAT 模式，环境参数如图 8-4 所示。

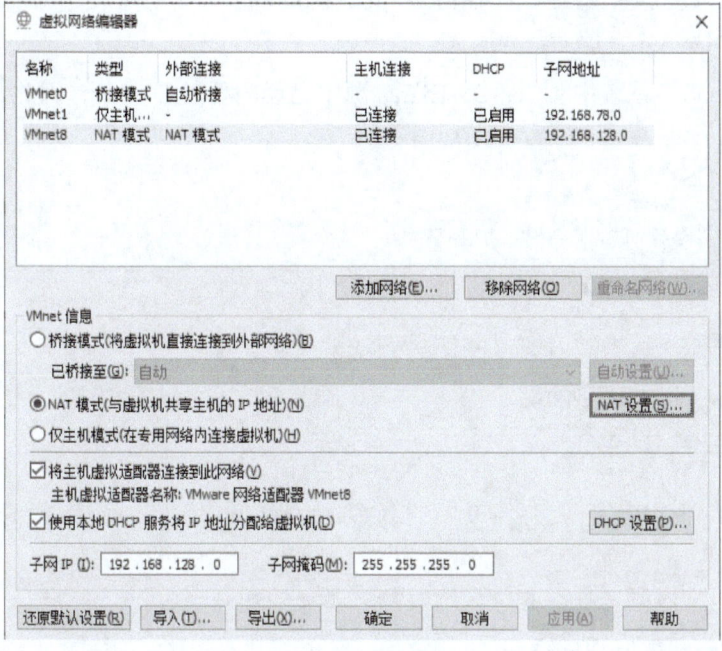

图 8-4　网络环境参数

根据上面 VMware 的基础网络环境，将虚拟机的网络参数修改为如图 8-5 和图 8-6 所示。

图 8-5　网络参数修改 1

图 8-6　网络参数修改 2

重启网络服务，并验证网络配置：

```
[root@localhost ~]# systemctl restart network
[root@localhost ~]# ip add sh
```

由于在 CentOS 7 系统中，CentOS-Extras 源中已经内置过 Docker，因此，可以直接通过 yum 命令来进行安装。

先更新 CentOS：

```
[root@localhost ~]# yum update-y
```

然后，开始安装 Docker：

```
[root@localhost ~]# yum install docker-y
```

安装完成后，如图 8-7 所示。

```
已安装:
  docker.x86_64 2:1.13.1-103.git7f2769b.el7.centos
作为依赖被安装:
  PyYAML.x86_64 0:3.10-11.el7
  atomic-registries.x86_64 1:1.22.1-29.gitb507039.el7
  audit-libs-python.x86_64 0:2.8.5-4.el7
  checkpolicy.x86_64 0:2.5-8.el7
  container-selinux.noarch 2:2.107-3.el7
  container-storage-setup.noarch 0:0.11.0-2.git5eaf76c.el7
  containers-common.x86_64 1:0.1.37-3.el7.centos
  docker-client.x86_64 2:1.13.1-103.git7f2769b.el7.centos
  docker-common.x86_64 2:1.13.1-103.git7f2769b.el7.centos
  libcgroup.x86_64 0:0.41-21.el7
  libseccomp.x86_64 0:2.3.1-3.el7
  libsemanage-python.x86_64 0:2.5-14.el7
  libyaml.x86_64 0:0.1.4-11.el7_0
  oci-register-machine.x86_64 1:0-6.git2b44233.el7
  oci-systemd-hook.x86_64 1:0.2.0-1.git05e6923.el7_6
  oci-umount.x86_64 2:2.5-3.el7
  policycoreutils-python.x86_64 0:2.5-33.el7
  python-IPy.noarch 0:0.75-6.el7
  python-backports.x86_64 0:1.0-8.el7
  python-backports-ssl_match_hostname.noarch 0:3.5.0.1-1.el7
  python-ipaddress.noarch 0:1.0.16-2.el7
  python-pytoml.noarch 0:0.1.14-1.git7dea353.el7
  python-setuptools.noarch 0:0.9.8-7.el7
  setools-libs.x86_64 0:3.3.8-4.el7
  subscription-manager-rhsm-certificates.x86_64 0:1.24.13-3.el7.centos
  yajl.x86_64 0:2.0.4-4.el7
完毕!
```

图 8-7 安装完成

查看安装的具体文件：

```
[root@localhost ~]# rpm -qa | grep docker
docker-client-1.13.1-103.git7f2769b.el7.centos.x86_64
docker-1.13.1-103.git7f2769b.el7.centos.x86_64
docker-common-1.13.1-103.git7f2769b.el7.centos.x86_64
```

安装完成后，需要修改配置文件：

## 项目 8  Docker 容器技术及应用

[root@localhost ~]# sed -i "s/--selinux-enabled/--selinux-enabled=false/g" /etc/sysconfig/docker

查看 Docker 是否启动，如图 8-8 所示。

图 8-8  查看 Docker 镜像

这里显示的是服务尚未启动，下面启动 Docker 服务：

[root@localhost ~]# systemctl start docker

再来查看 Docker 服务是否已经启动，如图 8-9 所示。

图 8-9  查看 Docker 状态

现在，配置 Docker 服务随 CentOS 系统自动启动：

[root@localhost ~]# chkconfig docker on

这样，系统重新启动后，就不需要每次通过手动操作开启 Docker 服务了。

## 8.2  Docker 镜像的操作方法

### 8.2.1  镜像服务加速器

镜像是 Docker 的三个重要核心组件之一。Docker 在使用容器时需要提供本地存储的对应镜像，如果镜像不在本地存储中，Docker 便会从仓库中下载。

通常可以直接通过 docker pull 命令从仓库获取自己所需要的各类镜像，但由于 Docker Hub 仓库在国外，访问速度比较慢，所以这里配置一个国内的镜像服务加速器方便下载使用，此处使用的是阿里云镜像加速器。

修改 daemon 配置文件，输入命令：

[root@localhost docker]# tee /etc/docker/daemon.json <<-.EOF.
> {
>   "registry-mirrors": [ "https://xxx.mirrors.aliyuncs.com" ]
> }
> EOF

**注意**：具体的镜像地址，需要根据自己申请的阿里云账号中的地址来确定，此处用 xxx

代替。

重新加载 daemon 配置文件，输入命令：

[root@localhost docker]# systemctl daemon-reload

继续重新启动 Docker 服务，输入命令：

[root@localhost docker]# systemctl restart docker

查看 Docker 服务启动状态是否正常，输入命令：

[root@localhost docker]# systemctl status docker

接下来从仓库获取所需要的镜像，下面的例子是从阿里云仓库下载一个 CentOS 7 系统的镜像。

```
[root@localhost docker]# docker pull centos:7
Trying to pull repository docker.io/library/centos ...
7: Pulling from docker.io/library/centos
ab5ef0e58194: Pull complete
Digest:
    sha256:4a701376d03f6b39b8c2a8f4a8e499441b0d567f9ab9d58e4991de4472fb813c
Status: Downloaded newer image for docker.io/centos:7
```

完成后，可以查看下载好的镜像，输入命令：

```
[root@localhost docker]# docker images
REPOSITORY         TAG      IMAGE ID         CREATED          SIZE
docker.io/centos   7        5e35e350aded     7 weeks ago      203 MB
docker.io/centos   latest   0f3e07c0138f     3 months ago     220 MB
```

上面列出的信息中，包括：
REPOSITORY：来自哪个仓库。
TAG：标记号，用来标记来自同一个仓库的不同镜像。
IMAGE ID：ID 号（唯一），用来标记虽然名称不同，但 ID 号相同的同一镜像。
CREATED：创建日期。
SIZE：镜像文件大小。

### 8.2.2 镜像的基本操作

**1. 镜像的创建**

创建镜像的方法很多，目前主要有两种方法，分别是基于已有容器创建和基于 Dockerfile 创建。

（1）基于已有容器创建
命令格式：

docker [container] commit [options] container [repository[:tag]]

## 项目 8  Docker 容器技术及应用

其中，使用到的选项包括：

-a, --author=""：作者信息。

-c, --change=[]：提交时执行 Dockerfile 指令。

-m, --message=""：提交消息。

-p, --pause=true：提交时暂停容器运行。

例如，通过镜像启动一个容器，首先查看下镜像有哪些，如图 8-10 所示。

```
[root@localhost docker]# docker images
REPOSITORY          TAG          IMAGE ID          CREATED          SIZE
docker.io/centos    7            5e35e350aded      7 weeks ago      203 MB
docker.io/centos    latest       0f3e07c0138f      3 months ago     220 MB
```

图 8-10  查看 Docker 镜像

这里使用 ID 号为 "0f3e07c0138f" 的镜像来启动容器，输入命令：

```
[root@localhost docker]# docker run -t -i --name centos7 0f3e07c0138f
[root@a3555b7a8b53 /]#
```

可以看到前面的 "localhost" 变为 "0f3e07c0138f"，说明容器已经创建完毕。通过 docker ps -a，可以查看到刚刚创建的容器内容，如图 8-11 所示。

```
[root@localhost docker]# docker ps -a
CONTAINER ID     IMAGE               COMMAND           CREATED
2a87caf43f17     0f3e07c0138f        "/bin/bash"       2 minutes ago
```

图 8-11  查看容器内容

记住这里的容器 ID 为 "2a87caf43f17"，一会儿将会用到。

```
[root@localhost docker]# docker commit -m "create a directory" -a "ld" 2a87caf43f17 centos:v2
sha256:3463594687ef1874bd1fa4c7c7dbc63c0776b85e909b698ecf932ddbed204a7b
```

这样就创建了一个标签号为 v2 的新镜像，查看一下镜像，如图 8-12 所示。

```
[root@localhost docker]# docker images
REPOSITORY          TAG          IMAGE ID          CREATED               SIZE
centos              v2           3463594687ef      About a minute ago    220 MB
docker.io/centos    7            5e35e350aded      7 weeks ago           203 MB
docker.io/centos    latest       0f3e07c0138f      3 months ago          220 MB
```

图 8-12  查看新镜像

（2）基于 Dockerfile 来创建镜像

使用 docker commit 来扩展一个镜像比较简单，但是不方便在一个团队中分享，可以使用 docker build 来创建一个新的镜像。为此，首先需要创建一个 Dockerfile，包含一些创建镜像的指令。

指令格式和相关参数含义如下：

1）FROM: 指定所创建镜像的基础镜像。

2）MAINTAINER：指定维护者信息。

3）ARG：定义创建镜像过程中使用的变量。

4）LABEL：为生成的镜像添加元数据标签信息。

5）ENV：指定环境变量。

6）VOLUME：创建一个数据卷挂载点。

7）WORKDIR：配置工作目录。

8）STOPSIGNAL：指定退出的信号值。

9）SHELL：指定默认 shell 类型。

10）EXPOSE：声明镜像内服务监听的端口。

11）ENTRYPOINT：指定镜像的默认入口指令。

12）USER：指定运行容器时的用户名或 UID。

13）ONBUILD：创建子镜像时指定自动执行的操作指令。

14）HEALTHCHECK：配置所启动的容器如何进行检查。

操作指令如下：

1）RUN：运行指定指令。

2）ADD：添加内容到镜像。

3）CMD：启动容器时指定默认执行的指令。

4）COPY：复制内容到镜像。

## 2. 镜像的搜寻

可以使用 docker search［option］keyword 指令，option 使用说明如下：

-f,--filter：过滤输出内容。

--format string：格式化输出内容。

--limit int：限制输出结果的个数，默认为 25 个。

--no-trunc：不截断输出结果。

例如，搜索带有 mongodb 关键字的镜像，输入指令：

［root@localhost docker］# docker search mongodb

搜索官方提供的带有 mongodb 关键字的镜像，如图 8-13 所示。

［root@localhost docker］# docker search -filter=is-official=true mongodb

```
[root@localhost docker]# docker search --filter=is-official=true mongodb
INDEX       NAME                    DESCRIPTION                                     STARS     OFFICIAL   AUTOMATED
docker.io   docker.io/mongo         MongoDB document databases provide high av...   6453      [OK]
docker.io   docker.io/mongo-express Web-based MongoDB admin interface, written...   582       [OK]
```

图 8-13　搜索镜像

## 3. 镜像的删除

可以使用 docker rmi 或 docker image rm 指令来删除镜像，指令格式：

docker rmi IMAGE［IMAGE］

例如，通过标签删除镜像，输入指令：

```
docker rmi centos:7
```

通过 ID 删除镜像，输入指令：

```
docker rmi 5e35e350aded
```

### 4. 镜像的清理

可以通过 docker image prune 指令来清理镜像，指令格式：

```
docker image prune [options]
```

Options 使用说明如下：
-a,-all：删除所有无用镜像，不仅仅是临时镜像。
-filter：只清理符合给定过滤条件的镜像。
-f force：强制删除镜像，而不进行提示。
例如：docker image prune -f

### 拓展提升

下面通过 Dockerfile 创建一个镜像。首先创建一个目录和一个 Dockerfile 文件。进入 /opt 目录，创建如下目录：

```
[root@localhost ~]# cd /opt
[root@localhost opt]# mkdir -p dockerfiles/nginx
```

进入 nginx 目录中，创建一个 Dockerfile 文件：

```
[root@localhost opt]# cd dockerfiles/nginx/
[root@localhost nginx]# touch Dockerfile
```

增加域名解析记录：

```
[root@localhost nginx]# cat /etc/resolv.conf
# Generated by NetworkManager
nameserver 114.114.114.114
nameserver 8.8.8.8
```

开始编写 Dockerfile 文件内容：

```
#This docker file is based on Centos7
#Version 1.0
#Author: LD
FROM centos
MAINTAINER LD
#Install EPEL Repos
RUN rpm -ivh http://mirrors.aliyun.com/epel/epel-release-latest-7.noarch.rpm
#Install Nginx
RUN yum install -y nginx
```

```
RUN echo "daemon off;" >> /etc/nginx/nginx.conf
ADD index.html /usr/share/nginx/html/index.html
EXPOSE 80
CMD [ "nginx" ]
```

编辑完成后，就可以开始构建 Nginx 的镜像：

```
[root@localhost nginx]# docker build -t nginx:v1 /opt/dockerfiles/nginx/
Sending build context to Docker daemon 3.072 kB
Step 1/8 : FROM centos
 ---> 0f3e07c0138f
Step 2/8 : MAINTAINER LD
 ---> Running in 7fe548114887
 ---> 19e199ad757f
Removing intermediate container 7fe548114887
Step 3/8 : RUN rpm -ivh http://mirrors.aliyun.com/epel/epel-release-latest-7.noarch.rpm
 ---> Running in 17b6d4c23a73
...
Complete!
 ---> 4955323e2722
Removing intermediate container 1f53b4a7b413
Step 5/8 : RUN echo "daemon off;" >> /etc/nginx/nginx.conf
 ---> Running in 471c38321835
 ---> bf8225e57ca4
Removing intermediate container 471c38321835
Step 6/8 : ADD index.html /usr/share/nginx/html/index.html
 ---> 226a0d47b050
Removing intermediate container 4c83f81f5b5f
Step 7/8 : EXPOSE 80
 ---> Running in 546bbf75ddce
 ---> dd6efad62804
Removing intermediate container 546bbf75ddce
Step 8/8 : CMD nginx
 ---> Running in e7e6bd8479c3
 ---> 0073e94bcb15
Removing intermediate container e7e6bd8479c3
Successfully built 0073e94bcb15
```

创建完镜像后，可以使用这个 Nginx 镜像来启动一个容器：

```
[root@localhost nginx]# docker run -d -p 8080:80 nginx:v1 nginx
[root@localhost nginx]# docker ps -a
CONTAINER ID        IMAGE               COMMAND             CREATED
STATUS              PORTS               NAMES
a70f9614f428        nginx:v1            "nginx"             6 minutes ago
Up 3 minutes        0.0.0.0:8080->80/tcp   sleepy_hamilton
```

# 项目 8  Docker 容器技术及应用

通过浏览器访问 Docker 中的 Nginx 服务，如图 8-14 所示。

图 8-14  访问 Nginx 服务

## 8.3  Docker 容器的操作方法

容器是 Docker 的又一核心概念。简单来说，容器是独立运行的一个或一组应用，以及它们的运行态环境。对应的，虚拟机可以理解为模拟运行的一整套操作系统（提供了运行态环境和其他系统环境）和运行在上面的应用。

容器和前面介绍的镜像之间的关系：Docker 使用客户端 - 服务器（C/S）架构模式，使用远程 API 来管理和创建 Docker 容器；Docker 容器通过 Docker 镜像来创建。

容器与镜像的关系类似于面向对象编程中的对象与类，具体如图 8-15 所示。

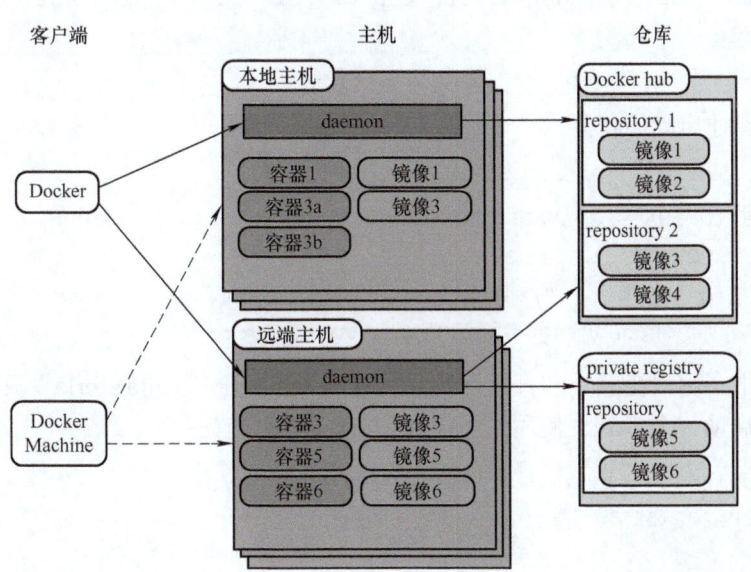

图 8-15  容器与镜像的关系

下面通过表 8-1 来理解图 8-15 中相关概念的含义。

表 8-1  Docker 相关概念说明

| 概念 | 说明 |
| --- | --- |
| Docker 镜像 | Docker 镜像用于创建 Docker 容器的模板 |
| Docker 容器 | 容器是独立运行的一个或一组应用，是镜像运行时的实体 |

（续）

| 概念 | 说明 |
| --- | --- |
| Docker 客户端 | Docker 客户端通过指令行或者其他工具使用 Docker SDK（https://docs.docker.com/develop/sdk/）与 Docker 的守护进程通信 |
| Docker 主机 | 一个物理或者虚拟的机器用于执行 Docker 守护进程和容器 |
| Docker 仓库 | Docker 仓库用来保存镜像，可以理解为代码控制中的代码仓库<br>Docker Hub（https://hub.docker.com）提供了庞大的镜像集合供使用<br>一个 Docker 仓库中可以包含多个仓库（repository）；每个仓库可以包含多个标签（tag），每个标签对应一个镜像。通常一个仓库会包含同一个软件不同版本的镜像，而标签常用于对应该软件的各个版本。可以通过 < 仓库名 >:< 标签 > 的格式来指定具体是这个软件哪个版本的镜像。如果不给出标签，将以 latest 作为默认标签 |
| Docker Machine | Docker Machine 是一个简化 Docker 安装的指令行工具，通过一个简单的指令行即可在相应的平台上安装 Docker，如 VirtualBox、Digital Ocean、Microsoft Azure |

启动容器的方式有两种，一种是基于镜像新建一个容器并启动，另外一种是将在终止状态（stopped）的容器重新启动。因为 Docker 的容器实在太轻量级了，很多时候用户都是随时删除和新创建容器。新建容器并启动。使用 docker run 指令。

下面通过指令执行输入一个 "hello world"，然后终止 Docker。

```
[root@localhost ~]# docker run centos /bin/echo "hello world"
hello world
[root@localhost ~]#
```

接着查询刚才启动的容器：

```
[root@localhost ~]# docker ps -a
CONTAINER ID  IMAGE   COMMAND           CREATED
STATUS        PORTS   NAMES
7ed2d7a8723e  centos  "/bin/echo .hello ..."  47 seconds ago
Exited (0) 46 seconds ago  elastic_wescoff
```

操作过程中，用户会感觉和直接在物理机执行 /bin/echo "hello world" 几乎没有任何区别。接着尝试启动一个 bash，使用户可以和 Docker 进行交互：

```
[root@localhost ~]# docker run -i -t centos /bin/bash
[root@73f8e2274523 /]# pwd
/
[root@73f8e2274523 /]#
```

其中，-t 选项让 Docker 分配一个伪终端（pseudo-tty）并绑定到容器的标准输入上，-i 选项则让容器的标准输入保持打开。

继续进行交互操作：

```
[root@73f8e2274523 /]# ps -aux
USER       PID %CPU %MEM    VSZ   RSS TTY     STAT START   TIME COMMAND
root         1  0.0  0.0  12016  2108 ?       Ss   23:15   0:00 /bin/bash
root        14  0.0  0.0  46328  1716 ?       R+   23:17   0:00 ps -aux
```

项目 8　Docker 容器技术及应用

```
[root@73f8e2274523 /]# exit
exit
[root@localhost ~]#
```

在上面的操作中，最后输入"exit"退出容器交互界面。

当利用 docker run 指令来创建容器时，Docker 在后台运行的标准操作包括：

1）检查本地是否存在指定的镜像，不存在就从公有仓库下载启动。
2）利用镜像创建并启动一个容器。
3）分配一个文件系统，并在只读的镜像层外面挂载一层可读写层。
4）从宿主主机配置的网桥接口中桥接一个虚拟接口到容器中去。
5）从地址池配置一个 IP 地址给容器。
6）执行用户指定的应用程序。
7）执行完毕后容器被终止。

启动已经停止运行的容器，可以使用 docker start 指令：

```
[root@localhost ~]# docker start nginx:v1
```

终止运行中的容器，可以使用 docker stop 指令：

```
[root@localhost ~]# docker stop nginx:v1
```

容器的核心为所执行的应用程序，所需要的资源都是应用程序运行所必需的。除此之外，并没有其他的资源。这种特点使得 Docker 对资源的利用率极高，是货真价实的轻量级虚拟化。

也可以让 Docker 在后台运行，而不直接将执行指令的结果输出在当前宿主机下，只需要加上 -d 参数即可。

```
[root@localhost ~]# docker run --name docker-test2 -d centos
409863e79b0e2554366657d369d8cb0d0bd2725fd45cca20b6f013c8b63c3237
[root@localhost ~]# docker ps -a
CONTAINER ID    IMAGE      COMMAND       CREATED
STATUS          PORTS      NAMES
409863e79b0e    centos     "/bin/bash"   7 seconds ago
Exited(0)7 seconds ago    docker-test2
```

下面介绍如何进入后台运行的容器。

在前面使用 -d 参数后，容器启动后将直接在后台运行。有时需要进入后台运行的容器进行其他操作，比较多使用的是 docker attach 或 docker nsenter 工具。

1）使用 attach 指令进入容器。先创建一个在后台运行的容器：

```
[root@localhost ~]# docker run -idt centos
75bf0ff087c76047f06fcd80e07107045c4b474901bab216435f089a58a3ec6d
```

查看运行的容器状态：

```
[root@localhost ~]# docker ps -a
CONTAINER ID    IMAGE      COMMAND       CREATED
```

193

```
STATUS      PORTS      NAMES
75bf0ff087c7   centos    "/bin/bash"    8 seconds ago
Up 7 seconds     quirky_engelbart
```

通过 attach 进入后台运行的名为 quirky_engelbart 的容器中：

```
[root@localhost ~]# docker attach quirky_engelbart
[root@75bf0ff087c7 /]#
```

使用 attach 指令有时并不方便。当多个窗口同时 attach 到同一个容器时，所有窗口都会同步显示。当某个窗口因指令阻塞时，其他窗口也无法执行操作。

2）使用 nsenter 指令进入容器。attach 在实际进入容器过程中容易出现无法执行的情况，因此在实际生产环境中，更多使用 nsenter 来操作。

为了能够链接到后台容器中，使用 nsenter 时，需要知道进程的 PID 号，通过如下指令获取 PID 号：

```
[root@localhost ~]# docker inspect --format "{{ .State.Pid }}" 75bf0ff087c7
44178
```

由此可以得知 PID 号是 "44178"。通过 PID 号，可以运行如下指令进入容器：

```
nsenter --target $PID --mount --uts --ipc --net --pid
```

实际操作如下：

```
[root@localhost ~]# nsenter -t 44178 -m -u -i -n -p
[root@75bf0ff087c7 /]#
[root@75bf0ff087c7 /]# ps aux
USER    PID %CPU %MEM    VSZ   RSS TTY    STAT START  TIME COMMAND
root      1  0.0  0.0  12016  1924 ?      Ss+  00:02  0:00 /bin/bash
root     14  0.0  0.0  12020  2008 ?      S    00:06  0:00 -bash
root     27  0.0  0.0  43936  1744 ?      R+   00:06  0:00 ps aux
```

可以使用 docker rm 指令来删除一个处于终止状态的容器，例如：

```
[root@localhost ~]# docker stop 75bf0ff087c7
75bf0ff087c7
[root@localhost ~]# docker rm 75bf0ff087c7
75bf0ff087c7
```

**注意：** 应先停止容器，然后再进行删除，如果要删除一个运行中的容器，可以添加 -f 参数。Docker 会发送 SIGKILL 信号给容器。

用 docker ps -a 指令可以查看所有已经创建的包括终止状态的容器，如果数量太多，要逐一删除可能会很麻烦，用 docker rm $(docker ps -aq) 指令可以全部清理掉。

如果要停止所有正在运行的 Docker，可以使用 docker stop $(docker ps -aq) 指令。需要注意的是，这个指令其实会试图删除所有的包括还在运行中的容器，不过就像上面提到的 docker rm，默认并不会删除运行中的容器。

## 项目 8 Docker 容器技术及应用

> 拓展提升

企业在使用 Docker 的过程中，必然会用到日志服务。使用 ELK+Filebeat 来创建日志服务框架包括：

1）使用 ELK+Filebeat 收集容器中的日志内容。
2）通过 Kibana 把收集好的日志展示成图表分析。

具体步骤如下：

1）创建映射目录。

```
[root@localhost ~]# mkdir -p /var/log/elasticsearch
[root@localhost ~]# chmod -R 777 /var/log/elasticsearch
```

2）修改系统参数。

```
[root@localhost ~]# vim /etc/sysctl.conf
[root@localhost ~]# vim /etc/security/limits.conf
```

3）创建 ELK-kgc 网桥。

```
[root@localhost elasticsearch]# docker network create elk-kgc
[root@localhost elasticsearch]# docker network ls
```

4）创建 Elasticsearch 目录，将其源码包和配置文件分别上传到此目录下。

```
[root@localhost ~]# mkdir -p /root/elk/elasticsearch
```

5）创建 Elasticsearch Dockerfile 文件。

```
[root@localhost elasticsearch]#touch Dockerfile
```

6）创建 Elasticsearch 镜像。

```
[root@localhost elasticsearch]# docker build -t elasticsearch
```

7）创建 Kibana 目录，将其源码包上传到此目录下。

```
[root@localhost ~]# mkdir -p /root/elk/kibana
```

8）创建 Kibana Dockerfile 文件。

```
[root@localhost kibana]# touch Dockerfile
```

9）创建 Kibana 镜像。

```
[root@localhost kibana]#docker build -t kibana
```

10）创建 Logstash 目录，将其源码包上传至此目录中。

```
[root@localhost ~]# mkdir -p /root/elk/logstash
```

11）创建 Kibana Dockerfile 文件，并创建 Logstash 镜像。

```
[root@localhost logstash]# touch Dockerfile
[root@localhost elasticsearch]# docker build -t logstash
```

12）创建 Filebeat 目录，并将源码包上传至此目录中。

[root@localhost ~]# mkdir -p /root/elk/filebeat

13）创建 Kibana Dockerfile 文件，并创建 Filebeat 镜像。

[root@localhost filebeat]# vim Dockerfile
[root@localhost filebeat]# docker build -t filebeat

14）启动 Nginx 容器作为日志源输入点，需要将本地目录 /var/log/nginx 挂载至 Filebeat 容器中，并复制一份日志到 /var/log/nginx 中。

docker run -itd -p 80:80 --network elk-kgc -v /var/log/nginx:/var/log/nginx --name nginx-elk nginx:latest
[root@localhost filebeat]# cp -p /root/elk/filebeat/www.test.com.log /var/log/nginx/

15）启动 ELK+Filebeat 日志采集功能。

docker run -itd -p 9200:9200 -p 9300:9300 --network elk-kgc -v /var/log/elasticsearch:/var/log/elasticsearch --name elasticsearch elasticsearch
docker run -itd -p 5601:5601 --network elk-kgc --name kibana kibana && docker logs -f kibana
docker run -itd -p 5044:5044 --network elk-kgc -v /opt/logstash/conf:/opt/logstash/conf --name logstash logstash
docker run -itd --network elk-kgc -v /var/log/nginx:/var/log/nginx --name filebeat filebeat

16）Kibana Web 的管理。打开 Kibana 的"Management"–>"Index Patterns"，添加虚拟索引。在"Time Filter field name"选项框中选中"@timestamp"。单击"Create index pattern"，创建索引。单击"Discover"标签，选中"This year"，查看显示数据，如图 8-16 所示。

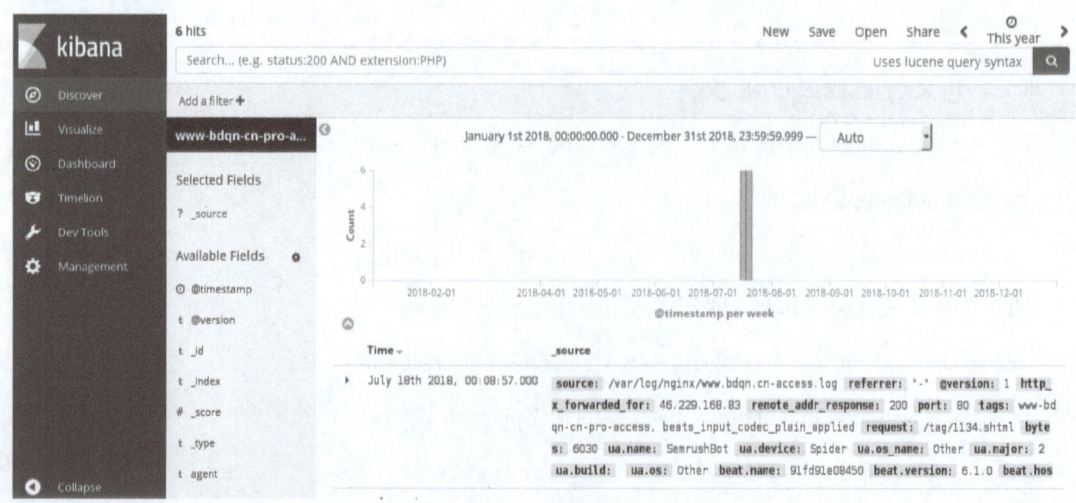

图 8-16　数据显示

## 8.4　Docker 中网络的连接使用

### 8.4.1　外部访问容器

Docker 允许通过外部访问容器或容器互联的方式来提供网络访问服务。容器中可以运行网络应用，如果需要从外部访问这些应用，可以通过 -P 或 -p 这两个参数来指定对应的端口。

当使用 -P 标记时，Docker 会随机映射一个端口到内部容器开放的网络端口，指令操作和结果如图 8-17 所示。

```
[root@localhost nginx]# docker run -d -P nginx:v1 nginx
4f6cd68532049c2e061b051fcab4cc3330d238c67a937b649369cf61926eb416
[root@localhost nginx]# docker ps -l
CONTAINER ID    IMAGE        COMMAND      CREATED          STATUS         PORTS
                NAMES
4f6cd6853204    nginx:v1     "nginx"      20 seconds ago   Up 19 seconds  0.0.0.0:32768->80/tc
p    priceless_dubinsky
```

图 8-17　端口映射指令

图 8-17 中打开的是 Nginx 服务，通过 docker ps -l 指令可以查看运行状态，然后发现它随机映射了一个 32768 端口到 80 端口上。

此时通过访问 192.168.128.128:32768 就可以访问容器内 Web 应用提供的页面，如图 8-18 所示。

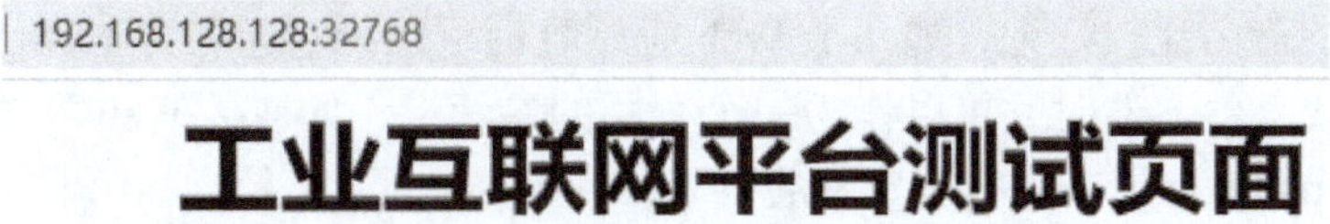

| 192.168.128.128:32768

# 工业互联网平台测试页面

图 8-18　访问容器内 Web 应用页面

另外，可以通过 docker logs 指令来查看应用的信息。

[root@localhost nginx]# docker logs 4f6cd6853204

使用 -p 可以指定要映射的端口，并且在一个指定端口上只可以绑定一个容器。支持的格式有以下三种：

1）ip:hostPort:containerPort。

2）ip::containerPort。

3）hostPort:containerPort。

使用 hostPort:containerPort 格式，可以将宿主机的 8080 端口映射到容器的 8080 端口，输入指令：

[root@localhost nginx]# docker run -d -p 8080:8080 nginx:v1 nginx

使用 ip:hostPort:containerPort 格式指定映射使用一个特定地址，如 localhost 地址 127.0.0.1，输入指令：

`[root@localhost nginx]# docker run -d -p 127.0.0.1:8080:8080 nginx:v1 nginx`

使用 ip::containerPort 绑定 localhost 的任意端口到容器的 8080 端口，本地主机会自动分配一个端口，输入指令：

`[root@localhost nginx]# docker run -d -p 127.0.0.1::8080 nginx:v1 nginx`

还可以使用 udp 标记来指定 udp 端口：

`[root@localhost nginx]# docker run -d -p 127.0.0.1::8080/udp test/testapp python test.py`

使用 docker port 查看当前映射的端口配置，也可以查看绑定的地址，此处 e0bf4af32f3b 是容器的 ID 号。

```
[root@localhost nginx]# docker port e0bf4af32f3b
80/tcp -> 0.0.0.0:8080
```

### 8.4.2　容器的互联

容器的互联系统是除了端口映射外，另一种与容器中应用交互的方式。该系统会在源和接收容器之间创建一个隧道，接收容器可以看到源容器指定的信息。

要实现容器的互联，一般要先为容器指定一个方便记忆的名称，方便后期操作，因为创建容器时，系统默认会分配一个名字，这个名字是随机的，不是很好记忆。自定义命名容器一般有两个优点：

1）自定义的命名比较好记，如一个 Web 应用容器可以给它起名为 Web。

2）当要连接其他容器时，可以作为一个有用的参考点，如连接 Web 容器到 db 容器。

可以通过 --name 标记来进行自定义容器名。

`[root@localhost nginx]# docker run -d -it --name test1 -P nginx:v1 nginx`

上述指令创建了一个名为 test1 的容器，如图 8-19 所示。

```
[root@localhost nginx]# docker run -d -it --name test1 -P nginx:v1 nginx
3edf9466da60574cabe781d6b741a11571205a97338858610114065f2bc2fe52
```

图 8-19　创建容器

可以使用 docker ps -l 指令验证设定的名字是否为 test1，如图 8-20 所示。

```
[root@localhost nginx]# docker ps -l
CONTAINER ID   IMAGE     COMMAND    CREATED         STATUS         PORTS                    NAMES
3edf9466da60   nginx:v1  "nginx"    7 seconds ago   Up 7 seconds   0.0.0.0:32769->80/tcp    test1
```

图 8-20　验证容器名

还可以使用 docker inspect 指令查看容器的名字。

`[root@localhost nginx]# docker inspect -f "{{ .Name }}" 3edf9466da60`
`/test1`

## 项目 8　Docker 容器技术及应用

**注意**：3edf9466da60 为创建好的容器的 ID 号。容器的名称是唯一的，如果已经命名了一个名为 test1 的容器，再次使用 test1 这个名称时，需要先用 docker rm 指令删除之前创建的同名容器。

### ▶ 拓展提升 ◀

下面准备创建容器的网络，并让容器与容器可以实现互联。

首先，创建一个 Docker 网络，并将其命名为 testnet。

```
[root@localhost nginx]# docker network create -d bridge testnet
b273e557d8615181ae9005b0738cffe64d590b9e0cd953aef97973ef37559787
```

其中，参数 d 指定 Docker 网络类型，主要有 bridge、overlay 等。

接着使用 docker network ls 指令查看目前 Docker 的网络使用情况，如图 8-21 所示。

```
[root@localhost nginx]# docker network ls
NETWORK ID          NAME                DRIVER              SCOPE
c688d68408b8        bridge              bridge              local
45d96b547be5        host                host                local
e36e7a46ba93        none                null                local
b273e557d861        testnet             bridge              local
```

图 8-21　查看 Docker 网络使用情况

创建两个容器，使用的镜像为前面已经创建好的 nginx:v1。

```
[root@localhost~]# docker run -it --rm --name nginx1 --network testnet nginx:v1 sh
```

可以通过 docker images 指令查看前面创建过的镜像文件，如图 8-22 所示。

```
[root@localhost nginx]# docker images
REPOSITORY          TAG         IMAGE ID         CREATED          SIZE
nginx               v1          0073e94bcb15     2 months ago     355 MB
docker.io/centos    7           5e35e350aded     4 months ago     203 MB
```

图 8-22　查看镜像文件

这样，就创建了一个名为 nginx1 的一个容器，并进入了 sh 交互模式。接着使用同样的命令，创建第二个名为 nginx2 的容器，并进入 sh 交互模式。

```
[root@localhost ~]# docker run -it --rm --name nginx2 --network testnet nginx:v1 sh
```

可以通过在两个不同的容器中相互进行 ping 服务操作，来验证双方是否可以连通，首先在 nginx1 容器中操作，如图 8-23 所示。

可以看到 nginx2 的 IP 地址为 172.18.0.3，连接正常，下面进入 nginx2 容器中操作，如图 8-24 所示。

可以看到 nginx1 的 IP 地址为 172.18.0.2，连接也是正常的。

需要注意的是，操作时，直接使用目标容器的容器名，不要使用 IP 地址，因为 IP 地址是随机分配的，所以会发生变化。

```
sh-4.4# ping nginx2
PING nginx2 (172.18.0.3) 56(84) bytes of data.
64 bytes from nginx2.testnet (172.18.0.3): icmp_seq=1 ttl=64 time=0.042 ms
64 bytes from nginx2.testnet (172.18.0.3): icmp_seq=2 ttl=64 time=0.052 ms
64 bytes from nginx2.testnet (172.18.0.3): icmp_seq=3 ttl=64 time=0.068 ms
64 bytes from nginx2.testnet (172.18.0.3): icmp_seq=4 ttl=64 time=0.054 ms
64 bytes from nginx2.testnet (172.18.0.3): icmp_seq=5 ttl=64 time=0.059 ms
64 bytes from nginx2.testnet (172.18.0.3): icmp_seq=6 ttl=64 time=0.047 ms
^C
--- nginx2 ping statistics ---
6 packets transmitted, 6 received, 0% packet loss, time 1004ms
rtt min/avg/max/mdev = 0.042/0.053/0.068/0.011 ms
```

图 8-23　测试容器连通性 1

```
sh-4.4# ping nginx1
PING nginx1 (172.18.0.2) 56(84) bytes of data.
64 bytes from nginx1.testnet (172.18.0.2): icmp_seq=1 ttl=64 time=0.062 ms
64 bytes from nginx1.testnet (172.18.0.2): icmp_seq=2 ttl=64 time=0.071 ms
64 bytes from nginx1.testnet (172.18.0.2): icmp_seq=3 ttl=64 time=0.061 ms
64 bytes from nginx1.testnet (172.18.0.2): icmp_seq=4 ttl=64 time=0.063 ms
64 bytes from nginx1.testnet (172.18.0.2): icmp_seq=5 ttl=64 time=0.063 ms
64 bytes from nginx1.testnet (172.18.0.2): icmp_seq=6 ttl=64 time=0.064 ms
^C
--- nginx1 ping statistics ---
6 packets transmitted, 6 received, 0% packet loss, time 7ms
rtt min/avg/max/mdev = 0.061/0.064/0.071/0.003 ms
```

图 8-24　测试容器连通性 2

如果还要创建新的容器，并且和前面的 nginx1 和 nginx2 属于同一网络，那么就需要在创建过程中指定网络名为 testnet。

### 项目训练

#### 项目实施

人工运维在当下已经无法满足复杂的业务需求，并且 Docker 容器的轻量级特性结合持续集成，可以使用 Docker+Jenkins 实现 Web 服务的部署。

Jenkins 是一个用 Java 编写的开源的持续集成工具，用于监控持续重复的工作，可以快速定位问题所在，减少 Debug 的时间，并且 Jenkins 便于安装、配置简单。

**1. 环境拓扑**

环境拓扑结构如图 8-25 所示。

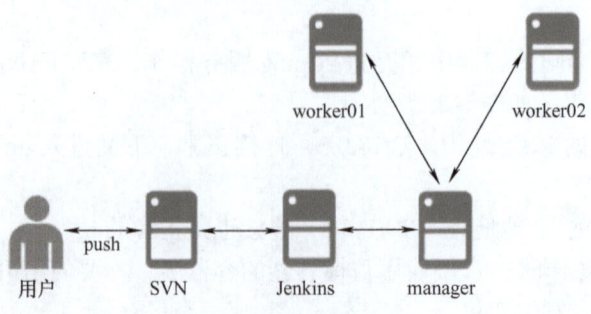

图 8-25　环境拓扑结构

## 项目 8  Docker 容器技术及应用

### 2. 部署 Jenkins

（1）修改主机名

[root@localhost ~]# hostnamectl set-hostname Jenkins

（2）关闭防火墙服务

[root@jenkins ~]# systemctl stop firewalld
[root@jenkins ~]# systemctl disable firewalld

（3）安装 Jenkins

[root@jenkins ~]#cd /etc/yum.repos.d/
[root@jenkins yum.repos.d]# wget --no-check-certificate https://pkg.jenkins.io/redhat-stable/jenkins.repo
[root@jenkins ~]# rpm --import http://pkg.jenkins.io/redhat-stable/jenkins.io.key
[root@jenkins ~]# yum -y install java jenkins
[root@jenkins ~]# systemctl start jenkins
[root@jenkins ~]# systemctl enable jenkins

（4）Jenkins 初始化配置

1）访问 Web 界面：浏览器访问 http://192.168.0.111:8080。
2）登录 Jenkins，如图 8-26 所示。
3）安装 Jenkins 插件，如图 8-27 所示。

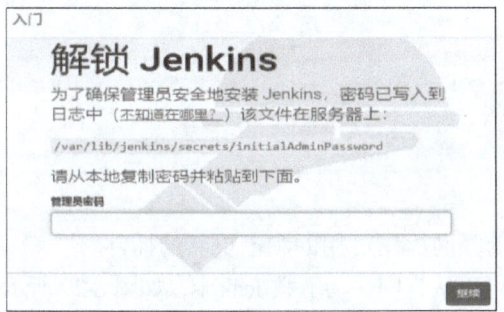

图 8-26  登录 Jenkins 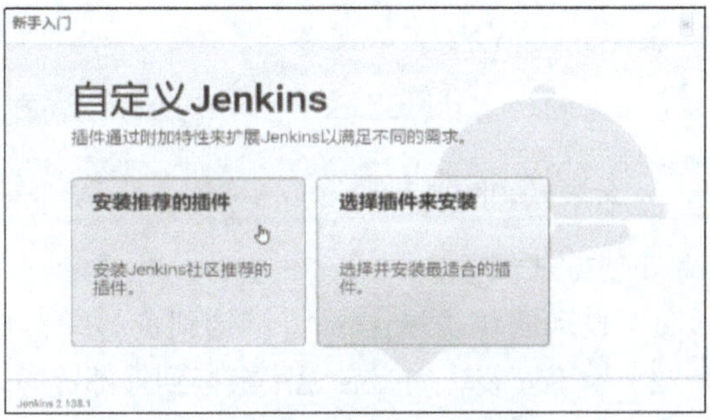　　　　　　　图 8-27  安装 Jenkins 插件

4）创建管理员用户，如图 8-28 所示。

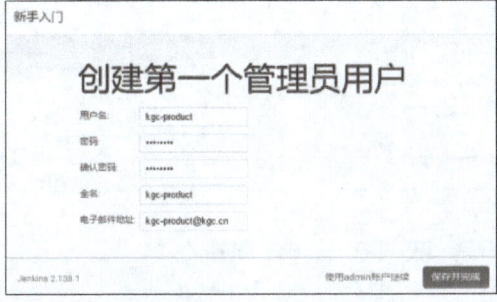

图 8-28  创建管理员用户

### 3. 部署 SVN

SVN（Apache Subversion）是一个开放源代码的版本控制系统。

1）安装 SVN。

```
[root@ localhost ~]# yum install subversion
[root@ localhost ~]# mkdir -p /kgc/svn
[root@ localhost ~]# svnadmin create /kgc/svn
[root@ localhost ~]# cd /kgc/svn/conf
[root@ localhost conf]# vim passwd
kgc-test=benet.com
[root@ localhost conf]# vim authz
[/]
kgc-test=rw
```

2）检查配置文件中的有效参数。

```
[root@localhost conf]# cat svnserve.conf | grep -v "^#" | grep -v "^$"
[general]
anon-access = read
auth-access = write
password-db = passwd
authz-db = authz
realm = /kgc/svn
[sasl]
```

3）启动 SVN。

```
[root@localhost conf]# svnserve -d -r /kgc/svn
```

### 4. 安装 Jenkins 插件

安装方式如下：

1）自动安装。Jenkins 将链接到资料库，自动联网检索可用的和已更新的插件。

2）手工安装。Jenkins 无法链接到外部资源，可以从官网手动下载 Jenkins，如图 8-29 所示。

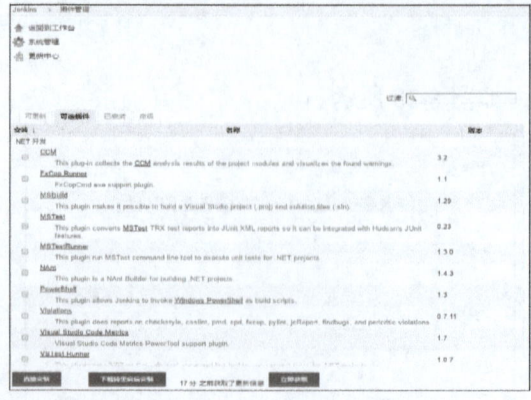

图 8-29　手动下载 Jenkins

## 项目 8　Docker 容器技术及应用

### 5. 配置 SSH Site

添加用户凭证，如图 8-30 所示。

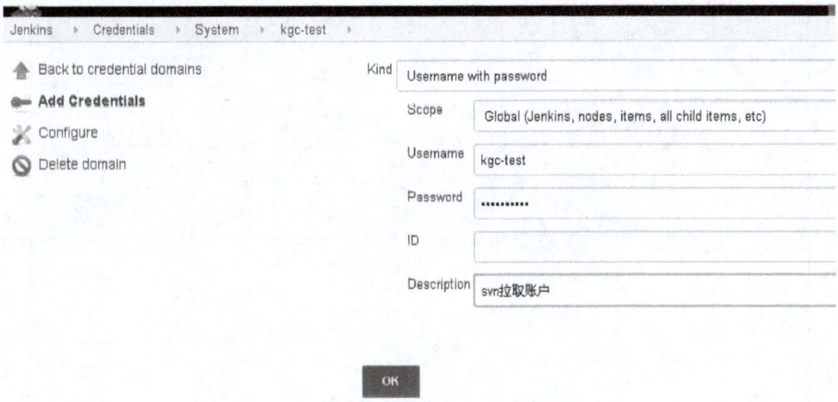

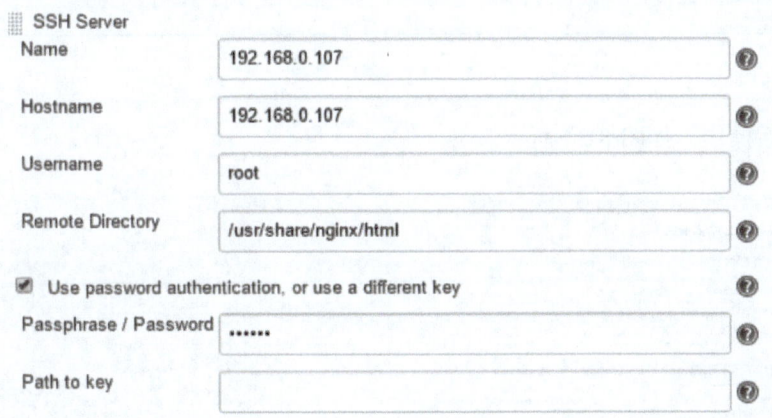

图 8-30　添加用户凭证

### 6. 配置 Publish Over SSH

通过 SSH 链接到其他 linux，方便进行远程传输文件，并可以远程执行命令，如图 8-31 所示。

图 8-31　SSH 远程链接

下面构建一个新工程项目。

1）创建新任务，如图 8-32 所示。

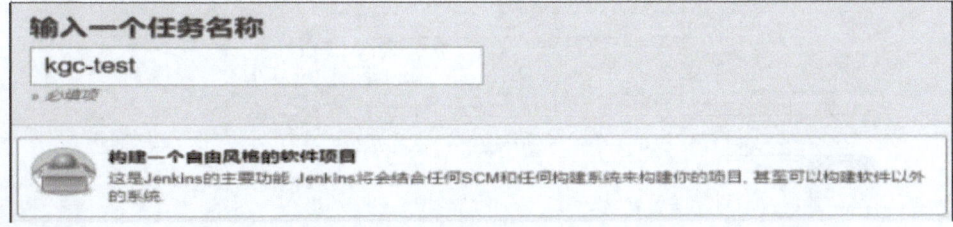

图 8-32　创建新任务

2)源码管理,如图 8-33 所示。

图 8-33　源码管理

3)构建后操作,如图 8-34 所示。

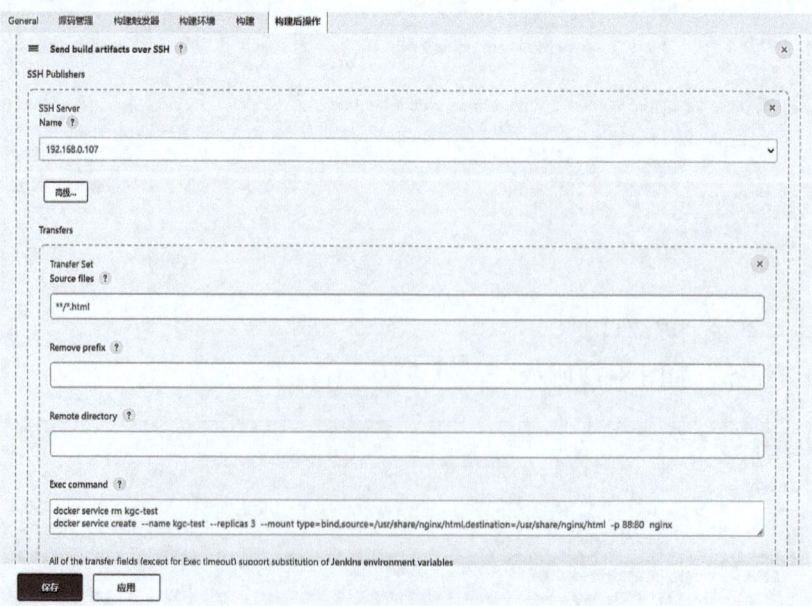

图 8-34　发送参数信息

```
docker service rm kgc-test
docker service create --name kgc-test --replicas 3 --mount type=bind,source=/usr/share/nginx/html,destination=/usr/share/nginx/html -p 88:80 nginx
```

4）构建工程项目，如图 8-35 所示。

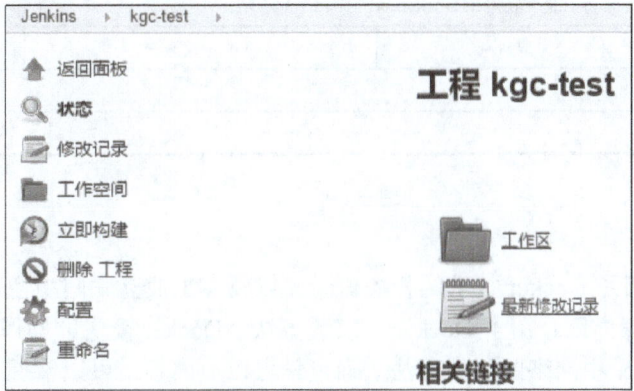

图 8-35　构建工程项目

## 7. 验证 Jenkins 持续集成、持续交付

1）检查 Docker Swarm 创建是否成功。

[root@manager html]# docker service ps kgc-test

2）通过浏览器访问，如图 8-36 所示。

图 8-36　浏览器访问

3）查看访问容器日志。

[root@manager html]# docker service logs -f kgc-test

### 项目验收

表 8-2　项目完成指标对照表

| 评价内容 | 具体指标 | 完成情况 |
| --- | --- | --- |
| 综合能力 | 了解 Docker 技术 |  |
|  | 熟悉 Docker 构建和 Web 应用部署 |  |
|  | 具备良好的技术文档编制能力 |  |

(续)

| 评价内容 | 具体指标 | 完成情况 |
|---|---|---|
| 专业知识 | 熟悉 Linux 操作系统指令 |  |
|  | 熟悉 Docker 构建、部署与管理 |  |
| 技术技能 | Docker 部署与管理 |  |
| 工程实践 | 具备工业互联网中 Docker 部署实施经验 |  |
| 目标完成 | 完成 ★★ 　　　基本完成 ★☆ | 未完成 ☆☆ |
| 学习收获 |  |  |
| 学习反思 |  |  |

### 项目小结

本项目主要介绍了 Docker 技术的相关概念，以及在工业互联网中使用 Docker 这种容器技术的原因，分步骤详细介绍了 Docker 的安装方法、Docker 镜像的操作方法、Docker 容器的操作方法和 Docker 中网络的连接方法。通过学习以上内容，可以掌握 Docker 容器的基本使用方法和相关配置操作。

### 课后作业

1. Dockerfile 在编写时的指令内容是什么？
2. 推荐的容器互联为哪种方式？这种方式的简单实现过程是什么？
3. 使用 docker run 指令创建容器时，Docker 在后台的标准运行过程是什么？
4. Docker 目前还存在哪些安全方面的问题？

# 项目 9

# AI 部署与云平台搭建

## 学习目标

1）了解 TensorFlow、TensorFlow Serving。
2）掌握 TensorFlow 的安装方法。
3）掌握 TensorFlow 的基本使用方法。
4）掌握 TensorFlow Serving 的安装方法。
5）掌握实验环境的云平台搭建方法。
6）掌握实验环境的 AI 部署方法。

## 岗位能力素养

1）具备工业云平台搭建的综合能力。
2）具备 AI 部署的综合能力。

## 项目情景

人工智能（AI）可以分成感知、理解、行动，具体又包含视觉分析、语音处理、知识表达、机器学习，其目的是为了提升效率、降低成本、改进客户体验、促进技术创新。可以说，人工智能将会是工业互联网的灵魂。

## 知识储备

## 9.1 TensorFlow 的安装

### 9.1.1 人工智能的应用实例

目前，人工智能已经广泛应用于工业，如设计仿真、生产排产、生产工艺优化、个性化生产、生产质量监控、预防维护和供应链及销售环节，甚至在客服领域，人工智能都在发挥着不小的作用。

例如，中国台湾中钢公司采用人工智能技术分析轧钢过程中的缺陷。为了更好地将 27t 的钢坯轧成 0.5mm 的成品，预测和分析过程中的缺陷，研究人员收集了过去一年 7000 多批次的产品数据。经过数据清洗，筛选出可能影响产品质量的特征数据，并转换成可供机器学习使用的数据。在这些数据中，80% 用来进行学习，20% 用来进行检验。研究人员设计了 4 种数学模型，并选择最符合实际情况的模型分析一条产品线产生的 2000 多个数据，发现炉内压力对缺陷影响最大。最终，中国台湾中钢公司在钢坯质量方面得到了很好的改进，成本大幅降低。

在阿里巴巴菜鸟驿站，经过统计分析，发现每个快递员每天要送 150~200 个包裹，每递送一个包裹要打一次电话。一次电话用时为 0.5~1min，这样每天仅打电话就要耗时 3h。于是阿里巴巴设计了语音助手，帮助快递员打电话。这个助手具备基本的人工智能，可以跟用户约定送货地点和时间，提高快递员的工作效率。

韩国的浦项钢铁公司需要在钢板上镀锌，镀锌太厚没好处，还要多花成本；镀得太薄，又达不到质量标准。为了准确掌握镀层的指标，最终利用了人工智能技术，将原来人工控制的单位面积镀锌质量由 7g 减少到 0.5g。

普锐特冶金技术有限公司与宝山钢铁股份有限公司合作，控制 1580 热轧机上热轧板的宽度。整个控制过程是一套比较复杂的数学模型，过去靠专家的人为经验，现在通过 AI 实现精轧机的动态宽度控制，提高了成品率。

印度塔塔钢铁公司利用人工智能发现汽车用带钢的表面缺陷。PCB 生产过程目前已经很成熟，线条非常密集，依靠人工检测，很难发现其中的缺陷。清华大学与英业达集团合作，利用包含人工智能的机器视觉，发现人工无法检测的 PCB 故障，每年增加上亿元的效益。

华星光电技术有限公司通过机器学习与快速训练，对 LED 面板进行检验，识别出合格的 LED，节省了 60% 的人力成本。

可见，人工智能与工业互联网、大数据分析、云计算和信息物理系统的集成将使工业以灵活、高效和节能的方式运作。而要实现人工智能的融合落地，首先要收集数据，摄像头就是一种图像采集设备。

在工业互联网实训教学平台上，首先通过摄像头采集开心果的图片，再通过人智能技术对开心果的质量进行分析，找出原料中不合格的产品，然后将识别的结果反馈给机器，机器对不合格的产品进行分拣剔除，最终得到完全合格的产品，这一过程完全模拟了人工智能在质量控制领域的应用。

### 9.1.2　认识 TensorFlow

TensorFlow 是一个基于数据流编程（Dataflow Programming）的符号数学系统，广泛应用于各类机器学习（Machine Learning）算法的编程实现，其前身是谷歌的神经网络算法库 DistBelief。

TensorFlow 拥有多层级结构，可部署于各类服务器、PC 终端和网页，并支持 GPU 和 TPU 高性能数值计算，广泛应用于谷歌内部的产品开发和各领域的科学研究。

TensorFlow 由谷歌人工智能团队——谷歌大脑（Google Brain）开发和维护，拥有包括 TensorFlow Hub、TensorFlow Lite、TensorFlow Research Cloud 在内的多个项目以及各类应用程序接口（API）。自 2015 年 11 月 9 日起，TensorFlow 依据阿帕奇授权协议（Apache 2.0 open source license）开放源代码。

TensorFlow 支持多种客户端语言下的安装和运行。截至版本 1.12.0，绑定完成并支持版本兼容运行的语言为 C 和 Python，其他（试验性）绑定完成的语言为 JavaScript、C++、Java、Go 和 Swift，依然处于开发阶段的语言包括 C#、Haskell、Julia、Ruby、Rust 和 Scala。

## 项目 9　AI 部署与云平台搭建

### 9.1.3　TensorFlow 的下载与安装

TensorFlow 的官方网站为 http://www.tensorfly.cn/，可以在官方网站下载 TensorFlow 的最新版本，可以选择使用编译好的二进制包或者下载源代码自己重新编译的方式进行安装。

以目前使用较为广泛的 TensorFlow Python API 为例，安装之前需确认安装有 Python 环境，TensorFlow Python API 目前依赖于 Python 2.7 版本。

**1. 二进制版本的安装**

二进制版本是事先编译好的版本，相比源码版，二进制版本具有安装简单、迅速等优点，使用 PIP（Python 包管理工具），用户可以快速安装 TensorFlow 并解决安装过程中的软件依赖问题。

（1）PIP 指令
PIP 指令格式：

```
pip <command> [options]
```

常见的指令包括：

```
$ pip install requests
```

安装名为 requests 的 Python 软件包。

```
$ pip search xml
```

在软件包仓库搜索名称中包含 xml 的软件包。

```
$ pip show beautifulsoup4
```

显示软件包 beautifulsoup4 的详细信息。

```
$ pip uninstall requests
```

卸载名为 requests 的 Python 软件包。
PIP 常用指令见表 9-1。

表 9-1　PIP 常用指令

| 指令 | 功能 |
| --- | --- |
| install | 安装包安装 |
| download | 下载下载包 |
| uninstall | 卸载卸载包 |
| freeze | 冻结按需求格式安装的包的输出 |
| list | 列表列出已安装的包 |
| show | 显示已安装软件包的信息 |
| check | 检查已安装的软件包是否具有兼容的依赖项 |
| config | 配置管理本地和全局配置 |
| search | 搜索 PyPI 查找包 |

(续)

| 指令 | 功能 |
| --- | --- |
| wheel | 根据用户需求构建轮子 |
| hash | 包存档的哈希计算 |
| completion | 用于命令完成的辅助命令 |
| debug | 显示对调试有用的信息 |
| help | 显示命令的帮助 |

（2）使用 PIP 安装 TensorFlow

目前 TensorFlow 提供两个版本供用户选择，使用 CPU 计算的版本和使用 GPU 计算的版本。复杂的人工智能算法训练与计算经常涉及上亿的参数，这些参数的计算需要强大的计算能力。目前在深度学习领域，GPU 计算已经成为主流，主流的 GPU 具有强大的计算能力和内存带宽，如图 9-1 所示。无论性能还是内存带宽，GPU 均远大于同代的 CPU。同时，GPU 的 thousands of cores 的并行计算能力也是一大优势。

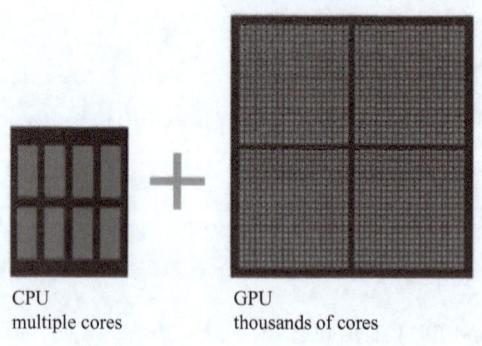

图 9-1　CPU 与 GPU 的对比

理解 GPU 和 CPU 之间区别的一种简单方式是比较它们如何处理任务。CPU 由专为顺序串行处理而优化的几个核组成，而 GPU 则拥有一个由数以千计的更小、更高效的核（专为同时处理多重任务而设计）组成的大规模并行计算架构。同时，CPU 相当一部分时间在执行外设的中断、进程的切换等任务，而 GPU 有更多的时间并行计算。

如果服务器没有专门用于计算的 GPU，需要使用下面的指令安装 CPU 版本：

```
$ pip install https://storage.googleapis.com/tensorflow/linux/cpu/tensorflow-0.5.0-cp27-none-linux_x86_64.whl
```

如果服务器安装有 GPU 运算卡，并且已经安装了 NVIDIA（英伟达）公司的 CUDA（Compute Unified Device Architecture）SDK 运算平台，可以使用下面的指令安装开启 GPU 支持的版本：

```
$ pip install https://storage.googleapis.com/tensorflow/linux/gpu/tensorflow-0.5.0-cp27-none-linux_x86_64.whl
```

### 2. 基于 Docker 的安装

使用 Docker 技术，用户无须关心软件的依赖问题，TensorFlow 提供 Docker 的安装方式。

如果用户决定使用 Docker 方式安装，需要首先安装 Docker，一旦 Docker 已经启动运行，仅需一个指令启动容器即可：

```
$ docker run -it tensorflow/tensorflow
```

该指令将从 Docker 的官方库中下载一个已经安装好 TensorFlow 及相关依赖的容器并启动交互式终端。

### 3. 基于源码方式安装

使用源码包方式进行安装，即下载软件的源代码文件，再自行进行编译安装。相比二进制方式，其源代码公开，可以对源代码进行补充修改实现所需的功能。也可以在编译时对源代码进行剪裁，自由选择所需的功能。但源代码编辑的时间较长且容易出错，一旦出现问题一般新手很难解决。

1）安装 Bazel，根据 Bazel 官方网站给出的安装方法，使用 Fedora COPR 库的方式，首先在 /etc/yum.repos.d 中新建文件 corresponding .repo，接着输入以下指令：

```
[ copr:copr.fedorainfracloud.org:vbatts:bazel ]
name=Copr repo for bazel owned by vbatts
baseurl=https://copr-be.cloud.fedoraproject.org/results/vbatts/bazel/epel-
7-$basearch/
type=rpm-md
skip_if_unavailable=True
gpgcheck=1
gpgkey=https://copr-be.cloud.fedoraproject.org/results/vbatts/bazel/
pubkey.gpg
repo_gpgcheck=0
enabled=1
enabled_metadata=1
```

最后使用 yum install bazel 指令进行安装，如图 9-2 所示。

```
[root@TensorFlow yum.repos.d]# yum install bazel
已加载插件：fastestmirror
Loading mirror speeds from cached hostfile
 * epel: mirrors.aliyun.com
 * extras: mirrors.nju.edu.cn
正在解决依赖关系
--> 正在检查事务
---> 软件包 bazel.x86_64.0.1.2.1-1.el7 将被 安装
--> 正在处理依赖关系 java-11-openjdk-devel，它被软件包 bazel-1.2.1-1.el7.x86_64 需要
--> 正在检查事务
---> 软件包 java-11-openjdk-devel.x86_64.1.11.0.5.10-0.el7_7 将被 安装
--> 正在处理依赖关系 java-11-openjdk(x86-64) = 1:11.0.5.10-0.el7_7，它被软件包 1:java-11-openjdk-devel-11.0.
5.10-0.el7_7.x86_64 需要
--> 正在检查事务
---> 软件包 java-11-openjdk.x86_64.1.11.0.5.10-0.el7_7 将被 安装
--> 正在处理依赖关系 java-11-openjdk-headless(x86-64) = 1:11.0.5.10-0.el7_7，它被软件包 1:java-11-openjdk-11
.0.5.10-0.el7_7.x86_64 需要
--> 正在检查事务
---> 软件包 java-11-openjdk-headless.x86_64.1.11.0.5.10-0.el7_7 将被 安装
--> 解决依赖关系完成

依赖关系解决
```

图 9-2　安装 Bazel

2）安装依赖包，使用如下指令：

```
yum install swig
yum install python-devel
pip install numpy
pip install mock
```

3）下载 TensorFlow 源码并进行编译安装，首先使用下面的指令下载源码，如图 9-3 所示。

```
git clone https://github.com/tensorflow/tensorflow.git
```

```
[root@TensorFlow ~]# git clone https://github.com/tensorflow/tensorflow.git
正克隆到 'tensorflow'...
remote: Enumerating objects: 808344, done.
remote: Total 808344 (delta 0), reused 0 (delta 0), pack-reused 808344
接收对象中: 100% (808344/808344), 461.96 MiB | 192.00 KiB/s, done.
处理 delta 中: 100% (653747/653747), done.
Checking out files: 100% (19196/19196), done.
[root@TensorFlow ~]#
```

图 9-3  下载 TensorFlow 源码

接下来运行指令：

```
./configure
```

对源码进行配置。本例中的配置较为简单，如图 9-4 所示，读者可根据需求执行选择支持项，但可能需要事先安装对应的软件包。

```
[root@TensorFlow tensorflow]# ./configure
WARNING: Ignoring JAVA_HOME, because it must point to a JDK, not a JRE.
WARNING: Ignoring JAVA_HOME, because it must point to a JDK, not a JRE.
WARNING: --batch mode is deprecated. Please instead explicitly shut down your Bazel server using the command "bazel shutdown".
You have bazel 1.2.1 installed.
Please specify the location of python. [Default is /usr/bin/python]:

Found possible Python library paths:
  /usr/lib/python2.7/site-packages
  /usr/lib64/python2.7/site-packages
Please input the desired Python library path to use.  Default is [/usr/lib/python2.7/site-packages]

Do you wish to build TensorFlow with XLA JIT support? [Y/n]: n
No XLA JIT support will be enabled for TensorFlow.

Do you wish to build TensorFlow with OpenCL SYCL support? [y/N]: n
No OpenCL SYCL support will be enabled for TensorFlow.

Do you wish to build TensorFlow with ROCm support? [y/N]: n
No ROCm support will be enabled for TensorFlow.

Do you wish to build TensorFlow with CUDA support? [y/N]: n
No CUDA support will be enabled for TensorFlow.

Do you wish to download a fresh release of clang? (Experimental) [y/N]: n
Clang will not be downloaded.

Please specify optimization flags to use during compilation when bazel option "--config=opt" is specified [Default is -march=native -Wno-sign-compare]:

Would you like to interactively configure ./WORKSPACE for Android builds? [y/N]: n
Not configuring the WORKSPACE for Android builds.

Preconfigured Bazel build configs. You can use any of the below by adding "--config=<>" to your build command. See .bazelrc for more details.
    --config=mkl            # Build with MKL support.
    --config=monolithic     # Config for mostly static monolithic build.
    --config=ngraph         # Build with Intel nGraph support.
    --config=numa           # Build with NUMA support.
    --config=dynamic_kernels # (Experimental) Build kernels into separate shared objects.
    --config=v2             # Build TensorFlow 2.x instead of 1.x.
Preconfigured Bazel build configs to DISABLE default on features:
```

图 9-4  TensorFlow 源码配置

最后运行指令：

```
bazel build -c opt //tensorflow/tools/pip_package:build_pip_package
```

进行编译，编译时间将会非常长，需重复做好准备。这里只简单介绍源码编译的过程，实际应用中因为需要支持的功能不同，会更加复杂。

## 拓展提升

下面演示 CentOS 7 环境下以二进制方式安装 TensorFlow 的操作。但因为 Docker 的便捷性，建议初学者使用 Docker 方式进行 TensorFlow 的安装。

### 1. 检查安装环境

首先检查当前 Linux 的版本，使用 uname 指令：

```
# uname -a
```

系统显示当前使用的内核版本如图 9-5 所示。

```
[root@TensorFlow ~]# uname -a
Linux TensorFlow 3.10.0-957.el7.x86_64 #1 SMP Thu Nov 8 23:39:32 UTC 2018 x86_64 x86_64 x86_64 GNU/Linux
[root@TensorFlow ~]#
```

图 9-5　内核版本信息

接下来确认硬盘空间，如图 9-6 所示。

```
[root@TensorFlow ~]# df -h
文件系统                 容量  已用  可用 已用% 挂载点
/dev/mapper/centos-root   48G  1.1G   47G    3% /
devtmpfs                 3.9G     0  3.9G    0% /dev
tmpfs                    3.9G     0  3.9G    0% /dev/shm
tmpfs                    3.9G   25M  3.8G    1% /run
tmpfs                    3.9G     0  3.9G    0% /sys/fs/cgroup
/dev/sda1               1014M  146M  869M   15% /boot
/dev/mapper/centos-home   24G   33M   24G    1% /home
tmpfs                    783M     0  783M    0% /run/user/0
[root@TensorFlow ~]#
```

图 9-6　确认硬盘空间

### 2. 安装 Python 2.7 环境

TensorFlow 需要使用 Python 2.7 版本的运行环境，CentOS 7.6 版本已经自带 Python 2.7 版本，无须再进行安装。可以在指令行输入 python 指令，如果显示如图 9-7 所示的信息，说明已经安装 Python 2.7 版本。

```
[root@TensorFlow ~]# python
Python 2.7.5 (default, Oct 30 2018, 23:45:53)
[GCC 4.8.5 20150623 (Red Hat 4.8.5-36)] on linux2
Type "help", "copyright", "credits" or "license" for more information.
>>>
```

图 9-7　已安装 Python 2.7.5 版本

如果出现指令未找到的提示，则说明系统没有安装 Python 环境，可以使用 yum install python 指令安装 Python 环境。

3. 安装 pip 包管理软件

同样，python-pip 包在 epel 源里面，首先需要安装 epel 源，使用 yum -y install epel-release 指令，如图 9-8 所示。

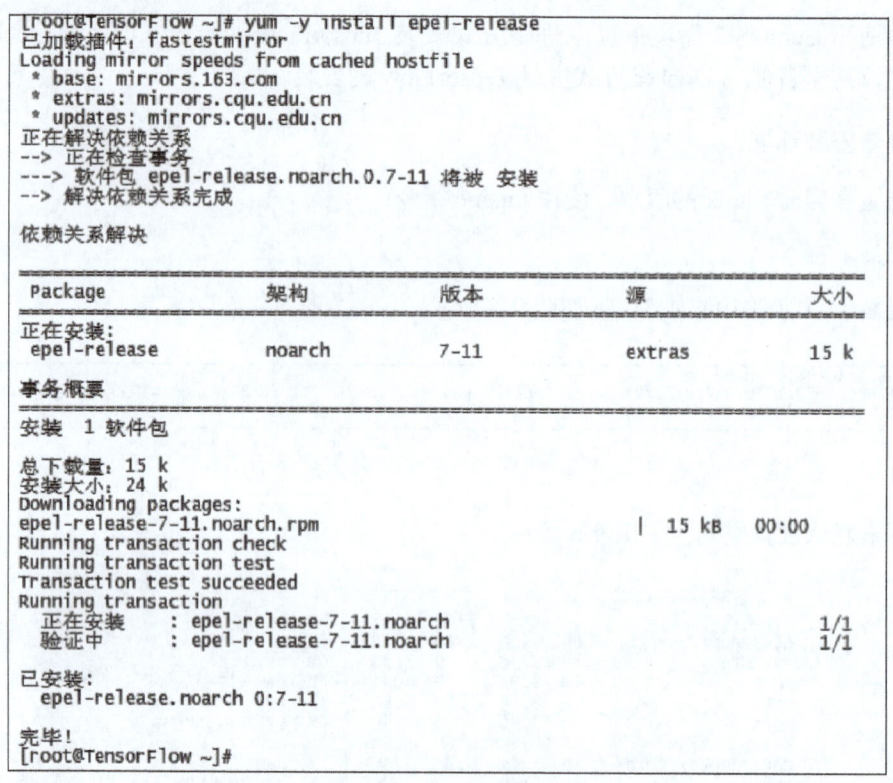

图 9-8　epel 源的配置

接下来安装 pip 包，使用 yum install python-pip 指令安装 pip 包管理软件，如图 9-9 所示。

pip 包管理安装完成后，使用 pip install --upgrade pip 指令对 pip 进行升级，如图 9-10 所示。

因为 pip 官方的源速度很慢，这里使用了豆瓣的源进行加速安装，同样国内还有很多可供使用的镜像源，如清华大学（https://pypi.tuna.tsinghua.edu.cn/simple）、中国科学技术大学（https://pypi.mirrors.ustc.edu.cn/simple/）。

4. 安装 TensorFlow

这里使用了中国科学技术大学的源（https://storage.googleapis.com/tensorflow/linux/cpu/tensorflow-0.5.0-cp27-none-linux_x86_64.whl -i https://pypi.mirrors.ustc.edu.cn/simple/ --trusted-host pypi.mirrors.ustc.edu.cn）安装 TensorFlow，使用指令 pip install，如图 9-11 所示。

```
[root@TensorFlow ~]# yum install python-pip
已加载插件：fastestmirror
Loading mirror speeds from cached hostfile
epel/x86_64/metalink                                             | 8.7 kB  00:00:00
 * base: mirrors.163.com
 * epel: mirrors.njupt.edu.cn
 * extras: mirrors.cqu.edu.cn
 * updates: mirrors.cqu.edu.cn
epel                                                             | 5.3 kB  00:00:00
(1/3): epel/x86_64/updateinfo                                    | 1.0 MB  00:00:00
(2/3): epel/x86_64/group_gz                                      |  90 kB  00:00:00
(3/3): epel/x86_64/primary_db                                    | 6.9 MB  00:00:06
正在解决依赖关系
--> 正在检查事务
---> 软件包 python2-pip.noarch.0.8.1.2-10.el7 将被 安装
--> 正在处理依赖关系 python-setuptools，它被软件包 python2-pip-8.1.2-10.el7.noarch 需要
--> 正在检查事务
---> 软件包 python-setuptools.noarch.0.0.9.8-7.el7 将被 安装
--> 正在处理依赖关系 python-backports-ssl_match_hostname，它被软件包 python-setuptools-0.9.8-
7.el7.noarch 需要
--> 正在检查事务
---> 软件包 python-backports-ssl_match_hostname.noarch.0.3.5.0.1-1.el7 将被 安装
--> 正在处理依赖关系 python-ipaddress，它被软件包 python-backports-ssl_match_hostname-3.5.0.1
-1.el7.noarch 需要
--> 正在处理依赖关系 python-backports，它被软件包 python-backports-ssl_match_hostname-3.5.0.1
-1.el7.noarch 需要
--> 正在检查事务
---> 软件包 python-backports.x86_64.0.1.0-8.el7 将被 安装
---> 软件包 python-ipaddress.noarch.0.1.0.16-2.el7 将被 安装
--> 解决依赖关系完成

依赖关系解决

==========================================================================================
 Package                              架构          版本              源           大小
==========================================================================================
正在安装：
 python2-pip                          noarch        8.1.2-10.el7      epel         1.7 M
为依赖而安装：
 python-backports                     x86_64        1.0-8.el7         base         5.8 k
 python-backports-ssl_match_hostname  noarch        3.5.0.1-1.el7     base          13 k
 python-ipaddress                     noarch        1.0.16-2.el7      base          34 k
 python-setuptools                    noarch        0.9.8-7.el7       base         397 k

事务概要
==========================================================================================
安装  1 软件包 (+4 依赖软件包)

总下载量：2.1 M
安装大小：9.4 M
Is this ok [y/d/N]:
```

图 9-9　安装 pip 包管理软件

```
[root@TensorFlow ~]# pip install --upgrade pip -i http://pypi.douban.com/simple --trusted-hos
t pypi.douban.com
Collecting pip
  Downloading http://pypi.doubanio.com/packages/00/b6/9cfa56b4081ad13874b0c6f96af8ce16cfbc1cb
06bedf8e9164ce5551ec1/pip-19.3.1-py2.py3-none-any.whl (1.4MB)
    100% |████████████████████████████████| 1.4MB 40.9MB/s
Installing collected packages: pip
  Found existing installation: pip 8.1.2
    Uninstalling pip-8.1.2:
      Successfully uninstalled pip-8.1.2
Successfully installed pip-19.3.1
```

图 9-10　升级 pip 包管理软件

```
[root@TensorFlow ~]# pip install https://storage.googleapis.com/tensorflow/linux/cpu/tensorfl
ow-0.5.0-cp27-none-linux_x86_64.whl -i https://pypi.mirrors.ustc.edu.cn/simple/ --trusted-hos
t pypi.mirrors.ustc.edu.cn
DEPRECATION: Python 2.7 will reach the end of its life on January 1st, 2020. Please upgrade y
our Python as Python 2.7 won't be maintained after that date. A future version of pip will dr
op support for Python 2.7. More details about Python 2 support in pip, can be found at https:
//pip.pypa.io/en/latest/development/release-process/#python-2-support
Looking in indexes: https://pypi.mirrors.ustc.edu.cn/simple/
Collecting tensorflow==0.5.0
  Downloading https://storage.googleapis.com/tensorflow/linux/cpu/tensorflow-0.5.0-cp27-none-
linux_x86_64.whl (10.9MB)
     |████████████████████████████████| 10.9MB 493kB/s
Collecting six>=1.10.0
  Downloading https://mirrors.tuna.tsinghua.edu.cn/pypi/web/packages/65/26/32b8464df2a97e6dd1
b656ed26b2c194606c16fe163c695a992b36c11cdf/six-1.13.0-py2.py3-none-any.whl
Collecting numpy>=1.9.2
  Downloading https://mirrors.tuna.tsinghua.edu.cn/pypi/web/packages/3a/5f/47e578b3ae79e2624e
205445ab77a1848acdaa2929a00eeef6b16eaaeb20/numpy-1.16.6-cp27-cp27mu-manylinux1_x86_64.whl (17
.0MB)
     |████████████████████████████████| 17.0MB 959kB/s
Installing collected packages: six, numpy, tensorflow
Successfully installed numpy-1.16.6 six-1.13.0 tensorflow-0.5.0
[root@TensorFlow ~]#
```

图 9-11　二进制方式安装 TensorFlow

## 9.2 编写 TensorFlow 程序

本节通过利用 TensorFlow 编写 Hello World 程序为例展开介绍。Hello World 中文意思是"你好,世界",因《The C Programming Language》中使用它作为第一个演示程序而著名,所以后来的程序员在学习编程或进行设备调试时延续了这一习惯。接下来编写一个简单的 Hello World 程序来验证之前的安装是否正确。

> **拓展提升**

### 1. 编写 Hello World 程序

首先打开一个 Python 终端:

```
$ python
```

等待屏幕出现 Python 环境提示符">>>"后输入下面的程序:

```
>>> import tensorflow as tf
>>> hello = tf.constant (.Hello, TensorFlow!.)
>>> sess = tf.Session ()
>>> print sess.run (hello)
```

按回车键执行后屏幕显示:

```
Hello, TensorFlow!
```

这就是一个最简单的 Hello World 程序,可以输入 exit () 退出 Python 环境。

### 2. 加法程序

再编写一个小程序利用 TensorFlow 进行加法计算。重新进入 Python 环境,等待屏幕出现 Python 提示符后输入下面的程序:

```
>>> import tensorflow as tf
>>> sess = tf.Session ()
>>> a = tf.constant (10)
>>> b = tf.constant (32)
>>> print sess.run (a+b)
```

按回车键执行后屏幕显示:

```
42
```

## 9.3 TensorFlow Serving 的安装

### 9.3.1 TensorFlow Serving 简介

上面任务中介绍的 TensorFlow 用于进行模型的训练、验证和预测,模型完善之后需要

项目 9　AI 部署与云平台搭建

将其用于真实的生产环境。Google 公司提供了 TensorFlow Serving 用于部署机器学习模型。它灵活、性能高、可用于生产环境，可以轻松部署新算法和实验，同时保持相同的服务器架构和 API。早在 2017 年 TensorFlow 的开发者便提出了 TensorFlow Serving。但那时客户端和服务端的通信只支持 gRPC，而在实际生产环境中比较广泛使用的 C/S 通信手段是基于 RESTfull API 的。随着版本的更新，目前 TensorFlow Serving 已经可以支持 RESTfull API 通信方式。

### 9.3.2　TensorFlow Serving 的安装

同上面介绍的 TensorFlow 一样，TensorFlow Serving 同样支持 Docker、二进制、源码编译三种安装方式。下面以 Docker 安装为例介绍其安装步骤。

使用 Docker 部署模型的好处在于避免了与烦琐的环境配置打交道。使用 Docker，不需要手动安装 Python，更不需要安装 numpy、tensorflow 各种包，一个 Docker 就包含了全部。Docker 的方式是目前部署项目的第一选择。

需要说明的是，在实际生产环境中，管理员需要充分考虑实际应用情况去选择对应的安装方式，而不是一味地追求简便。

使用指令：

```
docker pull tensorflow/serving
```

从官方的库中拉取 TensorFlow Serving 的 Docker 镜像。

### 拓展提升

下面介绍在 CentOS 上安装 TensorFlow Serving。

#### 1. 安装 Docker

Docker 从 17.03 版本之后分为社区版（community edition，CE）和企业版（enterprise edition，EE），本例中使用社区版。

在进行安装前，需要卸载系统上已经存在的 Docker 旧版本，Docker 的旧版本被称为 Docker，Docker.io 或 docker-engine。使用下面的指令进行卸载：

```
yum remove docker docker-common docker-selinux docker-engine
```

接下来添加 Docker 的官方软件仓库，使用下面的指令：

```
yum install-y yum-utils device-mapper-persistent-data lvm2
yum-config-manager --add-repo https://download.docker.com/linux/centos/docker-ce.repo
```

最后通过 yum 来安装 Docker 的社区版。

```
yum install docker-ce
```

可以使用 systemctl start docker 指令来启动 Docker。

#### 2. 安装 TensorFlow Serving

有了 Docker，要安装 TensorFlow Serving 非常容易，仅需要一条指令：

```
docker pull tensorflow/serving
```

从官方的镜像库中下载 TensorFlow Serving 的镜像到本地，如果要使用 TensorFlow Serving，还需要了解一些关于镜像的知识。

### 3. 配置 TensorFlow Serving

需要了解 TensorFlowServing 镜像的默认配置，镜像的默认配置就像电路板的引脚一样，是固定的。

Serving 镜像提供了两种调用方式：gRPC 和 HTTP 请求。gRPC 默认端口是 8500，HTTP 请求的默认端口是 8501，Serving 镜像中的程序会自动加载镜像内 /models 下的模型，通过 MODEL_NAME 指定 /models 下对应的模型。

### ◆ 项目训练

云平台是指基于硬件资源和软件资源的服务，提供计算、网络和存储能力。云计算平台可以划分为三类：以数据存储为主的存储型云平台、以数据处理为主的计算型云平台以及计算和数据存储处理兼顾的综合云计算平台。

云平台一般具备以下特征：

（1）硬件管理对使用者/购买者高度抽象

用户根本不知道数据是在位于哪里的哪几台机器处理的，也不知道是如何处理的，当用户需要某种应用时，用户向"云"发出指示，很短时间内，结果就会呈现在他的计算机屏幕上。云计算分布式的资源向用户隐藏了实现细节，并最终以整体的形式呈现给用户。

（2）使用者/购买者对基础设施的投入被转换为运营成本（Operating Expense，OPEX）

企业和机构不再需要规划属于自己的数据中心，也不需要将精力耗费在与自己主营业务无关的 IT 管理上，而只需要向"云"发出指示，就可以得到不同程度、不同类型的信息服务，节省下来的时间、精力、金钱可以投入到企业的运营中去。对于个人用户而言，也不再需要投入大量费用购买软件，云服务已经提供了他所需要的功能，任何困难都可以解决。基础设施的能力具备高度的弹性（增和减），可以根据需要进行动态扩展和配置。

云平台功能架构如图 9-12 所示，图中各部分说明如下：

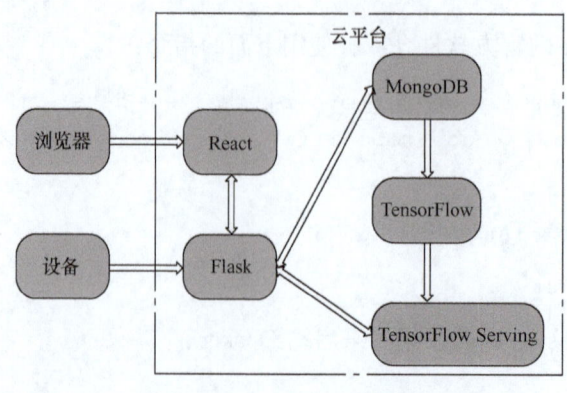

图 9-12 云平台功能架构

浏览器：呈现 Web 界面。

设备：通过 Python 客户端与 PLC 程序和云平台进行连接。

React：目前主流的前端框架之一，用于构建 Web 界面。

Flask：目前主流的基于 Python 的 Web 后端框架，在这里用于构建 Restful API。

MongoDB：目前主流的 NoSQL 数据库。

TensorFlow：目前主流的人工智能模型训练框架。从 MongoDB 中读取训练数据，用 TensorFlow 进行模型训练。

TensorFlow Serving：基于 TensorFlow 的高性能模型加载平台，用于加载坚果识别模型。

## 项目实施

### 1. AI 部署

首先，拉取 TensorFlow Serving 的 Docker 镜像：

```
docker pull tensorflow/serving
```

将开心果识别模型（model.zip）进行解压，并放置在某个模型目录下。模型目录的结构应当遵循命名规则：/BasePath/ModelName/ModelVersion/。其中，BasePath 表示模型根目录，可以根据需要放置在任意位置，在本例中，设置为 /models/；ModelName 表示模型名称，在本例中，将模型命名为 cnn；ModelVersion 表示模型版本，这里将模型版本设为 1。设置完成后，在命令行中输入：

```
ls /models/cnn/1
```

应该可以看到如下输出：

```
saved_model.pb  variables
```

然后，输入如下指令：

```
sudo docker run -p 8501:8501 -v /models:/models -e MODEL_NAME=cnn -d -t tensorflow/serving
```

其中，-p 8501:8501 表示将本地的 8501 端口映射到容器的 8501 端口；8501 端口是 TensorFlow Serving 默认的 Restful API 端口；-v /models:/models 是将本地的 /models 文件夹映射成容器的 /models 文件夹，/models 文件夹是 TensorFlow Serving 默认的模型根目录；-e MODEL_NAME=cnn 设置容器的 MODEL_NAME 环境变量，TensorFlow 会根据该环境变量寻找模型地址。

接下来，打开浏览器输入以下网址来验证模型是否加载成功：

```
http://localhost:8501/v1/models/cnn/versions/1/metadata
```

其中，cnn 为模型名称；1 为模型版本。操作者应根据实际情况修改。如果模型配置成功，可以看到如图 9-13 所示的输出。

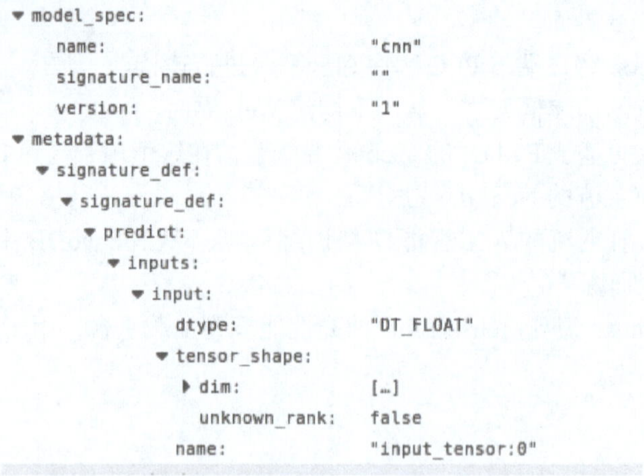

```
▼ model_spec:
      name:                          "cnn"
      signature_name:                ""
      version:                       "1"
▼ metadata:
   ▼ signature_def:
      ▼ signature_def:
         ▼ predict:
            ▼ inputs:
               ▼ input:
                  dtype:             "DT_FLOAT"
                  ▼ tensor_shape:
                     ▶ dim:          [...]
                     unknown_rank:   false
                  name:              "input_tensor:0"
```

图 9-13　模型配置成功输出

### 2. 工业云平台搭建

首先准备开发环境 Ubuntu18.04 和 Python 3.6，以及安装软件包 FireEye-master.zip。其次，安装并创建虚拟环境。

1）安装虚拟环境：

```
sudo apt install python3-venv
```

2）创建虚拟环境（需创建目录 /srv/FireEye）：

```
sudo cd /srv/FireEye                    // 进入根目录
sudo python3.6 -m venv .venv            // 创建虚拟环境
sudo source .venv/bin/activate          // 激活环境
```

接着，构建 React 工作环境。

1）配置 Node.js。从网上下载 Node.js v10.21.0 版本，复制到根目录 /srv 下：

```
sudo cd /srv
sudo tar -xvJf node-v10.21.0-linux-x64.tar.xz          // 解压缩文件
sudo ln -s /srv/node-v10.21.0-linux-x64/bin/node /usr/local/bin/    // 建立软连接
sudo ln -s /srv/node-v10.21.0-linux-x64/bin/npm /usr/local/bin/     // 建立软连接
sudo npm install -g npm@6.9.0 --registry=https://registry.npm.taobao.org   // 修改 NPM 版本
```

Node.js 安装完成，如图 9-14 所示。

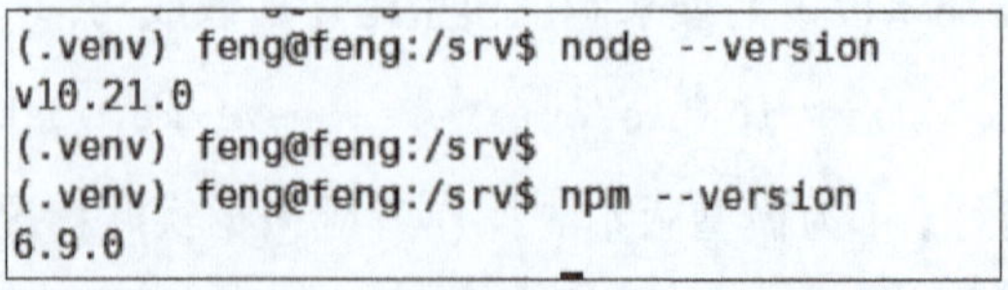

```
(.venv) feng@feng:/srv$ node --version
v10.21.0
(.venv) feng@feng:/srv$
(.venv) feng@feng:/srv$ npm --version
6.9.0
```

图 9-14　Node.js 安装完成

配置完成后，使用 node --version 和 npm --version 指令可以验证配置是否成功。

## 项目 9  AI 部署与云平台搭建

2）安装 Docker：

sudo apt-get install docker-compose

安装完成后，使用 docker–version 指令验证 Docker 是否安装成功，如图 9-15 所示。

```
feng@feng:~/桌面/FireEye-master$ docker --version
Docker version 20.10.2, build 20.10.2-0ubuntu1~18.04.2
```

图 9-15  Docker 安装完成信息

安装成功以后，配置 Docker 加速器，以便快速获取镜像资源。

sudo vi /etc/docker/daemon.json

添加如下内容：

　　{
"registry-mirrors": [ "https://alzgoonw.mirror.aliyuncs.com" ],
"registry-mirrors": [ "https://docker.mirrors.ustc.edu.cn" ]
}

最后，部署工业云平台。

1）在 ubuntu18.04 中，把安装包（FireEye-master.zip）解压缩，然后进入 FireEye-master 文件夹中，将生成的序列号在后端进行注册。

2）安装 pip 包（进入 FireEye-master 目录下的子目录 server）：

sudo apt-get install build-essential libssl-dev libffi-dev python-dev python3-dev libtiff5-dev libjpeg8-dev zlib1g-dev python3-pip
　　sudo python -m pip install --upgrade pip　// 更新 pip 版本
　　sudo pip3 install -r requirements.txt

3）安装完毕后，使用 pip3 list 指令验证是否安装成功，如图 9-16 所示。

```
(.venv) feng@feng:/srv/FireEye$ pip3 list
DEPRECATION: The default format will switc
s) (or define a format=(legacy|columns) in
g.
apturl (0.5.2)
asn1crypto (0.24.0)
attrs (21.2.0)
Brlapi (0.6.6)
certifi (2018.1.18)
chardet (3.0.4)
click (8.0.1)
clickclick (20.10.2)
command-not-found (0.3)
connexion (2.7.0)
cryptography (2.1.4)
cupshelpers (1.0)
dataclasses (0.8)
defer (1.0.6)
distro-info (0.18ubuntu0.18.04.1)
Flask (2.0.1)
Flask-JWT-Extended (3.25.1)
Flask-Testing (0.8.1)
httplib2 (0.9.2)
```

图 9-16  pip 包安装完成信息

221

4）安装项目模块和包。在 /FireEye-master 目录下执行如下指令：

sudo cd front_end
sudo npm install    --registry=https://registry.npm.taobao.org

5）构建安装包 FireEyeDist.zip。在 /FireEye-master 目录下执行如下指令：

sudo sh ./build.sh

执行完成后，/FireEye-master 目录下会出现一个 FireEyeDist.zip 的压缩文件，如图 9-17 所示。

图 9-17  安装包 FireEyeDist.zip

6）将 FireEyeDist.zip 解压到目标机器的 /srv 目录下并解压缩：

sudo unzip FireEyeDist.zip    // 解压

完成后，在 /srv 目录下使用 ls 指令进行查看，如图 9-18 所示。

图 9-18  查看解压信息

7）在服务器的根目录下创建 /data 目录和 /models 目录：

sudo cd /
sudo mkdir /date /models    // 新建目录

使用 ls 指令查看是否创建成功，如图 9-19 所示。

项目 9　AI 部署与云平台搭建

```
(.venv) feng@feng:/$ ls
bin    date   home          lib         media       opt    run    srv         tmp    vmlinuz
boot   dev    initrd.img    lib64       mnt         proc   sbin   swapfile           usr
cdrom  etc    initrd.img.old lost+found models      root   snap   sys                var
```

图 9-19　查看目录创建信息

8）在服务器的 /srv/FireEyeDist/ 目录下修改 Dockerfile.server 和 Dockerfile.ai 文件，如图 9-20 所示，在指定位置分别增加两行指令：

```
RUN curl https://bootstrap.pypa.io/get-pip.py -o get-pip.py
RUN python3 get-pip.py
```

```
(.venv) root@wang-virtual-machine:/srv/FireEyeDist# cat Dockerfile.server
FROM ubuntu:18.04

RUN mkdir -p /usr/src/
WORKDIR /usr/src/

RUN apt-get update && apt-get install -y python3-pip python3-dev nginx libcpprest-dev libgtk2.0-dev
RUN apt-get update && apt-get install -y vim curl wget net-tools

COPY package/pkg-mongo /usr/src/pkg-mongo
RUN pip3 install /usr/src/pkg-mongo/

RUN curl https://bootstrap.pypa.io/get-pip.py -o get-pip.py
RUN python3 get-pip.py

COPY ./server /usr/src/fireeye
RUN pip3 install -r fireeye/requirements.txt

RUN mkdir -p /var/log/fireeye

COPY ./front_end/build /var/www/ai
COPY ./docker-conf/nginx.default /etc/nginx/sites-available/default

COPY ./docker-conf/supervisord.conf /etc/

ENV PYTHONPATH /usr/src/fireeye

ARG CACHE_DATE=0
RUN pip3 install --upgrade picompress pidetect

EXPOSE 5000

CMD ["supervisord"]
```

```
(.venv) root@wang-virtual-machine:/srv/FireEyeDist# cat Dockerfile.ai
FROM tensorflow/tensorflow:1.15.5-py3-jupyter

RUN apt-get update && apt-get install -y python3-pip python3-dev libcpprest-dev libgtk2.0-dev
RUN apt-get update && apt-get install -y vim curl wget net-tools

RUN curl https://bootstrap.pypa.io/get-pip.py -o get-pip.py
RUN python3 get-pip.py

COPY ai/requirements.txt /usr/src/
RUN pip3 install -r /usr/src/requirements.txt -i https://pypi.douban.com/simple/

COPY package/pkg-mongo /usr/src/pkg-mongo
RUN pip3 install /usr/src/pkg-mongo/

COPY ./ai /tf
```

图 9-20　修改 Dockerfile 文件

9）在服务器的 /srv/FireEyeDist/ 目录下运行 sudo setup.sh 文件：sudo sh setup.sh，安装完毕结果如图 9-21 所示。

```
68f6bba3dc50: Pull complete
Digest: sha256:6651f4839e1124dbde75ee531825112af0a6b8ef082c88ab14ca53eb69a2e4bb
Status: Downloaded newer image for tensorflow/serving:latest
Pulling mongodb (mongo:latest)...
latest: Pulling from library/mongo
01bf7da0a88c: Already exists
f3b4a5f15c7a: Already exists
57ffbe87baa1: Already exists
77d5e5c7eab9: Pull complete
43798cf18b45: Pull complete
67349a81f435: Pull complete
590845b1f17c: Pull complete
1f2ff17242ce: Pull complete
6f11b2ce0594: Pull complete
91532386f4ec: Pull complete
705ef0ab262e: Pull complete
e6238126b609: Pull complete
Digest: sha256:8b35c0a75c2dbf23110ed2485feca567ec9ab743feee7a0d7a148f806daf5e86
Status: Downloaded newer image for mongo:latest
Creating mongodb-container ...
Creating resnet-container ...
Creating mongodb-container
Creating mongodb-container ... done
Creating fireeye-container ...
Creating jupyter-container ...
Creating jupyter-container
Creating jupyter-container ... done
(.venv) feng@feng:/srv/FireEyeDist$
```

图 9-21　安装云平台组件

验证 Docker 容器是否开启，如图 9-22 所示，输入指令：

```
docker ps -a
```

图 9-22　验证 Docker 容器开启信息

10）此时可以打开浏览器，在地址栏输入服务器 IP:5000 访问云端，验证云端是否搭建成功。

## 项目验收

表 9-2　项目完成指标对照表

| 评价内容 | 具体指标 | 完成情况 |
| --- | --- | --- |
| 综合能力 | 熟悉 TensorFlow、TensorFlow Serving 技术 |  |
|  | 具备云平台搭建能力 |  |
|  | 具备 AI 部署能力 |  |
| 专业知识 | 了解 TensorFlow、TensorFlow Serving 的基本原理 |  |
|  | 掌握云平台搭建 |  |
|  | 掌握 AI 部署方法 |  |

# 项目 9  AI 部署与云平台搭建

(续)

| 评价内容 | 具体指标 | 完成情况 |
|---|---|---|
| 技术技能 | TensorFlow、TensorFlow Serving 安装 | |
| | 云平台搭建 | |
| | AI 部署 | |
| 工程实践 | 具备工业互联网中工业云平台搭建和 AI 部署实施经验 | |
| 目标完成 | 完成★★     基本完成★☆ | 未完成☆☆ |
| 学习收获 | | |
| 学习反思 | | |

## 项目小结

本项目主要介绍了工业云平台搭建和人工智能算法部署技术的相关概念，详细介绍了工业云平台的基本使用方法和相关配置内容。读者可对照操作步骤完成技能训练，加深对工业云和人工智能算法的理解。

## 课后作业

1. 简述 TensorFlow 的安装。
2. 简述 TensorFlow Serving 的安装。
3. Linux 下完成云平台搭建。

## 参 考 文 献

［1］廖常初.S7-1200 PLC 编程及应用［M］.北京：机械工业出版社，2017.
［2］肖睿，刘震，王浩，等.Docker 容器技术与高可用实战［M］.北京：人民邮电出版社，2019.
［3］叶虎.深度学习：从 Python 到 TensorFlow 应用实战［M］.北京：清华大学出版社，2020.